왜 자본주의는 경제 위기에 빠지는가?

크리스 하먼이 설명하는 마르크스의 경제위기론

왜 자본주의는 경제 위기에 빠지는가?

크리스 하먼이 설명하는 마르크스의 경제위기론

크리스 하먼 지음 | 최일봉 옮김

책갈피

왜 자본주의는 경제 위기에 빠지는가?
크리스 하먼이 설명하는 마르크스의 경제위기론

지은이 크리스 하먼
옮긴이 최일붕

펴낸이 김태훈 | 편집 이진화
펴낸곳 도서출판 책갈피 | 등록 1992년 2월 14일(제2014-000019호)
주소 서울 성동구 무학봉15길 12 2층 | 전화 02) 2265-6354
팩스 02) 2265-6395 | 이메일 bookmarx@naver.com
홈페이지 chaekgalpi.com | 페이스북 facebook.com/chaekgalpi
인스타그램 instagram.com/chaekgalpi_books

첫 번째 찍은 날 2022년 10월 10일

값 15,000원
ISBN 978-89-7966-230-6
잘못된 책은 바꿔 드립니다.

차례

일러두기

1. 인명과 지명 등의 외래어는 최대한 외래어 표기법에 맞춰 표기했다.

2. 《 》 부호는 책과 잡지를 나타내고, 〈 〉 부호는 신문과 주간지를 나타낸다. 논문은 " "로 나타냈다.

3. 본문에서 [ ]는 옮긴이나 편집자가 독자의 이해를 돕거나 문맥을 매끄럽게 하려고 덧붙인 것이다. 인용문에서 지은이가 덧붙인 것은 [— 지은이]로 표기했다.

4. 본문의 각주는 옮긴이나 편집자가 넣은 것이다.

5. 원문에서 이탤릭체로 강조한 부분은 고딕체로 나타냈다.

옮긴이 머리말

자본주의가 경제 위기에 빠질 때마다 150여 년 전 카를 마르크스의 주장이 재조명을 받곤 한다. 마르크스는 자본주의가 본질적으로 위기에 빠지는 경향이 있다고 주장했다.

그러나 정작 마르크스의 경제위기론이 무엇인지에 대해서는 오늘날 마르크스주의자를 자처하는 사람들 사이에서도 의견이 갈린다. 대다수는 마르크스에게 여러 가지 경제위기론이 있었고 따라서 경제위기의 원인을 시기마다 다르게 봐야 한다고 주장한다.

물론 경제 위기가 촉발되는 계기는 다양할 수 있다. 위기는 주식시장 붕괴(1929년)나 주택시장 거품 붕괴(2007년)나 상품 가격 급등(1974년 유가 폭등)으로 시작될 수 있다. 실제로 마르크스는 다양한 경제 요인이 상호 작용해 경제 위기를 일으키는 방식을 자세히 고찰했다. 그러나 경제 위기를 일으키는 요인이 그때그때 다르다고 보는 이런 관점은 그 다양한 요인들이 왜 어느 때는 작용했다가 어느 때는 작용하지 않는지를 설명하지 못한다. 이를 이해하려면 마르크스의 경제위기론에서 핵심적 지위를 차지하는 이윤율 저하 경향의 법칙을 중심으로 자본주의 경제를 분석해야 한다.

이 점에서 크리스 하먼(1942-2009)의 이 고전적 저작(초판 발행연도 1984년)을 번역 출판하는 것이 의미가 있을 것이다. 하먼은 이 책에서 이윤율 저하 경향이 자본주의 경제 위기의 근본적 원인임을 보여 주고, 그 법칙으로 자본주의의 역사적 호황과 불황을 설명한다.

이 책의 둘째 강점은 이윤율 저하 경향뿐 아니라 그것을 상쇄하는 경향도 상세히 설명한다는 점이다. 하먼은 자본주의 체제가 어떻게 이윤율 저하를 상쇄하는 요인들을 만들어 내는지, 그리고 어떻게 특정 단계를 넘어서면 그런 요인들이 더는 작용하지 못하는지를 잘 보여 준다.

하먼은 이를 통해 어떻게 자본주의가 1950~1960년대에 장기 호황을 누릴 수 있었고 1970년대 중반부터는 다시 새로운 경제 위기의 시대가 시작됐는지 그 과정을 보여 준다. 오늘날 자본주의가 겪고 있는 위기의 기원이 1970년대 중반으로 거슬러 올라가므로 독자들은 이 책에서 현재의 경제 위기를 이해하기 위한 열쇠를 찾을 수 있을 것이다. 이것이 이 책의 셋째 강점이다.

마지막 강점은 이 책의 부록이다. 여기서 하먼은 경제 위기의 원인으로 임금 인상, '장기 파동', 자원의 희소성, 독점 등을 지목하는 이론들을 비판적으로 검토한다. 오늘날에도 많은 사람들이 이런 이론들을 받아들인다.(가령 '장기파동'론은 조지프 슘페터와 폴 새뮤얼슨 같은 주류 경제학자부터 조반니 아리기 같은 급진 경제학자까지, 폴 메이슨 같은 개혁주의자부터 에르네스트 만델 같은 혁명가까지 폭넓은 저자들이 받아들인다.) 독자들은 하먼이 이런 이론들을 해부하는 방식에서 많은 것을 배울 수 있을 것이다.

이 책은 거의 30년 전인 1995년에 다른 사람에 의해《마르크스주의와 공황론》(풀무질)으로 번역돼 나온 적이 있다. 하지만 이번에 내가 완전히 새로 번역했다. 각각 3장과 부록을 번역하는 데 도움을 준 이수현 전문번역가와 이정구 박사에게 감사 인사를 전한다.

독자들이 마르크스의 경제위기론을 제대로 이해하고 오늘날 경제위기의 근본 원인을 파악하는 데 이 책이 도움이 되기를 바란다.

2022년 9월

최일붕

1999년판 지은이 머리말

"마르크스주의는 시대에 뒤떨어졌다, 마르크스주의는 죽었다." 1980년대 내내, 그리고 1990년대의 대부분 동안 주류 학계와 언론계에서는 거듭거듭 이렇게 떠들어 댔다. 그들의 주장인즉, 자본주의는 지금까지 좌파가 생각했던 것보다 훨씬 더 '역동적'이라는 것이었다. 한편으로 동아시아 나라들의 경제 성장은 그 증거이고, 다른 한편으로 소련의 붕괴와 1989년 동유럽을 휩쓴 정치혁명은 자본주의보다 나은 대안이 없음을 보여 준다는 것이었다.

그런데 갑자기 1998년 가을에 어조가 잠시 바뀌었다. 전 세계 투기꾼의 우두머리라 할 수 있는 조지 소로스는 미국 의회에서 다음과 같이 말했다. "[지난 10년 동안 이 나라의] 놀라운 번영을 가져온 세계 자본주의 체제가 지금 무너져 내리고 있습니다."

사실 주류 학계와 언론계에서 떠들어 대는 말들은 항상 겉으로만 그럴싸했다. 일부 경제사학자들이 "자본주의의 황금기"라고 부른 것, 즉 제2차세계대전 후 사반세기에 걸친 장기 대호황은 1973년에 끝났다. 그 뒤 자본주의 체제는 1974~1976년, 1980~1982년, 1990년대 초에 세 차례 심각한 불황을 겪었다. 경제적 선진국들인 G7[미국·일본·독일·영국·프랑스·캐나다·이탈리아]의 1979~1980년 연평균 경제성장률은 1960~1973년의 약 60퍼센트 수준에 불과했(고 1990~1996년에는 33퍼센트까지 떨어졌)다. 동아시아의 신흥공업국들을 일컫는 '네 마리 용' 가운데 가장 큰 둘, 즉 한국과 대만의 경제성장률도 1960년대나 1970년대보다 상당히 낮아졌다(물론 G7 국가들보다는 여전히 높았다). 옛 동구권 나라들은 1989년 이후 시장 자본주의로 전환할 때 '경제 기적'을 이룰 것이라고 예상했지만, 그런 일은 어디서도 일어나지 않았다. 1997년도 국내총생산GDP이 1990년보다 증가한 나라는 오직 폴란드뿐이었다. 체코공화국부터 그루지야[지금의 조지아]까지 다른 모든 나라는 경제가 수축했고, 러시아 경제는 40퍼센트 이상 쪼그라들었다.

그렇지만 같은 기간에 모든 나라에서 소수의 부자에게 부가 집중되는 추세가 더 심해졌다. 그래서 평론가들은 부자들의 입맛에 맞는 말을 늘어놓으며 도취감에 빠졌다. 그러다가 갑자기 1998년 10월에 주식시장이 폭락할 것처럼 보였다. 동아시아 나라들은 이미 경제 불황에 빠져 있었고(그래서 인도네시아인 1억 명이 겨우 몇 주 만에 빈곤층으로 전락했다), 불황은 러시아로 번졌다. 일본 경제도 불황에 빠지자 정부가 은행 파산을 막기 위해 국유화를 단행할 수밖에 없었고, 라틴아메리카 나라들도 1980년대 초의 외채 위기 이후 가장 큰 어려움에 직면했다. 〈파이낸셜 타임스〉는 "자본주의가 붕괴하고 있다"는 기사들을 싣기 시작했고, 평론가들은 세계경제를 '사상누각'으로 묘사했으며, 소로스의 위와 같은 발언이 나왔다.

그렇지만 몇 달이 안 돼, 자본주의를 옹호하는 자들은 아무것도 잘못되지 않았다고 확신하기 시작했다. 그들의 주장인즉, '체제의 핵심'은 아무런 영향도 받지 않았다는 것이었다. 그들은 마치 세계 2위의 경제 대국인 일본은 그 '핵심'에 포함되지 않는다는 듯이 말하고 있었다. 여기서 기억해 둘 만한 사실이 하나 있다. 겨우 몇 년 전만 해도 그들은 2000년이 되면 일본 경제가 미국을 앞지를 것이라고 확신에 찬 예언을 했다는 것이다. 또 [체제의 핵심이 건재하다는] 그들의 호언장담은 철강·제지·석유화학 같은 산업들을 괴롭히는 세계적 과잉생산 문제를 무시했다는 사실도 지적해 둘 만하다.

이 모든 일은 자본주의 지지자들이 자기네 체제의 동역학을 얼마나 모르는지를 극명하게 보여 준다. 한 치 앞도 내다보지 못하는 그들은 주식시장이 상승세일 때는 맹목적 도취감에 빠져 있다가 주식시장이 하락하면 마찬가지로 맹목적 공황 상태에 빠져 허우적거린다. 그러다가 여전히 이윤을 뽑아낼 여지가 있다는 것을 발견하면 다시 도취감에 빠져든다. 그사이에 수많은 사람들은 일자리가 날아가고 삶이 파탄 나는 고통을 겪는다.

자본주의 지지자들의 통념에 의존하는 것보다 현실을 훨씬 더 잘 파악하는 일은 얼마든지 가능하다. 그러나 그러려면 카를 마르크스가 제시한 자본주의 분석에 의지해야 한다.

마르크스의 경제학 저작들은 130년도 더 전에 출간됐다. 그래서 많은 사람들이 마르크스의 저작은 시대에 뒤떨어졌다고 생각한다. 그러나 마르크스가 글을 쓰던 바로 그때 산업자본주의는 세계 체제로 발전하면서, 오늘날까지 지속되는 많은 특징들을 드러내고 있었다.

마르크스는 애덤 스미스나 데이비드 리카도 같은 주류 정치경제학 창시자들보다 더 멀리 나아갈 수 있었다. 스미스나 리카도는 신흥 자본주의 체제의 역동성을 강조했다. 마르크스는 자신이 그들에게 빚진 것을 인정했지만, 그들보다 나중에 글을 쓴 덕분에 그들의 분석을 더 발전시킬 수 있었다. 그래서 자본주의 체제의 역동성 이면에는 경제 위기가 되풀이되는 패턴이 있으며, 체제가 노화함에 따라 위기는 더 악화하는 경향이 있다는 것을 파악할 수 있었다.

이 점에서 마르크스의 연구 방법은 오늘날 경제학을 지배하는 '신고전학파' 또는 '한계효용학파'와 근본적으로 달랐다. 그들은 이른바 세의 '법칙'에 의존하는데, 마르크스보다 훨씬 전에 글을 쓴 [프랑스의 고전파 경제학자 겸 기업인] 장 바티스트 세는 만약 시장의 힘이 자유롭게 작용하는 것을 방해하지만 않는다면 [공급이 수요를 창출할 것이므로] 일반적 과잉생산 위기는 일어날 수 없다고 주장했다.

양차 세계대전 사이의 대불황 때문에, 많은 주류 경제학자들은 존 메이너드 케인스의 뒤를 따라 경제 위기라는 명백한 사실을 인정할 수밖에 없었다. 그들의 주장은 '공공지출을 늘리기 위한 증세 정책'으로 현 체제를 개혁하면 체제가 위기에 빠지는 것을 막을 수 있다고 믿는 사람들에게 일련의 논거를 제공했다. 그러나 1970년대 중반 이후 새로운 경제 위기 시대가 찾아오자 케인스 이전의 낡은 경제사상이 모두 고스란히 되살아났다. 밀턴 프리드먼과 고故 프리드리히 폰 하이에크 같은 경제학자들이 그런 사상을 주창했다.

바로 그들이 제공한 논거가, 어쨌든 '노동 유연성'을 증대하고 복지 수혜자를 더 압박하는 등의 '공급 측면의 정책들'을 시행하면 지난

170년 동안 자본주의 체제를 주기적으로 괴롭힌 경제 위기는 사라질 것이라는 주장을 뒷받침했다.

이 책의 주요 부분은 18년 전《인터내셔널 소셜리즘》(국제 사회주의) 잡지에 쓴 여러 글에서 처음 공개됐다. 그 글들에서 나는 마르크스의 통찰을 이용해, 자본주의가 위기에 빠지는 경향이 있음을 보여 주려 했을 뿐 아니라 1970년대 중반에 시작된 새로운 경제 위기 시대의 특징도 파악해 보려 했다. 그러기 위해 후세대 마르크스주의 이론가들이 그 전 100년간 자본주의 체제에서 나타난 주요 추세들(1880년대와 1890년대의 제국주의, 1914년과 1930년대 말에 세계대전으로 치닫게 된 경향, 양차 세계대전 사이의 대불황, 1950년대부터 1970년대 초까지 이어진 장기 호황)을 이해하려고 노력하면서 마르크스의 사상을 보완하고 수정한 것을 살펴봐야 했다.

나는 이 책의 분석이 시간의 검증을 매우 잘 통과했다고 생각한다(적어도 자본주의를 지지하는 주류 경제학파의 어떤 경제학자의 분석보다도 훨씬 더 잘 통과했다는 것은 확실하다). 그래서 이 책의 초판(1984년에 출간됐다) 본문을 전혀 고치지 않았다. 그러다 보니 과거의 용어들, 예컨대 당시에는 여전히 건재하던 '소련' 등이 가끔 보이기도 한다.

부록에서는 1970년대와 1980년대 초에 발생한 경제 위기들을 설명하려 한 다른 이론들, 예컨대 경제 위기의 원인으로 '높은' 노동비용이나 복지 지출 수준, '장기 파동', 고유가高油價 따위를 지목하는 이론들을 비판적으로 살펴봤다. 여기서도 초판의 본문을 고치지 않았는데, 그런 이론들이 여전히 되풀이되는 경우가 많기 때문이다.

물론 지난 19년 사이에 자본주의의 성격에 중요한 변화가 있었다. 즉, 금융의 국제화가 증대했고, 유럽과 일본의 다국적기업들이 성장했으며, 동아시아 나라들의 경제 성장과 위기가 있었고, 국가자본주의 지령 경제들이 붕괴해서 모종의 시장 자본주의로 탈바꿈했으며, 세계화 논의가 유행했고, 영향력 있는 자본주의 평론가들 사이에서는 물가가 하락하는 디플레이션 시대로 진입하고 있다는 새로운 두려움이 생겨났다.

나는 지난 10년 동안 《인터내셔널 소셜리즘》에 쓴 다음과 같은 글들에서 이런 문제들을 다룬 바 있다. "오늘날 국가와 자본주의"(51호),* "자본주의는 어디로 가고 있는가?"(58호에 실린 1부는 선진국들을, 60호에 실린 2부는 '개발도상국'들을 다뤘다),** "세계화"(73호), "부르주아 경제학의 위기"(71호에 실렸고 '신고전학파', 케인스주의, '신자유주의' 경제학 등 주류 경제학의 변화를 다뤘다)가*** 그것이다. 이 책의 주장이 이후의 자본주의 상황을 분석하는 데 어떻게 적용됐는지를 알고 싶은 독자는 이 글들을 참고하기 바란다.

마지막으로, 내가 초판에서 한 사과를 다시 해야겠다. 마르크스주의 경제학의 개념들에 익숙하지 않은 독자라면, 내가 무슨 말을 하는지 이해하기 힘들다고 생각할 수 있다. 나는 마르크스주의 경제위

---

* 국역: "오늘날 국가와 자본주의", 《자본주의 국가》, 책갈피, 2015.

** 국역: "자본주의는 지금 어디로 가고 있는가? (Ⅰ), (Ⅱ)", 《오늘의 세계경제: 위기와 전망》, 갈무리, 1994.

*** 국역: 《부르주아 경제학의 위기》, 책갈피, 2010.

기론을 비판하는 주장들을 많이 다뤄야 했기 때문에 때때로 전문적 논의를 피할 수 없었다. 이런 논의들은 최대한 후주로 돌렸지만, 항상 그럴 수는 없었다. 그러니 마르크스주의 용어에 익숙하지 않은 독자들은 내가 자본주의의 문제점이 무엇인지를 알기 쉽게 설명한 책《광란의 경제학》을* 먼저 읽어 보기를 권한다.

1999년

크리스 하먼

---

* 국역:《크리스 하먼의 마르크스 경제학 가이드》, 책갈피, 2010.

1장

마르크스의 경제위기론과 그에 대한 비판

100년도 더 전에 마르크스는 자본주의가 모순 위에 구축된 체제라는 것을 보여 줬다. 마르크스가 묘사한 자본 소유자들, 즉 은행가들과 기업인들의 모습은 대규모 투자로 산업 생산량과 규모를 늘리려고 점점 더 거창한 계획을 추진하는 한편 그에 따른 위험 부담을 점점 더 두려워해 전전긍긍하는 모습이다. 따라서 갑자기 확장이 멈추고 뒤이어 불황이 찾아온다.

한동안 산업이 풀가동되고, 새로 공장이 세워지고, 새로 기계가 도입되고, 인간의 숙련도가 향상된다. 그래서 마르크스가 "생산 기구"라고 부른 것이 확대된다. 그러나 다음 순간 공장이 놀고, 기계가 녹슬고, 실업이 증가하면서 심각한 부진과 낭비가 나타난다.

더욱이 마르크스는 이런 "분출, 대격변, 위기가 … 빈번하게 되풀이되고 그때마다 더 큰 규모로 재연된다"고 말했다.[1] 그는 점점 깊어지는 불황과 사이사이에 점점 짧아지는 호황으로 점철된 체제, 생산 가능한 부를 처리하지 못하는 체제를 묘사한다.

> 사회적 부와 자본의 기능, 그리고 그 증가 정도와 활력이 커질수록 …
> 산업예비군[실업]도 그만큼 더 늘어나고, … 공식 빈곤율도 더 높아진

다. 이것이 자본주의 축적의 절대적 일반 법칙이다[강조는 마르크스 — 지은이].[2]

마르크스는 자본주의 체제가 발전하면 할수록 실업과 빈곤이 증가할 것이라고 주장했다.[3] 바로 이 점이 자본주의 '생산양식'(부를 생산하기 위한 자본주의적 사회 편제 방법)을 이전의 "길드제, 농노제, 노예제"가 처한 운명과 마찬가지로 역사적 파멸로 이끄는 것이라고 마르크스는 주장했다.[4]

이런 방식들[길드제, 농노제, 노예제]로 부를 생산한 사회들이 번영기가 지난 후에 돌이킬 수 없는 쇠퇴의 길로 접어든 것과 마찬가지로, 자본주의도 그 같은 쇠퇴의 길로 들어설 것이라고 마르크스는 말했다. 사실 그는 1857년에 《자본론》의 초고(일반적으로 《정치경제학 비판 요강》으로 알려져 있다) 집필에 착수했을 때 이런 돌이킬 수 없는 쇠퇴 국면이 이미 시작됐다고 생각했다. 그리고 거의 30년 뒤인 1886년 엥겔스는 《자본론》 1권의 영어판 서문을 쓸 때 다음과 같은 결론을 내릴 수 있다고 봤다.

1825년부터 1867년까지 거듭 재연된 부진, 번영, 과잉생산, 위기의 10년 주기 순환은 사실상 멈춘 듯하다. 그래서 우리는 지속적이고 만성적인 불황이라는 절망의 구렁텅이에 빠졌다. 다들 갈망하는 번영기는 좀처럼 오지 않을 것이다. 번영기의 도래를 예고하는 징후를 감지한 듯할 때마다 그 징후는 또다시 사라진다.[5]

물론 1857년에 마르크스는 오류를 범했고, 1886년에 엥겔스도 그랬다. 마찬가지로, 1930년대 대불황을 '자본주의의 최종 위기'라고 본 후대의 사상가들도 자신이 틀렸다는 것을 깨닫게 된다.

이런 예측 실패 때문에 많은 마르크스주의 사상가들조차 자본주의에 대한 마르크스의 이론적 분석의 기본 원리들을 거부하는 경향이 생겨났다. 어떤 사람들은 마르크스가 자본주의 체제의 근본이 된다고 여긴 '법칙들' 일부를 거부하면서 마르크스의 자본주의 모형을 공공연히 수정했다. 또 다른 사람들은 마르크스의 분석을 말로는 수용하지만, ('경제적 상쇄 요인'이라는 형태로) 너무 많은 유보적 단서들을 달아서 현실 세계에 관한 설명력을 박탈해 버렸다.

그러나 지금 우리는 다시 한 번 마르크스가 '최종 위기'라고 착각한 것의 징후가 나타나는 듯한 시기에 살고 있다. 마르크스가 지적한 현상들이 모두 미디어에 나날이 언급된다. 세계적 규모의 실업률 증가, 경제 부진으로 돌이킬 수 없이 나아가는 듯한 경향, 광란적이고 단기적인 투기 호황에 뒤따르는 점점 깊어지는 경기후퇴, 이윤율의 장기적 저하, 체제의 동역학이 뭔가 잘못됐다는 전반적 느낌이 그것이다. 이것은 또 하나의 착각일 뿐인가? 아니면 마르크스의 분석이 옳았음을 정말로 입증해 주는 것인가?

이 책의 논점은 현재 심화하고 있는 경제 위기가 자본주의에 대한 마르크스의 기본 모형에서 비롯한 것으로 볼 수 있다는 것이다. 그러므로 어떤 사람들처럼 마르크스 분석의 기본 원리들을 거부하는 것은 잘못이다. 또한, 마르크스의 설명에 각종 유보적 단서들을 달아 그 설명력을 박탈하는 것도 잘못이다.

우리가 마르크스 시대 이래 자본주의 체제의 진로를 설명하기 위해 수정해야 할 점이 있다면, 그것은 어떻게 체제 자체가 특정 발전 단계에서 쇠퇴 압력을 완화하는 '상쇄 요인들'을 만들어 내는지, 그리고 어떻게 그 이후 단계에서는 체제가 그 요인들을 더는 만들어 내지 못하는지를 보여 주는 것이다. 이런 기초 위에서만 자본주의가 어떻게 장기적 번영을 (특히 1950년대와 1960년대에) 누릴 수 있었고 1880년대, 1930년대, 그리고 다시 지난 10년 동안에[이 글은 1984년에 출판됐다] 장기간의 부진과 위기에 빠졌는지 알 수 있다.

이윤율 저하 경향

자본주의가 본질적으로 위기에 빠지는 경향이 있다는 마르크스의 설명에서 핵심은 그가 '이윤율 저하 경향의 법칙'(이하에선 줄여서 '이윤율 저하'라고 부를 것이다)이라고 부른 것이다. 마르크스에 따르면, 자본주의가 성장함에 따라 이윤율, 즉 자본 투자에 대한 이윤의 비율이 하락하는 경향이 있는데, 이것은 자본주의가 생산력을 발전시키는 방식, 즉 자본주의적 경제 성장이 이뤄지는 방식의 직접적 결과다.

현대 마르크스주의자들은 종종 '이윤율 저하'가 마르크스 분석의 핵심이라는 것을 부정한다. 마르크스의 저작들에서 '몇 가지' 경제위기론들이 발견되고 '이윤율 저하'는 그 가운데 하나일 뿐이라는 주장이 근래 유행하고 있다.[6] 마르크스주의자들 가운데 많은 사람들이

'이윤율 저하'를 완전히 거부한다.[7] 한편, '이윤율 저하'를 수용하지만 그것을 '이윤율 저하 경향과 그 상쇄 경향의 법칙'이라고 불러야 한다면서 그 법칙의 설명력을 박탈하는 식으로 수용하는 사람들도 적지 않다.[8]

물론 《자본론》에 '이윤율 저하' 이론만 나오는 것은 아니다. 그 이론은 어떻게 다른 경제 요인들 — 신용과 화폐의 구실, 서로 다른 생산 부문들 사이의 불균형, '고정자본'(건물과 기계류)의 마모, 노동자 대중의 낮은 소비수준 — 이 상호작용해 위기를 주기적으로 일으키는지에 대한 설명으로 보충된다. 그러나 자본주의가 스스로 촉발한 바로 그 생산력 때문에 불행한 운명을 맞게 될 것이라고 마르크스가 단언할 수 있었던 것은 그가 '이윤율 저하' 경향이 있음을 믿었기 때문이다.

경제 위기를 일으키는 다른 요인들은 생겼다가도 사라질 수 있다. 그러나 이윤은 자본주의의 핵심 목적이므로 약간의 이윤율 저하도 체제 자체에 대한 위협으로 나타난다. 마르크스가 썼듯이,

> 자본주의의 자기 확장률인 이윤율은 자본주의적 생산의 목표인데, 그것의 하락은 … 자본주의적 생산 과정에 대한 위협으로 나타난다.[9]

이 때문에 마르크스는 자신보다 앞선 세대의 경제학자들이 이윤율 저하를 알아챘을 때 두려움을 느꼈다는 사실에 주목했다. 왜냐하면 이윤율 저하는 "자본주의 생산양식이 생산력 발전 과정에서 부의 생산 자체와는 아무 관계 없는 장벽을 만난다는 느낌"을 자아내고,

이는 "자본주의 생산양식이 단지 역사적이고 일시적인 생산양식일 뿐이라는 점을 입증하는 것"이며, "자본주의 생산양식이 특정 단계에서 더 이상의 발전과 충돌한다는 것을 증명하는 것"이기 때문이다.[10] 이윤율 저하는 "자본주의 생산의 진정한 장애물은 자본 자체"라는 것을 보여 준다.[11]

그러므로 이윤율 저하 '법칙'이 존재한다는 주장은 마르크스의 자본주의 설명에서 단지 부가적인 요소가 아니었다. 이 법칙은 자본주의가 결국 실패하기 마련인 체제라는 마르크스 주장의 핵심이었다. 이 법칙 덕분에, 자본주의의 경제적 메커니즘을 설명하는 마르크스의 분석은 서로 다른 '생산양식'의 연속이라는 관점에서 역사를 파악하는 그의 일반적 설명 속에 통합된다. 그리고 이 법칙은 체제를 어설프게 땜질하는 것이나 자본가의 자기 조절로는 경제 위기를 피할 수 없음을 보여 준다. 이윤율이 어느 수준 이하로 떨어지고 그 결과 자본가들 간의 격렬한 생존경쟁이 "자본가 계급의 사업상의 우호 관계"를[12] 대신하게 될 때 그 어떤 자기 조절도 실패하고 말 것이기 때문이다.

법칙 자체

마르크스의 핵심 주장은 자본주의가 발전함에 따라 각 노동자는 자신의 노동에 '생산수단'(도구와 기계류 등)을 점점 많이 사용하게 된다는 것이다. 예를 들어 마르크스 시대에, 전에는 집에서 직기 한

대를 운전하던 직조공이 동력 직기가 개발되면서 큰 공장의 직조실에서 직조기 열 대를 관리하게 됐다. 이런 과정은 오늘날까지 계속돼, 비교적 적은 노동자들이 고도로 자동화된 생산 라인을 다루게 됐다. 물론 '생산수단'에는 도구와 기계류뿐 아니라 사무실 건물에서 운송 체계에 이르는 것이 두루 포함된다.

마르크스는 노동자와 생산수단의 관계를 두 가지 방식으로 묘사했다. 각각은 그 관계의 서로 다른 측면을 표현한다. 마르크스는 노동자, 즉 "산 노동"의 관점에서 생산수단을 "죽은 노동"이라고 불렀다. 생산수단(연장, 기계, 공장 등)은 모두 노동자들이 과거에 한 노동의 산물이자 그 노동의 축적물로 볼 수 있기 때문이다. 다른 한편, 마르크스는 자본가의 관점에서 이 똑같은 생산수단들을 "불변자본" — 자본가들에게 그것들은 자본 투자에 해당한다 — 이라고 불렀다. 생산수단을 가동시키려고 고용한 노동자들은 "가변자본"이다.

논의 과정에서 우리는 두 가지 용어를 모두 언급해야 할 것이므로 그것들이 동일한 관계를 가리킨다는 사실을 여기서 지적하는 것이 좋겠다.

어쨌든 자본가들이 생산수단과 생산 재료에 쓰는 비용은 노동자 고용에 쓰는 비용보다 훨씬 빨리 증가한다. 그래서 자본 축적 과정 자체가 둘 사이의 비율, 달리 말해 '불변자본'과 '가변자본' 사이의 비율 증가를 수반한다.

> 자본주의 생산이 발달하면서 불변자본에 견줘, 따라서 가동되는 총자본에 견줘 가변자본이 상대적으로 감소하는 것이 자본주의적 생산의

한 법칙이다. … 달리 말해, 자본주의 체제에서 발전하는 독특한 생산 방법들 덕분에 특정 기간에 같은 수의 노동자, 즉 같은 양의 노동력이 노동수단(기계류와 각종 고정자본)을 점점 더 많이 가동하고, 다루고, 생산적으로 소비하게 된다. 따라서 불변자본의 가치도 갈수록 더 많이 소요된다.[13]

그리하여 생산수단에 대한 투자 수준이 그 생산수단을 가동하도록 고용된 노동자들에 대한 투자 수준보다 훨씬 더 빨리 증가한다. 이것은 모든 자본가들이 추구하는 황금률인 생산성 증대, 즉 노동자 수가 같아도 상품은 더 많이 생산되는 것을 나타낸다.

생산수단과 결합되는 노동력에 견줘 생산수단이 증대하는 것은 노동생산성 증대를 나타낸다. 그러니 노동생산성 증대는 … 노동과정의 객관적 요인에 견줘 주관적 요인이 감소하는 것으로 나타난다.[14]

마르크스는 생산수단에 사용된 노동력의 양에 대한 생산수단의 물리적 크기의 비율을 "자본의 기술적 구성"이라고 불렀고, 사용된 노동력의 가치에 대한 생산수단의 가치 비율을 "유기적 구성"이라고 불렀다.[15] 자본의 기술적 구성은 같은 양의 노동력이 생산수단과 생산 재료를 더 많이 다룰 때 증가한다.

자본의 기술적 구성의 이런 변화는 자본의 가치 구성에 반영된다. 즉, 자본의 가변적 부분을 희생시켜 자본의 불변적 부분이 증대한다. …

> 가변자본에 비해 불변자본이 점차 증대한다는 이 법칙은 … 모든 단계에서 확인된다.[16]

그러므로 같은 양의 노동력을 사용하는 데 점점 더 많은 생산수단에 — 따라서 총자본에 — 투자해야 한다.

이런 일이 일어나는 이유는 경쟁이다. 즉, 각각의 자본가가 경쟁 자본가보다 앞서려면 생산성 향상을 위해 노력해야 하는 것이다. 그러나 각각의 자본가를 이 과정에 연루시키는 경쟁 압력이 아무리 크다 할지라도 자본가 계급 전체의 관점에서 이것은 매우 나쁜 결과를 가져온다.

자본가들은 사업의 성패 여부를 그들이 얻은 총이윤(마르크스가 "이윤량"이라고 부른 것)이 아니라 투자 한 단위당 얻은 이윤, 즉 이윤율로 평가한다. 이윤의 원천은 산 노동을 착취해 창조된 잉여가치이므로, 이윤량은 사용된 노동력의 양, 즉 노동자 수에 달려 있다.[17] 그러나 노동에 대한 투자 수준이 총투자보다 느리게 증가한다면 이윤의 원천도 총투자보다 느리게 증가한다. 그러므로 투자 한 단위당 이윤, 곧 이윤율은 하락하는 경향이 있을 것이다.[18]

마르크스 사후 한 세기 동안의 이윤율 저하 경향

마르크스가 주장했듯이 자본주의 체제가 발전함에 따라 이윤율이 하락하는 경향이 실제로 있다면, 이것은 위기에 처한 자본주의의 체제를 괴롭히는 문제들 중 많은 것을 설명하는 데 정말로 도움이 된다. 예를 들어, 이윤율 저하 경향은 자본주의 체제가 어째서 발전의 어느 단계에서는 실질임금의 상승을 용인하다가도 이후의 어느 단계에서는 실질임금 상승을 용인하지 않으려 하는지를 설명해 줄 것이다. 즉, 평균이윤율이 떨어지는 바람에, 실질임금이 오르면 효율이 가장 낮은 기업들은 파산으로 내몰리기 쉽게 된 것이다. 공공지출도 마찬가지여서 이윤율이 하락하면 꼭 필요한 세금도 더 부담스러워진다.

지구상의 새로운 지역에 대한 투자도 근래에 미국 자본주의의 약점을 보완하지 못했는데, 그런 투자에 대한 이윤의 비율이 저하하는 경향이 있다고 보면 그 이유가 더 분명해진다. 그리고 케인스적 경제 관리 기법들은, 한편으로는 호황/불황 패턴을 일으키는 다른 압력들 일부는 해소할지 몰라도 장기적 이윤율 저하 경향에는 전혀 영향을 미치지 못할 것이다.

그러나 마르크스의 이윤율 저하 주장을 과거의 경제 위기에 관해 알려진 사실들과 관련지어 본다면 세 가지 문제가 제기된다.

첫째, 몇몇 중대한 경제 위기(특히 1929년 공황으로 시작된 위기)는 평균이윤율이 어느 정도 하락한 뒤 곧이어 일어난 일이 아니었다.

둘째, '이윤율 저하'가 멈출 수 없는 법칙이라면 어떻게 자본주의가 1880년대 이후 상시적 위기 상황에 처하는 걸 모면했는지 이해하기가 어렵다. 물론 마르크스는 경제 위기 쪽으로 몰고 가는 압박을 완화하는 "상쇄 경향들"에 관해 얘기했지만, 그는 이 경향들이 체제의 급속한 확장을 한 세기 이상이나 지속시킬 수 있을 것이라고는 별로 생각하지 않았다.

셋째, 마르크스가 이윤율 저하를 일으킨다고 특별히 지적한 요인인 자본의 유기적 구성 증가는 대략 마르크스가 집필을 중단한 시기의 영국에서, 그리고 1920년대 미국에서 작동을 멈췄다고 지적하는 연구들이 있다. 나중에 실제 증거를 더 면밀히 살피겠지만, 지난 10~15년 사이에 유기적 구성이 다시 증가했음을 일부 계산치가 보여주고 있음은 여기서 지적할 만하다.

중요한 점은 자본의 유기적 구성이 실제로 장기간 오르지 않아 마르크스의 주장에 상당한 의문이 제기됐으며, 일부 마르크스주의자들은 마르크스의 주장을 통째로 거부했다는 것이다. 마르크스 자신이 이윤율 저하를 때때로 상쇄할 수 있는 상쇄 경향들의 목록을 작성했다. 위에서 일반적으로 설명한 세 가지 문제에 직면해, 마르크스 '법칙'의 비판자 중 많은 사람들은 이 상쇄 경향들이 사실상 이 '법칙'을 완전히 상쇄한다고 손쉽게 주장할 수 있었다.

마르크스의 '법칙'이 현재의 경제 위기를 설명하는 데에 실제로 도움이 되려면 이런 이의 제기와 1880년 이후의 사실적 증거를 직시하고 다룰 수 있어야 한다. 마르크스의 법칙은 그럴 수 있다. 만약 특정 '상쇄 경향들'을 나중에 첨언하는 것이 아니라(불행히도 마르크스 자신이 그렇게 진술하는 경향이 있었다) 자본주의 발전의 특정 시기에 그 경향들이 자본주의 구조 속의 한 부분이었던 것으로 본다면, 또 그렇게 봐야만 그 경향들이 어떻게 다른 시기에는 작동하지 않았는지 알 수 있다.

그러면 마르크스의 '이윤율 저하' 법칙을 반박하는 주요 주장들과 특정 시기에 이윤율 저하를 상쇄하는 듯 보였던 상쇄 경향들을 살펴보자.

기술 진보의 효과

흔히 노동 절약적이기보다는 '자본 절약적'인 혁신으로 생산성 증대가 일어난다며 마르크스를 비판하는 주장이 있다. 예를 들어 미국의 급진적 경제학자 에릭 올린 라이트는 다음과 같이 주장한다.

> 불변자본의 가치가 상승하려면 불변자본 절약적인 기술혁신보다는 노동 절약적인 기술혁신이 더 많이 일어나야 한다. …
>
> 경쟁 속에서 비용이 노동의 절약으로 절감되는지 자본의 절약으로 절감되는지는 중요하지 않다. …
>
> 실제로 선진 자본주의 경제에서 노동 절약적 기술혁신보다 자본 절약적 기술혁신을 선택하도록 하는 압력이 더 많이 증가하는 경향이 있다는 몇몇 주장들은 설득력이 있다.[19]

마르크스 자신이 생산성 증대가 유기적 구성 상승을 동반하지 않는 "몇 가지 경우"를 언급하면서,[20] 왜 그런 몇 가지 경우뿐인지는 설명하지 않은 채 '상쇄 경향들' 중 하나가 다음과 같은 것이라고 말했다. "새로운 생산 라인들(특히 사치품 생산 라인)이 가동된다. … 이 새로운 라인들은 산 노동 중심으로 시작된다." 그러나 마르크스는 자본주의가 왜 노동 집약적 혁신에 근거한 "새 라인들"에 거듭 착수해 이윤율 저하 경향을 상시적으로 상쇄할 수 없는지는 설명하지 않았다.

자본 축적이 자본 집약적일 수밖에 없다는 마르크스의 논점을 단지 그 사실을 단언함으로써 옹호할 수는 없다.[21] 그러나 마르크스의 저작을 보면 대략의 설명이 나와 있으므로 쉽사리 그 공백을 빈틈없이 메울 수 있다.

그 설명의 첫 부분은 자본 축적이 진행되는 방식 자체에서 비롯한다. 생산이 한 차례 돌아갈 때마다 잉여가치가 새로 만들어진다. 이 잉여가치를 소유한 개개의 자본들은 (다른 조건이 같다면) 경쟁 때문에 그 잉여가치의 되도록 많은 부분을 다음번 확대 생산 주기에 투입할 수밖에 없다.

> 사회적 노동생산력을 높이는 방법은 모두 … 잉여가치나 잉여생산물의 생산을 늘리는 방법이기도 하다. 결국 잉여가치 생산 증대가 축적의 중요한 요소다. … 잉여가치가 자본으로 거듭 탈바꿈하는 것은 생산 과정에 투입되는 자본의 크기가 증대하는 모양으로 나타난다. 결국 이것이 생산 규모 확대의 기초, 노동생산력 제고 방법들의 기초, 잉여가치 생산 가속화의 기초인 것이다.[22]

또는 마르크스가 《정치경제학 비판 요강》에서 말했듯이,[23] "생산적으로 사용된 자본은 항상 두 가지로 대체된다." 자신의 가치를 생산된 상품으로 이전하는 것과, 그 상품들로 구현되는 추가적 잉여가치를 노동자들이 창조하는 것이 그것이다.

'순수한 자본주의 시스템'(다른 모든 계급이 소멸해 노동자와 자본가만 있고, 자본가들은 경쟁 때문에 자신들의 잉여가치를 모두 투자하는, 순전한 자본의 화신으로 행동해야 하는 체제)에서라면 잉여가치의 양이 매 생산 주기마다 끝없이 증가할 것이다. 자본가 계급은 마음대로 처분할 수 있는 잉여가치가 점점 더 많아질 것이고 이것을 점점 더 큰 규모의 생산에 투자해야 한다는 압력을 받을 것이다.

마이클 키드런이 썼듯이, 마르크스의 논거는 다음과 같은 것을 가정한 것이었다. "모든 생산물은 생산적 소비로서 시스템 안으로 다시 흘러 들어온다. 이처럼 폐쇄된 시스템에서는 자원 배분이 꾸준히 투자 쪽으로 방향을 돌릴 것이다."[24]

이 자체로 '산 노동'에 대한 '죽은 노동'의 비율이 자동으로 증가하게 되는 것은 아니다. 투자는 '자본 절약적'일 수도 있다. 과학적 지식이 진보해 새 기술로 쓰이고 있다면 이 기술들 중 일부는 낡은 기술보다 노동자 1인당 사용되는 기계류와 원료를 감소시킬 수도 있다. 비교적 근래의 사례를 들면, 사진식자와 석판인쇄를 사용한 신문 생산은 주조식자와 활판인쇄를 사용한 재래식 신문 생산보다 덜 자본집약적이다.

그러나 이것만으로는 논의가 불충분하다. 이것만으로는 어느 때든 자본 절약적인 새 기술이 일부 있을 것이라는 점만을 알 수 있다. 그렇지만 중요한 점은 새 기술의 일반적 결과가 어떤 것이냐는 점이다. 새 기술은 자본을 절약할까 아니면 증가시킬까?

논의를 한 단계 더 진행하면 다음과 같은 사실을 알 수 있다. 즉,

경쟁하는 자본가들이 이윤을 추구하며 대규모 투자를 한다면, 보통의 투자는 자본을 증가시키고 자본 집약적이기 쉬운 것이 전반적 추세일 것이다.

첫째, 각 업종에서 가장 경쟁력 있는 자본가들은 새 기술을 가장 많이 도입한 사람들일 것이다. 어떤 과학·기술 지식 수준에서든 이런 새 기술의 일부는 실제로 자본 절약적일 수도 있다. 그러나 이런 새 기술들이 모두 채택됐을 때도 생산수단에 대한 투자 수준을 높여야만 채택할 수 있는 다른 새 기술들이 여전히 있을 것이다(아니면 적어도 자본가들은 그런 기술혁신이 있지 않을까 생각할 것이다).

둘째, 일부 기술 진보가 노동에 대한 자본의 비율이 증가하지 않고도 일어날 수 있는 것은 사실이지만, 그렇다고 해서 언제나 기술 진보가 그런 증가 없이 일어날 수 있는 것은 아니다.

이 점은 어떤 생산 분야에서 새로운 과학 지식이 나타나지 않고 있고, 노동에 대한 자본의 비율이 특정 수준일 때 이용 가능한 기존 기술이 이미 보편화된 상황을 잠시 상정해 보기만 해도 쉽게 예증될 수 있다. 이런 상황에서는 노동자 1인당 생산수단을 더 많이 사용하는 자본가가, 과거에 이미 발명됐지만 당시에는 노동에 대한 생산수단의 비율이 너무 작아서 채택하지 못했던 향상된 생산 기술(이전까지는 이것을 이용할 수 있는 자본이 없었던 것이다)을 채택하려 할 수 있다. 이와 반대로, 노동자 1인당 생산수단을 증가시키지 않는 자본가는 어쩔 수 없이 기존 기술을 이용해야 할 것이다.

셋째, 개별 자본가가 노동자에 대한 자본의 비율을 증가시킬 수 있다면 그는 노동이 더 많이 필요한 새 기술뿐 아니라 자본이 더 많이 필요한 새 기술에도 투자할 수 있을 것이다. 그가 이 비율을 증가시킬 수 없다면 노동이 더 많이 필요한 새 기술에서만 득을 보게 돼, 그 비율을 증가시킬 수 있는 자본가들과의 경쟁에서 패배할 것이다.

현실 세계에서 사업을 하는 자본가는 모두 첨단 기술을 이용하는 방법이 생산수단, 즉 '죽은 노동'(과거의 연구·개발 결과 속에 축적된 '죽은 노동'을 포함해)에 대한 투자 수준을 높이는 것이라는 점을 당연한 것으로 여긴다. 포드가 제너럴모터스GM나 토요타와 경쟁해서 이기는 방법이 노동자 1인당 물리적 투자 수준을 감축하는 것이라는 생각은 난해하기 이를 데 없는 학술지에나 실릴 법한 얘기다. 자본가는 기술혁신의 대가를 치르지 않고 그 혜택을 보는 것이 가능하지 않다는 점을 보통 인정한다. 기업이 노동자 1인당 자본이 더 적게 필요한 특정 신기술을 우연히 발견할 수 있지만, 그런 혁신을 확실히 얻을 수 있는 방법은 투자 수준을 높이는 것뿐이다.

자본가는 노동자 1인당 생산수단에 대한 투자를 감축한다 해도 여전히 경쟁자들이 알지 못하는 어떤 새 기술을 우연히 발견할 수도 있다. 그러나 이 같은 행운은 노동자 1인당 생산수단에 대한 투자를 늘리는 자본가도 얻을 수 있고, 이 자본가는 또한 경쟁자들이 우연히 발견한 새 기술들에 필적할 수 있거니와, 자신과 같은 수준의 '자본집약도'를 이루는 데 필요한 자금이 없는 다른 자본가들이 도달할 수 없는 기술 진보도 이룰 수 있다. 적어도 이론상으로는 노동자들에 대한 생산수단의 비율이 증가하는 데는 한계가 없으므로 이런 경쟁 방법에 따른 기술혁신에는 이론적으로 전혀 한계가 없다.

이상의 이유들로, 다른 조건들이 같다면 자본 감소가 필요한 새 기술보다는 자본 증가가 필요한 새 기술이 언제나 더 많을 것이라고 예상할 수 있다. 그리하여 노동자 1인당 생산수단의 평균량(마르크스가 말한 "자본의 기술적 구성")은 증가할 것이다.

오직 한 가지 상황만이 이 증가를 멈출 수 있다. 즉, 어떤 이유로 이윤을 추구하는 투자가 부족할 수도 있다. 그런 경우에 자본가들은 투자 확대를 통해 새 기술을 획득할 수 있다는 희망을 버리고 우연히 발견할지도 모르는 기술들에 만족해야 할 것이다.

생산성과 생산수단의 비용

노동자에 견준 생산수단과 생산 재료의 물리적 규모가 증가한다고 해서 반드시 투자 비용이 노동자보다 빨리 증가하는 것은 아니다. 마르크스 자신이 인정했듯이, 산 노동에 대한 죽은 노동의 비율이 증가하는 것에서 비롯하는 기술 진보는 기계류나 공장이나 원료 한 단위를 생산하는 데 필요한 노동의 양을 감소시키는 경향이 있기 때문이다. 이것도 마르크스가 언급한 요인이다.

> 불변자본의 가치는 그것의 물질적 양에 정비례해 증가하지 않는다. … 가변자본과 비교한 불변자본의 양을 증대시키는 바로 그 상황 전개가, 노동생산성 증대에 의해 불변자본 요소들의 가치를 감소시켜, 불변자본의 가치가 (비록 계속해서 증가하기는 하지만) 그것의 물질적 양과 똑같은 비율로 증가하는 것을 막는다. … 드문 경우에는 불변자본 요

소들의 양이 증가하는데도 그 가치가 불변하거나 심지어 감소한다.[25]

다른 말로 하면, 기계는 더 강력하고 복잡해지지만, 거듭되는 기술 진보로 기계를 만드는 데 필요한 작업량은 준다. 그래서 비록 어떤 기계가 이전 기계보다 2배나 강력하고 생산적일지라도 그 비용은 전보다 덜 들 수도 있다. 자본의 "기술적 구성"은 증가하겠지만, "유기적 구성", 즉 산 노동에 대한 죽은 노동의 가치의 비율은 불변이거나 심지어 감소할 수 있다.

마르크스는 이것이 "산업의 발달에 따라 발생하는 … 기존 자본의 가치 하락과 밀접한 관련이 있다"는 것에 주목했다. 어느 기계가 (생산성 향상으로) 제작에 필요한 노동시간이 줄어든 다른 기계로 대체될 수 있다면, 자본가가 볼 때 그 기계의 가치는 하락하는 것이다. 그 기계 가치의 일부는 기계의 물리적 마모보다 훨씬 빠른 속도로 감가상각 처리돼야 한다.

이런 불변자본 감가상각이나 '평가절하'가 마르크스의 법칙이 틀렸음을 입증하기 위해 가장 많이 꼽혔다. 예를 들어 제프 호지슨, 이언 스티드먼, 수전 히멀웨이트, 오키시오 노부오, 앤드루 글린 같은 비판자들은 기술 진보로 상품이 항상 과거보다 더 싸게 생산된다고 주장한다. [그들의 주장인즉 다음과 같다.] 만약 어떤 산업에서 산 노동에 대한 죽은 노동의 비율이 상승해 생산성이 증가한다면 그 산업의 생산물 가격은 다른 산업들의 생산물 가격보다 낮아질 것이다. 그러나 이로 말미암아 결국 다음 생산 주기에서 이 산업들의 투자 비용은 감소할 것이다. 경제 전반에 걸쳐 투자가 저렴해지면 생산수단 자체와 소비

수단 등의 추가적 생산도 저렴해질 것이다.[26] 그래서 투자 비용 절감으로 이윤율이 상승할 것이다.

언뜻 보기에 이 주장은 설득력 있어 보인다. 그러나 실제로는 잘못된 주장이다. 이 주장이 따르고 있는 논리적 단계는 현실 세계에서 일어날 수 없다. 생산 과정에 대한 투자는 어느 한 시점에 일어난다. 생산 기술 향상의 결과로 추가적 투자가 저렴해지는 것은 나중의 한 시점에 일어난다. 둘은 동시에 일어나지 않는다.

자본가가 오늘 하는 투자는 결코 더 저렴하지 않은데, 일단 그 투자가 운용되면 그 투자 덕분에 미래에 같은 투자가 더 저렴해질 수 있는 것이기 때문이다. 이윤율은 자본가가 과거에 투자한 양에 비해 그가 얻는 잉여가치의 양이다. 그가 새로 투자할 경우의 투자 비용에 비해 그가 얻는 잉여가치의 양이 아니다. 이 점은 자본주의의 실제 투자 과정이 몇 번의 생산 주기 동안 같은 고정 불변자본(기계류와 건물)을 사용하는 식으로 일어난다는 것을 상기하면 더 중요해진다. 투자가 두 번째나 세 번째나 네 번째 생산순환 후에 이뤄진다면 그 비용이 줄어들 것이라고 해서 첫 번째 생산순환 전의 투자 비용이 달라지는 것은 아니다.[27]

이 주장은 벤 파인과 로런스 해리스가 잘 개진했다. 그들은 마르크스의 저작에서 **자본의 유기적 구성**이라는 개념과 **자본의 가치 구성**이라는 개념이 구별된다고 주장한다. 유기적 구성은 "옛 가치"로 환산해 생산수단에 대한 투자와 노동에 대한 투자를 비교하는 것이지만, 가치 구성은 "생산수단과 임금재를 현재 가치"로 환산해 비교하는 것이다. "유기적 구성의 변화는 기술적 구성의 변화에 정비례하지만, 가치 구성의 변화는 … 그렇지 않다."[28]

자본가에게 매우 중요한 것은 '옛' 구성, 즉 유기적 구성이다. 자본주의가 그저 가치를 바탕으로 하는 것이 아니라, 자본에 구현된 가치들의 **자체 확대**["자기 증식"]를 바탕으로 하기 때문이다. 이것은 필연적으로 현재의 잉여가치를 그것을 발생시킨 이전 투자와 비교하는 것을 뜻한다. '가치의 자체 확대'라는 개념 자체가 이 비교 없이는 앞뒤가 안 맞는 것이다.

그렇다고 해서 기업이 채택하는 실제 회계 절차가 꼭 이윤을 최초의 자본과 비교해 이윤율["수익성"]을 계산한다는 뜻은 아니다. 오히려 기업은 수익성 계산에서 자본의 현재 대체원가를 분모로 사용할 수도 있다. 그러나 그런 경우 기업은 비교를 하기 전에 최초 자본 가치의 손실(기술 진보 효과로 최초 자본을 대체하는 데 필요한 사회적 필요노동의 양이 줄어서 발생하는 손실)을 이윤에서 빼야 한다. 그리고 그 결과는 같다. 자본의 가치 저하는 이윤율 하락을 멈추는 데 도움이 되지 못하고 오히려 하락의 효과를 높인다. 자본의 가치 감소로 자본의 유기적 구성이 감소하려면 이윤 총량이 줄어야 하는데, 그러면 이와 함께 이윤율도 감소하게 된다.[29]

어느 경우든, 원래의 투자 비용에 근거한 계산을 해야 자본가들이 투자 결정을 할 때 중요하게 여기는 문제를 더 잘 포착한다는 주장이 있다. 즉, 자본가들이 투자하기 전에 확신을 갖고 싶은 점은 그들이 지금 하려는 투자와 비교해 ― 앞으로 몇 년 후에 투자한다면 들 비용과 비교해서가 아니라 ― 충분한 이윤율을 얻을 것이냐는 점이다. 이것이 자본가들의 가장 중요한 고려 사항이다. 비록 미래의 어느 시점에 그때 얻은 이윤율을 평가할 때가 되면, 편리함을 이유로(잇따라 행한 중요한 투자 비용을 합산하기가 어려워서) 서둘러 마련한 대충 손쉬운 절차에 따라, 즉 자본의 대체 비용에 따라 책정한 감가상각 공제액을 이윤과 비교할지라도 말이다.

예를 들어, 자본가가 생산에 착수할 자본을 은행에서 빌렸다면 그는 그 자본의 원래 가치를 상환해야 하는 것이지, 나중에 똑같은 생산수단이 저렴해지면 그것에 투자할 만큼의 액수를 상환하는 것이 아니다. 그 생산수단들의 가치가 빠르게 떨어진다면 그것은 자본가에게 문제를 가중시킨다. 자본가가 보유한 고정자본의 가치는 첫 번째 주기에서보다 두 번째 이후의 주기에서 더 빠르게 감소한다. 똑같은 양의 생산수단이 생산 과정에서 소모되고 마모되지만 생산수단의 가치는 줄어든다. 그래서 생산되는 상품의 가치 속으로 넘겨지는 불변자본의 가치도 적어진다. 자본가가 가진 생산물의 가치는 감소하며, 따라서 그는 은행 대출 상환이 더 어려워진다. 그러므로 생산성 증가에 따른 자본 가치의 감소는 잉여가치를 잠식하는 것이다.

바로 이런 일이 현재 인쇄 산업 분야에서 일어나고 있다. 일 년 뒤면 활자 식자기는 지금의 반값이 될지 모른다. 새 기술 때문에 싸지고 있는 것이다. 그러나 이 덕분에 인쇄 업체의 사업이 더 쉬워지는 것은 아니다. 오히려 정반대다. 생존하려면 인쇄 업체는 기계에 들인 비용을 18개월 안에 회수해야 한다. 그때가 되면 현재 가격의 절반으로 활자 식자기를 사게 될 다른 인쇄 업체들과 경쟁해야 하기 때문이다. 즉, 기술 변화가 빠를수록 기업은 전보다 더 빨리 투자 비용을 회수하려 더 열심히 노력해야 한다.

그래서 생산성이 증가하면 불변자본의 가치 감소율이 실제로 가속된다. 이것은 일반으로 자본가의 문제들을 완화하기는커녕 악화시킨다. 왜냐하면 자본가들이 착취율을 높일 수 없다면 그 감가상각을 충당하는 데 잉여가치를 점점 더 많이 사용해야 하기 때문이다.

어쨌든, 새로운 물질적 생산수단 비용이 저렴해져도 자본의 유기적 구성 상승 압력을 완화하는 결정적 요인이 될 수 없다. 유기적 구성이 결국 증가하는 이유에 대해 내가 앞에서 한 주장은 생산수단과 생산 재료의 물리적 비축의 증가에만 관계된 것이 아니었다. 내 주장은 무엇보다, 투자처를 찾는 잉여가치량의 지속적 증가와 관계가 있었다. 즉, 어느 시점에든 개개의 자본가가 얻을 수 있고 생산수단에 투자할 수 있는 이 잉여가치의 양이 많으면 많을수록 자본가는 생산성을 향상시킬 새 기술을 경쟁자들보다 더 많이 도입할 수 있을 것이다. 개개의 자본가가 관심이 있는 것은 생산수단에 잉여가치를 더 많이 투입하는 것이지, 이용 가능한 물리적 생산수단을 확대하는 것이 아니다.

자본가는 오늘 1년 전에 치른 것과 같은 가격으로 생산성이 갑절인 기계를 구입할 수도 있다. 그러나 경쟁자가 축적된 잉여가치를 더 많이 사용해 생산성이 네 곱절인 기계를 구입한다면 그에게 그 기계는 전혀 도움이 되지 않는다. 개개의 자본가는 새로운 생산수단에 자신의 잉여가치를 되도록 많이 쓸 때만 사업을 계속할 수 있다. 생산수단이 저렴해져도 결국 그는 경쟁에서 이기려고 생산수단을 더 많이 구매해야 하게 될 것이다.

그래서 만약 투자에 사용할 수 있는 잉여가치가 전보다 더 많다면 자본의 유기적 구성은, 다른 조건이 같다면, 상승하는 경향이 있을 것이다. 물질적 생산수단과 생산 재료가 저렴해지더라도 차이는 전혀 없고, 오히려 그 생산수단과 생산 재료가 더 많이 사용되는 결과만 낳는다.

불변자본의 가치를 확대시키는 이런 압력이 없는 조건이 딱 하나 있다. 기술 변화로 옛 생산수단의 가치가 너무 빨리 떨어져 생산물의 가치가 초기 투자 비용도 건지지 못하는 경우가 그것이다. 이 경우 자본가는 손해를 보는 것이며, 잉여가치는 없고, 이윤율은 마이너스가 된다.[30]

그러나 그런 경우 자본의 유기적 구성이 하락할 조건은 마이너스 축적, 마이너스 이윤율, 따라서 시스템의 완전한 고장일 것이다![31]

착취 증대와 이윤율

마르크스는 "상쇄 경향"의 하나로, 자본이 그 유기적 구성 증가에도 불구하고 각 노동자에 대한 착취율을 높일 수 있다는 점을 들고 있다.[32] 그래서 투자 한 단위당 노동자 수가 적어져도 각 노동자는 잉여가치를 더 많이 생산한다.

착취 증대는 노동시간 연장이나 물리적 노동강도 강화나 실질임금 삭감을 뜻할 수 있다. 그러나 착취 증대가 반드시 이 중 하나를 수반해야 하는 것은 아니다.

노동자 1인당 생산수단을 증가시키는 기술 진보는 노동생산성 증대 효과를 낸다. 노동자는 한 시간이나 하루에 같은 노동으로 자신이 전에 생산하던 것보다 더 많이 생산하게 된다. 그래서 노동자가 자신의 소비와 상응하는 상품들을 생산하는 데 필요한 노동량이 감소한다. 그리고 자본가가 잉여가치로서 취할 수 있는 하루 노동량이 증가한다.

예를 들어, 기술 진보로 어느 나라의 노동인구가 각종 재화를 10년 전의 갑절이나 생산할 수 있게 됐다고 해 보자. 그렇다면 비록 10년 전과 생활수준이 같을지라도 그 나라 자본가들은 이윤을 증대시킬 수 있다. 왜냐하면 생활수준 유지에 필요한 재화를 이전 노동시간의 절반으로 생산할 수 있으므로 나머지 절반을 수출용 상품을 더 많이 생산하는 데 투입할 수 있고, 따라서 이윤을 더 많이 얻을 수 있게 되기 때문이다.

필요노동에 대한 잉여노동의 비율은 생산수단이 진보하면 증가할 수 있다. 실질임금이 감소하지 않을지라도 말이다. 마르크스는 다음과 같이 썼다.

> 이윤율 저하 경향은 … 노동 착취율 증가 경향과 결부돼 있다. … 잉여가치율[착취율] 증가와 이윤율 저하는 둘 다 자본주의 사회에서 노동생산성 증대가 표현되는 특유의 형식들일 뿐이다.[33]

이것은 이윤율 저하 '법칙' — 착취율 증가는 그저 상쇄 요인일 뿐이다 — 이라는 개념 자체에 대한 각종 비판을 낳았다. 예를 들어 폴 스위지는 다음과 같이 주장한다.

생산성 증가 과정의 필수적 부분을 하나의 상쇄 요인으로 별도로 취급하는 것은 현명해 보이지 않는다. 더 좋은 방법은 생산성 증가가 잉여가치율 증가를 수반하는 경향이 있다는 것을 애초부터 인정하는 것이다. … 만일 자본의 유기적 구성과 잉여가치율이 모두 가변적이라고 가정한다면(나는 그럴 것이라고 생각한다), 이윤율이 변하는 방향을 정확히 알 수 없게 된다.[34]

마르크스 자신이 이런 주장을 다루고 있다. 그의 논점은, 아무리 착취율이 증가해도 각 노동자에게서 추출할 수 있는 총 잉여노동(따라서 잉여가치)이 하루 노동시간의 한계를 초과할 수 없다는 것이다.

노동자 3만 명을 고정으로 고용하는 기업을 예로 들어 보자. 그 기업이 하루에 물리적으로 가능한 최장 시간(가령 16시간) 동안 노동자들을 일 시키고 임금을 지급하지 않는다고 가정해도, 그 기업의 하루 이윤은 30,000×16시간의 노동으로 구현된 가치를 초과할 수 없다. 이윤이 증가하는 데는 한계가 있다.

그러나 투자가 증가할 수 있는 정도에는 그런 한계가 없다. 따라서 경쟁 때문에 투자 수준이 계속 오를 수밖에 없는데도 이윤은 더는 증가하지 않는 지점에 도달할 것이다. 투자에 대한 이윤의 비율(이윤율)은 틀림없이 저하하는 경향을 보일 것이다.

이 점에 대한 마르크스의 주장은 그의 시대 이후에 더 엄밀한 수학적 용어로 달리 표현됐으며, 그의 주장의 다른 부분들을 거부하는 비판자들도 이것을 이제 일반적으로 받아들이고 있다.[35]

개개 자본의 이윤율과 체제 전체의 이윤율

최근에 마르크스에 반대해 단지 기술 변화만으로는 이윤율 저하가 일어날 수 없다는 주장이 개진됐다. 자본가들은 이윤이 증가할 때만 새 기술을 도입하려 하는데, 새 기술을 도입한 한 자본가의 이윤이 증가한다면, 새 기술을 도입한 자본가 계급 전체의 평균이윤도 증가할 수밖에 없다는 것이다. 예를 들어 이언 스티드먼은 다음과 같이 말한다. "경쟁의 압박으로 한 산업씩 한 산업씩 … 경제 전체에서 가능한 최고 수준의 이윤율로 균일화하는 생산방법을 선택하게 될 것이다."[36] 앤드루 글린과[37] 존 해리슨도[38] 같은 주장을 했고, 오키시오와[39] 히멀웨이트는[40] 같은 주장을 수학으로 정교화했다.

이들이 내린 결론인즉 이렇다. 자본가들의 이윤율이 이미 실질임금 상승으로 압박받고 있을 때만 자본가들은 이윤율을 감소시킬 수 있는 자본 집약적 기술을 채택할 것이다. 자본의 유기적 구성이 아니라 임금이 이윤율에 타격을 입힌다는 것이다.

마르크스 자신의 저작에서 이런 주장에 대한 간단한 답변을 볼 수 있다. 새 기술에 제일착으로 투자하는 자본가는 다른 자본가들보다 경쟁에서 우위를 누려 초과이윤을 얻을 수 있지만, 일단 새 기술이 보편화되면 이 초과이윤은 유지될 수 없다는 것이다.

자본가가 상품 판매 때 얼마의 금액을 받는지는 그 상품에 포함된 사회적 필요노동의 평균량에 달려 있다. 만약 그 자본가가 생산성이 더 높은 새 기술을 도입하고 다른 자본가들은 그러지 않는다면, 그는 전과 같은 사회적 필요노동량의 가치가 있는 재화를 생산하면서도 실제의 구체적 노동력에는 비용을 덜 지출하는 것이다. 그의 이윤은 증가한다.[41] 그러나 일단 모든 자본가가 이 기술을 도입하게 되면 상품의 가치는 감소해, 마침내 새 기술로 상품을 생산하는 데 필요한 평균적 노동량과 일치하게 된다. 초과이윤은 사라진다. 그리고 새 기술을 입수하고자 생산수단이 더 많이 사용된다면 이윤율은 떨어질 것이다.

예를 들어, 산업의 평균적 조건으로 생산하는 기업이 있다고 하자. 이 기업이 불변자본 50단위와 가변자본 50단위로 잉여가치 50단위를 생산한다고 하자. 이 기업은 한 차례 생산기간에 생산물 150단위를 생산한다. 그러므로 이윤율은 총자본으로 나눈 잉여가치(50/100), 즉 50퍼센트다. 이것을 1단계라고 부르자. 곧,

1단계

불변자본	가변자본	잉여가치	생산물 (단위)	생산물 가격	이윤율 (퍼센트)
50	50	50	150	150	50

이제 이 기업이 해당 산업 전체에서 차지하는 비중이 미미하다고, 즉 그 기업의 생산량이 너무 적어서 그 기업의 생산비 변화가 산업 전체의 평균생산비에 거의 영향을 미치지 않는다고 가정하자. 이 기업은 자본 집약적 기술을 도입해, 같은 불변자본으로 그러나 노동자 수 절반으로 같은 양의 상품을 생산할 수 있다. 산업 전반에서 비용이 동일하므로 이 기업이 자기 생산물에 매기는 가격은 투입 원가가 떨어졌다 해도 변함이 없다. 이 기업의 이윤율은 오를 것이다. 곧,

2단계

불변자본	가변자본	잉여가치	생산물 (단위)	생산물 가격	이윤율 (퍼센트)
50	25	75	150	150	100

이 단계에서 이 기업이 얻는 잉여가치에는 기업 내부에서 직접 생산한 잉여가치만이 포함되는 것이 아니다. 이 기업이 얻는 잉여가치에는 이 기업의 생산비가 평균보다 적어 경제 전체로부터 기업으로 옮겨 와 쌓인 초과 잉여가치도 포함된다. 그래서 이 기업의 총잉여가치와 이윤율이 모두 증가한다. 새 기술을 도입하는 것이 수익성 있는 상황이다.

그러나 새 기술이 옛 기술보다 더 수익성이 있다는 바로 그 이유로 다른 기업들도 새 기술을 채택할 것이다. 이제 새 기술은 더는 '주변적'이지 않을 것이고, 해당 산업 전반의 평균생산비는 하락하기 시작할 것이다. 비용이 감소하면서 기업들은 시장점유율을 늘리려고 가격을 인하하기 시작할 것이고, 그리하여 평균 가격은 새로운 사회적 평균생산비에 도달할 때까지 하락할 것이다.

결국 새 기술이 산업 전반에서 보편화되는 시점에 도달할 것이다. 이것이 3단계다. 그 기업은 이제 다음과 같이 될 것이다.

3단계

불변자본	가변자본	잉여가치	생산물 (단위)	생산물 가격	이윤율 (퍼센트)
50	25	25	150	100	33

새 기술 때문에 이제 해당 산업 전반의 이윤율이 감소했다.

이 과정에 포함된 역설인즉, 각 기업이 새 기술을 도입한 최초 효과는 이윤율 증가라는 점이다. 그리고 이 점은 마지막으로 새 기술로 전환한 기업에 대해서도 사실이었다. 전환하기 전에 그 기업은 예전의 더 높은 생산비로 상품을 생산했겠지만, 그 상품에 대해 더 낮아진 가격만을 받았을 것이다. 그 기업의 이윤율은 0으로까지 떨어지게 됐을 것이다. 새 기술을 도입함으로써 그 기업의 이윤율은 해당 산업의 새 평균치인 33퍼센트로 증가할 것이다.[42]

경제 위기와 자본 가치의 저하

지금까지는 기술 진보에 따른 생산수단과 생산 재료의 저렴화로 총자본에 대한 이윤 비율 감소 압력이 상쇄될 수 없음을 봤다.

그러나 마르크스는 자본주의 체제가 총자본(대개 '자본 일반'이라고도 한다)으로 이뤄진 것이라고 단순하게 보지 않았다. 총자본은 서로 경쟁하는 개개의 자본들로 이뤄져 있다. 이 개개의 자본들은 체제의 간헐적 경제 위기(부분적으로는 이윤율의 장기적 저하 때문에 일어난다)로 피해를 입는데, 그 피해로 일부 자본들은 폐업으로 내몰려 그들의 생산수단은 쓸모없게 되거나 다른 자본들에게 매각된다.

여기에 자본주의가 이윤율 저하 '법칙'의 효과를 극복할 수 있었던 비결이 일부 숨어 있다.

경제 위기 속에서는 자본이 뭉텅이로 가치를 잃어버린다. 즉, 기계가 녹슬고, 상품이 팔리지 않거나 대폭 할인된 가격에 가까스로 팔리고, 평가액을 인하해야 하는 회수 불능 매출 채권이 급증한다. 만약 이 과정이 모든 자본에 고르게 퍼진다면, 그들이 도대체 어떻게 위기에서 벗어날 것인지 이해하기가 어렵다. 그러나 실제로는 몇몇 자본들이 폐업을 하므로 남은 자본들이 자본 가치 하락으로 손해를 보지 않아도 된다. 남은 자본들은 폐업한 자본들에게 경제 위기의 비용을 떠넘기는 데 성공할 뿐 아니라, 흔히 그들로부터 생산수단과 생산 재료를 저렴하게 인수함으로써, 즉 노동시간으로 환산한 그것의 현재 가치보다 더 싸게 사들임으로써 자기네 자본의 가치를 높이는 데도 성공한다.

살아남은 자본들은 다른 자본들이 과거에 한 투자 덕에 득을 보지만, 자신의 이윤으로 그 투자의 원래 비용을 지불할 걱정을 하지 않아도 된다. 생존한 자본들은 그 투자의 (기술 진보로 감소된) 현재 가치에 대해서만 걱정하면 된다. 일이 잘 풀리면 실제로 그들은 그 투자를 현재 가치보다 낮은 가격으로 손에 넣을 수 있다. 옛 소유주들은 기술 진보로 인해 자신들이 한 투자의 가치가 계속 떨어지는 것에서 아무 득도 볼 수 없는데, 그 이유는 평가절하가 자신들의 이윤을 깎아 먹는 감가상각 변화이기 때문이다. 반대로 새 소유주들은 득만 본다. 왜냐하면 옛 소유주들은 파산 시의 감가상각비를 부담했지만, 새 소유주들은 앞으로 생기는 수익을 몽땅 거두기 때문이다.

마르크스의 이윤율 저하 법칙을 비판하는 사람들은 생산수단의 저렴화를, 자본주의가 이윤율 저하에 직면하지 않고 확장할 수 있게 해 주는 매끄럽게 작동하는 메커니즘으로 여긴다. 그러나 실제로 이 메커니즘은 경제 위기로 일부 자본들이 다른 자본들에게 손해를 입히면서 득을 볼 수 있는 한에만 작용할 수 있다. 생산수단의 저렴화로 '법칙'이 상쇄되려면 피해 입은 자본들이 통째로 사라져 없어져 버리는 방식으로 강제적 가치 하락이 실현돼야 한다.[43] 마르크스는 다음과 같이 말했다.

> 기존 자본의 간헐적 가치 저하(자본주의 생산양식에 내재하는 현상으로, 이윤율 저하를 억제하고 새 자본 형성으로 자본 가치의 축적을 촉진하는 수단의 하나)는 자본의 순환과 재생산의 과정이 일어나는 특정 조건들을 혼란시키며 따라서 생산 과정의 급작스러운 중단과 위기를 동반한다.[44]

경제 위기를 유발하는 부분적 원인은 이윤율 저하 경향이지만, 결국 위기는 이윤율 저하 경향을 상쇄한다. 마르크스는 다음과 같이 말한다.

> 언제나 위기는 기존 모순들의 일시적이고 강제적인 해결책일 뿐이다. 깨진 균형을 잠시 회복시키는 격렬한 분출인 것이다.[45]

더욱이 경제 위기 덕분에 자본의 유기적 구성을 높이는 압력이 감소하거나 중단될 수 있다.

경제 위기 동안의 가치 소실에는 총잉여가치의 일부 소실이 포함된다. 이로 인해 추가적 축적이 멈추는 것은 아니다. 설사 전체 자본가 계급이 사용할 수 있는 총잉여가치가 감소했다 할지라도 그 수가 줄어든 자본들이 총잉여가치를 나눠 갖기 때문이다. 비록 자본가 계급 전체가 얻은 잉여가치는 감소했을지라도 개개의 자본가로서는 투자 비용과 비교한 이윤량 기대치가 증가 — 즉, 그의 이윤율이 증가 — 한다.

경제 위기는 결정적 효과를 하나 낸다. 위기는 체제 전체의 총잉여가치량을 감소시킨다. 그럼으로써 위기는 투자 가능 자금 총액을 감소시킨다. 각 자본가는 경쟁자들이 신규투자 확대용 자금을 찾기가 전보다 더 어렵다는 것을 안다. 그래서 자본가가 사업을 계속하기 위해 투자를 확대해야 한다는 압력은 전보다 줄어든다.

자본 집약적 투자 형태의 압력이 감소할 것이다. 그래서 경제 위기의 부산물 하나는 자본의 유기적 구성 증가세 둔화인 것이다.

그런 상황에서는 착취율이 그다지 대단하게 오르지 않아도 이윤율 저하 경향이 상쇄되기에 충분할 것이다. 그리고 큰 위기의 직접적 여파로 실업률이 매우 높아지면 흔히 노동자들은 그런 착취율 증가를 받아들일 것이다.

경제 위기를 통한 구조조정과 체제의 노화 현상

일단 간헐적 위기를 고려하면, 자본의 유기적 구성이 마르크스의 모형이 암시하는 것만큼 빠르게 증가하지 않는 이유를 적어도 일부분 설명할 수 있다. 경제 위기가 매우 심각하면 생산이 한 차례씩 순환될수록 유기적 구성의 장기적 상승 경향이나 이윤율의 장기적 저하 경향이 있을 이유가 전혀 없다는 주장이 실제로 있을 수 있다. 만일 그렇다면, 위기가 점점 더 심각해질 이유가 무엇인가? 도대체 체제가 더는 생산력을 확장할 수 없게 되는 지경에까지 이르는 이유가 무엇인가?

그런 논법의 논리적 결론은 경제 위기를 그저 체제가 스스로 구조조정을 하는 방식(고통스럽지만 효과적인 방식)으로만, 즉 체제의 끝없는 운동 속에서 불가피하게 발생하는 비교적 작은 문제로만 보는 것이다. 그렇다면 지난 10년간의[이 글은 1984년에 출판됐다] 경제 혼란은 그저 구조조정 과정, 즉 새로운 성장기로 전환하는 데 필요한 과정이 된다.[46]

그러나 이것은, 마르크스가 보여 준 자본주의 동역학의 또 다른 핵심적 특징이 경제 위기를 통한 구조조정에 미치는 강력한 효과를 간과하는 것이다. 즉, 마르크스가 서술하는 자본주의는 그저 해마다, 십 년마다 똑같은 운동을 하면서, 고정불변의 경제법칙에 따라 본질적으로 변함없는 형태로 계속 자체 재생산을 하는 체제가 아니다.

물론 자본이 좌우하는 사회라면 어느 사회든 그 사회의 운동을 지배하는, 세월이 흘러도 외견상 변치 않는 듯한 추상적 법칙들이 있다고 마르크스는 인정한다. 그런 법칙들은 다음과 같다. 생산자들을 미리 계획되지 않은 그들 생산물들의 상호작용에 종속시키는 상품생산 특유의 특성들, 일단 노동자들이 생산수단으로부터 분리되고 노동력 자체가 상품이 되면 그에 뒤따르는 억제할 수 없는 가치의 자체 확대 에너지, 그 결과 한편으로 이윤율 저하 경향과 다른 한편으로 경제 위기가 되풀이되는 경향, 위기를 통해 자본이 추가적 자체 확대를 위한 조건들을 복원할 수 있게 되는 것 등이다.

그러나 자본주의의 추상적 순환 운동을 보여 주는 이 같은 최소한의 윤곽만으로도 다른 어떤 것을 은연중에 풍긴다. 즉, 추상적 자본주의 생산 법칙들이 서로 다른 자본 단위들의 상호 관계, 그리고 그런 자본 단위들과 노동계급의 관계를 변화시킴에 따라 체제가 부단한 자체 변모를 겪는다는 점이다. 자본의 유기적 구성 증가 자체가 이런 변화의 한 측면이다. 다른 측면은 자본의 **집적**(생산 단위가 점점 커지는 것)과 **집중**(생산 단위의 수가 적어지는 것)이 증대하는 경향이다. 경제 위기는 이윤율 저하 경향과 연관된 문제들을 극복함과 동시에, 자본의 집적과 집중 수준을 높인다.

지난 한 세기 동안의 자본의 집적과 집중에 대해서는 논란의 여지가 없을 것이다. 물밀 듯 일어난 파산, 인수, 합병, 국유화 등으로 주요 기업의 수가 감소했고, 이들이 지배하는 자본의 비율이 증가했다. 그래서 예를 들어 1910년 영국의 100대 기업은 총생산량의 16퍼센트를 생산했고, 1970년에는 50퍼센트를 생산했다. 1950년 미국의 200대 기업은 자산의 49퍼센트를 지배했고, 1967년에는 58.8퍼센트를 지배했다. 물론 이런 경제들에서도 새 사업체들이 설립되기 마련이다. 그러나 사라지는 사업체들도 있거니와, 흔히 더 많다.

세계적으로도 같은 추세가 작용했다. 제1차세계대전 전에는 독일과 미국 같은 신흥국 자본주의들이 그때까지 군림하던 영국 자본주의에 필적할 만한 경쟁자로 부각될 수 있었다. 그러나 20세기 후반인 지금은 더 이상의 신흥 자본주의들이 비슷한 세계적 위상을 확보하기가 더 어려워졌다. 새로 산업이 성장하는 지역들은 대개 기존의 세계적 선두 주자들의 지류支流였다. 예를 들어 홍콩은 영국의, 대만은 미국의 발전의 한 갈래였다.

이 추세의 예외는 한 나라 내부의 경쟁 자본들이 국가자본으로 거의 완전히 대체된 경우였다. 소련과 동유럽, 많은 제3세계 나라에서 이런 일이 일어났다. 그러나 이 경우에조차 지난 20년간의[이 글은 1984년에 출판됐다] 패턴은 서방 대기업들의 사업에 점점 더 통합(그리고 종속)되는 것이었다.[47]

집적과 집중은 자본주의 운동의 기본 법칙이 드러나는 방식에 중요한 영향을 미친다. 자본의 단위가 커지고 그것들 중 소수가 더욱더 체제를 지배할수록 경기순환적 위기가 새로운 확장기를 열기는 더 어려워진다. 비교적 소기업들이 많이 있었던 시대에는 일부가 파산해도 다른 기업들이 피해를 입지 않을 수 있었다. 그러나 소수의 대기업들이 좌지우지하며 군림하면 그들 중 어느 하나가 파산해도 다른 기업들의 사업에 엄청난 피해를 입힐 수 있다.

개개의 대기업은 긴밀히 상호 작용한다. 예를 들어, 부품이나 원료 공급으로, 자금 조달로, 생산물의 판로로 교류함으로써 서로 영향을 미친다. 철강 대기업의 장래는 조선 대기업의 장래와, 또 자동차 대기업의 장래와 분리될 수 없다. 석유 기업, 화학 기업, 플라스틱 기업, 인조섬유 제조업체들은 갈수록 더 단일 이익집단을 형성한다. 국민경제 전체의 안정성이 계속해서 소수 은행들의 번영에 달려 있고, 이 은행들은 결국 자신들이 거액을 대출해 준 특정 대기업들이나 국가들에 의존하게 된다. 이들 대기업·국가 중 어느 하나가 부도나면, 그에 의존하는 다른 기업·국가의 부도가 차례로 일어날 위험이 있다. 그래서 1981년, 1982년, 1983년에 폴란드·멕시코·브라질 같은 나라들의 외채가 세계의 금융 시스템을 결딴낼지도 모른다는 두려움이 엄습했다. 그랬다면 결국 다른 나라의 산업 자본들에 어마어마한 피해를 입혔을 것이다. 경제 위기를 기회로 삼아 비효율적 기업들을 희생시켜 효율적 기업들의 확장을 꾀할 수 있기는커녕 효율적 기업과 비효율적 기업 가리지 않고 닥치는 대로 엄청난 피해를 입을 수 있게 된 것이다.

이런 상황에서는 체제의 경기순환적 운동이 자동적 작용을 하지 않아 자본의 유기적 구성 상승과 이윤율 저하를 상쇄하는 일이 자동으로 일어나지 않는다. 경제 위기가 닥치면 그로 말미암아 부실기업의 자본뿐 아니라 생존 기업들의 자본도 가치가 감소해 이윤율이 신속히 회복되기는커녕 더욱더 하락할 수밖에 없다. 그리고 그런 만일의 사태가 돌발할까 봐 두려워 각국 대기업들은 기껏해야 막연히 위기가 지연되기를 바라며 서로 결집해 금융적·재정적 지원을 제공하려 애쓰거나, 최악의 경우에는 국가권력을 이용해 다른 나라 자본들한테 위기의 결과를 전가하려 애쓰는 경향이 있다.

그러나 이런 노력은 경제 위기가 장기적 이윤율 저하 경향을 상쇄하는 주된 요인 구실을 하지 못하게 막는 결과로 이어질 뿐이다.[48]

자본의 집적과 집중이 더 많이 일어날수록 체제가 마르크스 법칙의 결과들을 피할 수 있기를 기대하기가 더 어려워질 것이다. 체제가 덜 성숙했지만 활력 있던 시기에는 위기로 형성되는 상쇄 경향들이 오랫동안 법칙 자체만큼 강력하게 작용할 수도 있지만, 체제가 기운

이 별로 없고 쇠약해지면 정반대가 될 것이다. 이윤율 저하는 체제를 고질적 부진의 진창 속으로 끌어내려, 아무것도 해결하지 못하는 장기간의 경기순환적 위기 사이사이에 단기간의 미온적 확장이 갑자기 나타나기를 되풀이하는 형국이 될 것이다.

제국주의와 전쟁

지금까지 우리가 마르크스의 법칙과 상쇄 요인을 설명하는 데 이용한 자본주의의 모습은 추상적인 것이었다. 그 묘사 속에는 자본가와 노동자만 존재한다. 자본가는 경쟁의 압력으로 자신의 잉여가치를 모두 축적할 수밖에 없다. 자본가들 사이의 경쟁 형태는 오로지 시장에서 경쟁자의 판매가보다 저가로 파는 것뿐이다. 국가라는 요소와 다른 나라 자본가들에 대한 무력 사용이라는 요소는 이 시스템 모형에는 존재하지 않는다.

자본주의의 실제 역사는 이보다 더 복잡하다. 자본주의는 자본주의 이전의 환경 속에서 성장했는데, 거기에는 자본가와 노동자뿐 아니라 자본주의 이전의 착취 계급과 피착취 계급인 영주와 농노도 있었다. 노화하는 자본주의에서조차 여전히 다른 사회 계급들이 양대 계급 사이에 존재한다. 언제나 자본가들은 축적 외의 것들을 위해 잉여가치의 일부를 사용했다. 그들 자신과 부양가족 등 그들에게 의존하는 사회집단의 소비를 위한 재화에, 자본주의 이전 사회의 지배계급들과 전쟁을 벌이기 위해, 식민지의 노예화를 위해, 그리고 서로 간의 전쟁을 위해서 말이다. 자본가들 사이의 경쟁은 단순히 가격 경쟁이 아니었다. 언제나 경쟁에는 적어도 광고, 뇌물, 그리고 시장 개방을 강요하기 위한 무력 사용 등에 지출되는 얼마간의 비용도 포함됐다.

게다가 국가는 미숙한 신생 자본주의의 세계시장 진출을 돕는 데서 가장 중요한 구실을 했고, 자본주의가 성숙해졌을 때는 그것이 전前자본주의적 경쟁자들을 패퇴시킬 수 있도록 하는 데서 결정적 구실을 했으며, 자본주의가 노망난 오늘날에는 자본주의의 모든 활동과 불가분하게 연계돼 있다.

시스템의 주요 구성 요소들에 대한 추상적 개요로부터 그 요소들이 작동하는 구체적 상황으로 나아가면 마르크스의 법칙이 작용하는 방식도 필연적으로 영향을 받는다.

마르크스는 그 같은 효과 하나를 그의 '상쇄 요인' 목록에 포함시켰다. 마르크스는 각각의 자본주의 경제가 세계경제 내에서 작동하며 '대외무역'이 이윤율 저하 경향을 상쇄할 수 있다고 주장했다. 마르크스는 이런 일이 일어날 수 있는 두 가지 방식을 지적했다. 첫째, 더 저렴한 원료를 입수함으로써 생산비를 낮추고, 둘째, 임금이 더 낮고 이윤율이 더 높은 지역에 투자할 수 있다는 것이다.[49]

마르크스의 《자본론》이 출판되고 50년이 지나 레닌은 영국의 자유주의 경제학자 홉슨을 따라 다른 중요한 효과를 언급했다. 국내에서 수익성 있는 투자처를 찾지 못한 자본이 식민지와 반半식민지로 수출될 수 있다는 것이다. 레닌 자신은 이것이 마르크스의 법칙과 어떻게 관련되는지를 명쾌하게 분석하지 않았다. 그러나 그게 그다지 어려운 일은 아니다. 1880~1913년에 영국 국민생산의 15퍼센트가량이 해외에 투자됐다.

투자처를 찾는 자금을 위해 이런 해외 출구가 없었다면, 영국의 각 기업은 경쟁자들이 그 자금을 이용해 국내에서 생산수단을 엄청나게 확대해서 경쟁력을 갖추게 될까 봐 두려워하며 지냈을 것이다. 그랬다면 각 기업이 [경쟁자를 앞서기 위해] 바로 그런 [생산수단] 확대를 자주 해야 했을 것이다. 국내에서 투자 자금을 구할 기회가 많았다면 그 결과로 자본의 유기적 구성이 증가했을 것이며, 그 결과 이윤율이 상당히 떨어졌을 것이다.

실제로는 영국 자본가들이 지배하던 잉여가치의 상당 부분이 영국 밖의 세계경제 부분으로 배출됐고, 그 결과 국내에서 자본의 유기적 구성이 올라가지 않았다.[50]

그러나 잉여가치의 해외 배출은 본질적으로 이윤율 저하를 상쇄하는 일시적 메커니즘밖에 될 수 없었다. 이 메커니즘은 자본주의 경제의 '외부'에, 잉여를 얻을 수 있는 어딘가를 상정했다. 이 '외부'가 존재했던 때는 자본주의가 아직 유라시아 대륙의 서쪽 귀퉁이와 북미 지역의 일부에 제한돼 있었고, 나머지 세계 중 자본주의 세계시장에 통합된 부분에서조차 자본주의 이전의 착취 형태가 압도적으로 우세했던 시대였다. 그러나 일단 제국주의가 확립되고 자본주의 착취 형태들이 거의 모든 지역에서 가장 중요한 것이 되자 '외부'는 더는 존재하지 않게 됐다.[51]

다국적기업의 세계에서는, 한 지역에서 잉여가치가 흘러 나가면 그 지역에서는 자본의 유기적 구성 상승 압력을 감소시키지만, 다른 곳에서는 상승 압력을 증가시키는 데 기여할 뿐이다. 세계 평균이윤율은 하락한다. 마르크스 시대에 국민경제가 그랬던 것처럼, 세계 체제는 부진 상태에 빠진다.

우리는 청년기 자본주의의 가장 중요한 제국주의 강국이었던 영국에서 1880년대와 1890년대와 1900년대 초에 유기적 구성이 하락했다가 다시 상승하기 시작한 이유를 이해할 수 있게 된다. 제국의 효과가 다하기 시작했던 것이다.

그러나 제국 추구는 또 다른 요인을 작동시켰다. 결정적으로, 그 요인은 제국 덕분에 이윤율 저하가 상쇄될 수 있는 정도가 덜해지자 더 중요해졌다. 그것은 바로 자본주의가 갈수록 국제적 체제가 됐다는 점이다. 자본가들은 해외로 상품을 수출하고 있었을 뿐 아니라 이제 국경을 가로지르는 규모로 생산을 조직하고 있었다. 제1차세계대전 직전쯤 선진 자본주의 나라들의 가장 큰 기업들은 원료는 이 지역에, 생산 시설은 저 지역에, 그리고 시장은 또 다른 지역에 의존하고 있었다.

오늘날 이 추세는 훨씬 더 뚜렷하다. 7대 석유 기업들이 세계 석유 생산량의 절반을 지배한다.* 그리고 자동차 대기업들은 모두 수십 개국에서 제조된 부품들로 이뤄진 자기 나름의 '월드카'를 갖고 세계시장에서 경주하고 있다. 또, 컴퓨터와 우주·항공 산업의 기업들은 최소한 업계에서 밀려나지 않으려면 국제적으로 활동해야 한다.

---

* 이 거대 석유 기업들은 '7공주'라고 불렸다. 지금은 상호 인수·합병으로 4대 기업으로 줄었다. 그러나 이제는 OECD 외부에 중국·브라질·베네수엘라·러시아 등지의 7대 국영기업들이 이들을 능가한다.

그러나 대기업들의 필요를 사회의 나머지 부분이 충족시키게 할 권력이 있는 메커니즘은 여전히 국민국가들밖에 없다. 아무리 기업의 국제적 활동 범위가 광범하더라도 각 기업은 (다른 기업이나 피착취 계급이 제기하는) 각종 위협으로부터 자신의 사업을 보호받으려고 국민국가에 의존한다. 사실, 그동안 생산의 국제화 과정은 점점 수가 줄어드는 대기업들의 각 국민경제 독점화 과정(앞에서 언급했다)과 함께 점진적으로 일어났는데, 이들 대기업은 갈수록 더 밀접하게 국가와 엮인다.

국민국가에 대한 의존 증대와 국제화 증대라는, 동시에 일어나지만 외견상 서로 모순된 듯한 이 두 과정을 60여 년 전에 관찰한 레닌과 부하린은 제국주의에 관한 고전적 저작들을 썼다.[52] 그들 주장의 요체인즉, 그 모순은 전쟁으로만 해결될 수 있다는 것이다. 그들은 현대 세계에서 "국가자본주의 트러스트들" 사이의 '경제적' 경쟁은 군사적 경쟁으로 더욱더 보완되고 심지어 대체된다고 주장했다. 그래서 열강은 각각 경쟁국들에 손해를 입혀 가며 매우 중요한 경제적 이익을 보호하고 강화하고자 무력에 호소함과 동시에, 계속해서 세계를 분할 또 재분할하고 있다는 것이다. 그 결과 전쟁은 가격 할인이나 호황과 불황처럼 정상적 자본주의 메커니즘이 된다는 것이다.

그러나 전쟁은 체제의 기본 추세, 즉 마르크스의 '법칙'에 엄청나게 중요한 결과를 가져온다.[53] 막대한 양의 자본이 물리적으로 파괴되고 (공장이 폭파되고, 곡식이 수확되지 못하는 등), 훨씬 더 막대한 양의 자본이 그 가치를 잃는다(무역 패턴이 교란되고, 상품이 팔리지 않고, 신용이 취소됨으로써). 그러나 보통 그 비용은 승자가 패자에게 전가함으로써 불균등하게 부담된다. 경제 위기와 마찬가지로, 전쟁으로도 생산수단에 대한 신규투자로 이용할 수 있는 잉여가치량이 줄어들 수 있다. 남은 자본들의 이윤율 감소를 꼭 동반하지 않고도 말이다.

가치들이 어마어마하게 사라져 버릴 수 있다. 예를 들어 셰인 메이지[1950년대 초 미국 노동자당 좌파의 지도자 중 하나]는 1930년대의 대불황과 제2차세계대전이 결합돼 미국 경제에 미친 효과를 추산했다. "1930년과 1945년 사이에 미국 주식자본의 총 액면가격은 1450억 달러에서 1200억 달러로 떨어져, 약 20퍼센트의 순 투자 회수가 있었다."[54] 기존에 축적된 잉여가치의 5분의 1과 그 15년간 추가로 생산된 잉여가치가 소실됐다.

20세기의 역사를 보면 자본주의의 불황이 자본의 유기적 구성 상승 경향을 상쇄하는 매우 값비싸고 고통스러운 방법이 된 시점에 제국주의적 확장과 전쟁이 그것을 상당 부분 대신하게 됐음을 알 수 있다.

그러나 전쟁에도 그 나름의 문제가 있다. 생산력이 증가하면서 파괴력도 증가한다. 무기는 이제 너무 발달해서, 일부 자본을 파괴해 다른 자본에게 득이 되게 하는 데 그치지 않고 군사적 충돌과 관련된 당사자들의 자본을 모두 파괴할 위험이 있다. 불황을 통한 세계체제의 구조조정과 '합리화'가 (필요한 과정이기는 하지만) 매우 어렵고 매우 고통스러운 과정이 되듯이 전쟁을 통한 '구조조정과 합리화'도 마찬가지다. 노화하고 있는 자본주의는 불황으로부터 이득을 취하지 못하고서 금방이라도 불황에 빠질 듯한 상태에 상시적으로 놓여 있으리라 예상할 수 있는 것과 꼭 마찬가지로, 전쟁으로부터도 미심쩍은 이득조차 취하지 못하고서 금방이라도 전쟁으로 치달을 듯한 상황에 상시적으로 놓여 있으리라 예상할 수 있다.

비생산적 소비와 이윤율

《정치경제학 비판 요강》에서 마르크스는 그가 '이윤율 저하'를 근거로 세운 일반 이론에서 엄청나게 중요한 무언가를 가리키는 짤막한 말을 지나가듯 말한다.

> 고도로 발달한 자본 운동에는 경제 위기 말고도 이 운동[이윤율 저하]을 지연시키는 계기들이 있다. 예를 들어, 기존 자본 일부의 거듭되는 가치 하락이 그런 계기다. 가령 자본의 큰 부분이 직접적 생산의 동인 구실을 하지 않는 고정자본으로 변모하는 것, 자본의 큰 부분이 비생산적으로 낭비되는 것 등이 그런 경우다.(생산적으로 사용되는 자본은 생산적 자본의 사용이 대응 가치를 전제로 한다는 점에서 두 가지 방식으로 대체된다. 자본의 비생산적 소비는 … 한편으로는 자본을 대체하고, 다른 한편으로는 자본을 소멸시킨다[강조는 지은이의 것]).[55]

마르크스가 여기서 말하는 것은 다음과 같다. 어떤 이유로 자본가들이 투자에 사용할 수 있는 잉여가치의 일부를 다른 용도로 전용한다면, 압력이 감소하고, 비용을 절감할 기술혁신을 추구하는 자본들이 이용할 수 있는 새 자본이 적어지고, 자본 집약적 투자로 나아가는 추세가 감소할 것이다.

같은 논점을 1960년대에 마이클 키드런은 훨씬 더 분명하게 지적했다.[56] 키드런은 마르크스가 그 주장을 [위 인용문처럼] 설명했다는 사실을 몰랐던 듯하다(《정치경제학 비판 요강》은 1973년에야 비로소 영어로 출판됐다). 키드런은 다음과 같이 지적했다.

> [이윤율 저하에 대한 마르크스의 주장은] 두 가지 가정 — 둘 다 현실적 가정이다 — 에 의존한다. [첫째,] 모든 생산물은 노동자나 자본가의 생산적 소비를 통해 생산적 투입물로서 체제로 다시 흘러 들어온다. 그래서 이상적으로 말하면 체제에는 아무런 누출도 없고, 지금이라면 투자라고 불릴 것과 노동계급의 소비로 총생산물을 배분하는 것 외에는 선택의 여지가 없다. 둘째, 이와 같은 폐쇄된 체제에서 그 배분은 점차 투자 쪽으로 선회할 것이다.[57]

첫째 가정, 즉 생산물은 전부 체제로 다시 흘러 들어간다는 가정을 포기한다면, 즉 생산물의 일부가 생산 주기에서 이탈해 사라진다면, 투자가 고용 노동자보다 더 빠르게 증가하지 않아도 될 것이다. 그러면 이윤율 저하 법칙이 작용하지 않을 것이다. 생산-투자-생산의 폐쇄된 순환으로부터 잉여가치가 '누출'되면서 이윤율 저하 경향이 상쇄될 것이기 때문이다. 키드런은 나중의 저작에서 다음과 같이 말했다.

마르크스의 모형은 생산물이 전부 투자재나 임금재 형태의 투입물로서 다시 흘러 들어오는 폐쇄된 체제를 상정한다. 이 모형에서는 누출이 전혀 없다. 그러나 원리상 누출은 성장 충동을 그것의 가장 중요한 결과로부터 보호할 수 있다. … 그런 경우에 평균이윤율은 저하하지 않을 것이며, 따라서 점점 심각해지는 불황 같은 것들을 예상할 이유도 없다.[58]

이 주장에는 흠잡을 데가 없다. 더 나아가 키드런은 그런 누출이 취해 온 형태를 말한다.

실제로는 자본주의가 폐쇄된 체제를 이룬 적이 결코 없다. 막대하게 축적된 가치를 포함해 어마어마한 양의 생산물이 전쟁과 불황으로 파괴됐고, 생산물이 더 많이 생산되지 못했다. 자본수출로 오랫동안 다른 축적물들이 전용되고 동결됐다. 제2차세계대전 이래 무기 생산으로 많은 축적물이 누출됐다. 이 각각의 누출은 전반적인 유기적 구성의 상승과 이윤율 저하를 번번이 둔화시키는 구실을 했다.[59]

키드런은 잉여가치가 생산수단 확대에 사용되지 않도록 하는 자본가들의 잉여가치 사용 방법 한 가지가 언제나 있었다면서, 그것은 바로 자본가들 자신의 소비를 위해 사치재에 잉여가치를 사용하는 것이라고 지적한다. 그는 20세기에 엄청나게 확대된 국가의 군비 지출도 같은 식으로 봐야 한다고 말한다.

이 주장은 일부 '정통' 마르크스주의자들의 격렬한 비난을 받았다.

예를 들어, 에르네스트 만델은 이 주장을 "'유행하는'(즉, 부르주아적) 경제학의 영향을 명백히 받은" 것으로, "사용가치와 교환가치의 참으로 놀라운 혼동"에 근거한 것이라고 비난했다.[60]

그러나 모욕의 말을 무시하고 살펴보면, 만델의 글에는 키드런에 대한 진지한 반론 시도가 있다. 만델은 생산되는 상품은 전부 위상이 같다(그것들이 판매돼 거기에 구현된 잉여가치가 실현된다면)고 말한다. 키드런의 오류는 다음에 있다는 것이다.

> 키드런은 생산 과정과 재생산 과정을 명백히 혼동하고 있다. 다양한 생산 분야에 투자된 자본의 가치가 확대되고 자본이 보유하고 있는 상품들이 그 생산가격으로 판매됐을 때, 이 자본으로부터 나온 잉여가치는 판매된 상품들이 재생산 과정 속에 들어가는지 여부와 관계없이 이미 실현된 것이다.[61]

이 말에 덧붙인 각주에서 만델은 키드런의 설명을 옹호한 내 글을 비판한다.

> 하먼은 제3부문으로 자본이 유출되는 덕분에, 만일 제1부문과 제2부문에 투자됐다면 유기적 구성을 증가시켰을 자본이 이 부문들에 투자되지 않고 물러난다고 주장한다. 이것은 전적으로 옳다. 그러나 하먼은 이 자본이 제3부문에 투자되는 것도 마찬가지로 거기서 자본의 유기적 구성을 증가시킨다는 점을 잊고 있다. 결국 자본이 제1부문이나 제2부문으로 가지 않고 제3부문으로 빠지게 되면 어떻게 이윤율 저하가

일어나지 않는가 하는 점은 [하면의 설명에서도] 여전히 수수께끼인 것이다.[62]

아마도 만델이 (키드런이나 내 글은 제쳐 두더라도) 《정치경제학 비판 요강》을 좀 더 면밀히 읽었다면 그 "수수께끼"를 푸는 열쇠를 발견했을 텐데 아쉽다.

만델이 (20세기의 많은 마르크스 연구자들을 따라) "제3부문"이라고 말한 것은 자본가들과 그들의 측근들이 소비할 상품들을 생산하는 경제 부문이다. 이 상품들은 생산수단으로도 사용되지 않고, 노동자들의 노동력과 (화폐를 통해) 교환되는 데도 사용되지 않는 상품들이다.

그런 상품들은 정의상 '생산적 소비'의 대상이 아니다. 생산수단에 속하는 상품은 생산 과정에서 소비될 때 자신의 가치를 새 상품으로 넘겨준다. 노동자들의 실질임금의 일부가 되는 상품은 그것을 소비한 노동자들이 가치와 잉여가치를 만들어 낼 때 자신의 가치를 넘겨준다. 그러나 자본가들이 이렇게 저렇게 소비한 상품은 다른 어느 것에도 자신의 가치를 넘겨주지 않고 수명을 다한다.

이런 상품에 들어 있는 가치는 과거의 노동을 통해 생긴 것이다. 이 점에는 만델도 동의한다. 그러나 이런 상품에 들어 있는 가치는 추가적 자본 축적에 기여하지 않고 곧 사라진다. 바로 이 점에서 만델이 틀렸는데, 그런 상품에 들어 있는 가치는 '임금재'와 생산수단에 들어 있는 가치와 근본적으로 다르기 때문이다.[63]

그렇지만 다른 점에서는 만델이 맞을 수도 있지 않을까? 즉, 키드런은 무기 생산에서 자본의 유기적 구성이 평균보다 더 높다고 시사한다. 미래에 자본의 유기적 구성을 낮추는 데 이 점이 어떤 효과를 낼지와 관계없이 이 점 때문에 경제 전반의 이윤율이 즉시 저하하지 않을까?

키드런 자신은 19세기 말과 20세기 초에 주로 활동했던 (마르크스주의자가 아닌) 폴란드 경제학자 라디슬라우스 보르트키에비치가 창안한 전문적 공식에 기대어 노동 가치로부터 가격을 계산하려 했다(이른바 '전형 문제의 해결책'). 이것은 자본가 계급 자체의 소비를 위한 사치재 생산 경제 분야의 유기적 구성이 이윤율에 영향을 미치지 않음을 증명했다.

키드런은 이렇게 보르트키에비치에 기댔다고 비난받았는데, 보르트키에비치가 마르크스주의자가 아니고[64] 그의 방정식은 마르크스의 접근법과 완전히 상충하는 가정에 의존한다는 것이 그 이유였다.[65] 보르트키에비치의 방법에 문제점들이 있는 것은 사실이다.[66] 그러나 최근에 안와르 셰이크와 미겔 앙헬 가르시아가 각각 마르크스 자신의 방법을 체계적으로 응용해 노동 가치로부터 가격을 도출해 냈다.[67] 그들의 작업을 훑어보기만 해도 그들이 어떻게 보르트키에비치와 같은 결론에 이르렀는지 누구나 쉽게 알 수 있다.

마르크스에 따르면, 한 경제 분야의 자본의 유기적 구성이 다른 분야보다 더 높으면, 다른 조건이 같으면 그 분야의 이윤율은 더 낮을 것이다. 그러나 이렇게 되면 기업들은 이 분야에서 생산을 중단하게 될 것이고, 그래서 상품 공급이 줄어들 것이고, 그리되면 가격이 오를 것이고, 그 결과 이윤율은 경제의 평균 수준으로까지 오를 것이다. 요컨대 그 분야의 가격 상승과 그 분야가 나머지 경제 분야들에서 구입하는 상품 가격의 상대적 하락 덕분에 잉여가치가 다른 생산 분야들로부터 충분히 옮겨 와, 그 분야의 이윤율이 평균 수준으로 오를 것이다.

그 결과, 가격이 노동 가치로부터 벗어난다. 이 점이 상이한 생산 부문들, 즉 생산수단 자체를 생산하는 산업인 제1부문, 노동자들이 소비할 상품을 생산하는 제2부문, 그리고 다른 모든 것, 특히 부자들을 위한 비생산적 사치재와 무기를 생산하는 제3부문에서 각각 어떻게 나타나는지 이제 살펴보자.

제1부문

제1부문, 즉 생산수단 생산 부문에서 자본의 유기적 구성이 상승한다는 것은 노동자 1인당 투자가 증가한다는 뜻이다. 투자가 잉여가치의 원천보다 빠르게 증가하는 것이므로 이 경제 부문의 이윤율이 하향 압력을 받는다.

한 부문의 이윤율이 떨어지면 경제 전반의 평균이윤율도 떨어진다. 그러나 모든 기업이 이것의 영향을 즉각 받는 것은 아니다. 처음에, 제1부문의 기업들은 자기들의 이윤율이 평균보다 낮지만 다른 부문 기업들의 이윤율은 더 높다는 것을 알게 된다. 그러므로 제2부문과 제3부문에 투자하는 것이 더 이윤율이 높다.

자본은 제1부문에서 흘러 나가기 시작하고, 그래서 그 부문의 생산량이 감소한다. 제1부문에서 생산된 상품들에 대한 수요가 이제 공급을 초과하므로 그 가격이 상승하게 되고, 그 결과 여전히 제1부문에 남아 있는 기업들의 이윤이 증가한다. 이에 상응해, 다른 부문들에서는 투자된 자본의 증가로 생산량이 증가하고, 경쟁이 치열해지고, 가격이 인하되고, 그 결과 이윤이 감소한다.

이 과정의 결과는 모든 부문의 이윤이 결국, 이제 전보다 낮은 새로운 평균이윤율 수준에서 안정된다는 것이다. 제1부문의 가격 상승은 나머지 경제 부문의 가격 저하로 상쇄될 것이다. 생산되고 있는 가치의 양이 여전히 같기 때문이다.

그러나 이 과정은 여기서 멈추지 않는다. 둘째 단계가 뒤따른다.

다음 생산 주기 때 제1부문의 가격 상승의 결과로 생산수단의 비용이 올라간다. 이 때문에 전체 생산비가 올라간다.

그러나 그런 가격 상승은 제2부문과 제3부문의 가격 하락으로 상쇄됐다. 제2부문의 상품들(식품, 의류, 난방, 주거 등 노동자들의 부양에 필요한 것 일체)의 가격은 하락했다. 그래서 약간 더 낮은 임금으로도 노동자들이 같은 생활수준을 유지할 수 있어서, 기업은 실질임금 수준을 감소시킴으로써 이 상황을 이용할 수 있고, 생산비도 감소시킬 수 있다.

이런 인건비 하락으로 생산수단 비용 상승이 부분적으로 메워지는 것이지만, 이것은 단지 **부분적으로만** 그렇다. 제3부문, 즉 사치재와 무기류의 가격 하락은 생산 과정으로 피드백되지 **않으며**, 따라서 효과도 내지 못하기 때문이다.

그리하여 전반적 결과는 생산비가 조금 증가하고 이윤율은 조금 더 하락하는 것이다.

제2부문

제2부문, 즉 노동자들의 소비를 위한 상품들을 생산하는 부문에서 자본의 유기적 구성이 상승하면 제1부문 자본의 유기적 구성 상승과 비슷한 효과가 난다. 제2부문의 이윤율이 하락하고, 그래서 자본이 흘러 나가기 시작하고, 그래서 생산량과 가격이 변화하고, 그리하여 마침내 경제 전반의 평균이윤율 수준이 더 낮은 새로운 수준에 도달한다.

2단계에서 상승한 것은 인건비인데, 이제 생산수단 비용 감소가 이것을 부분적으로 메운다. 그러나 이 경우에도 부분적으로만 메우는 것이다. 역시 제3부문의 사치재와 무기류 가격 하락이 생산 과정 속으로 돌아오지 않기 때문이다.

그래서 평균이윤율은 하락하고, 그런 다음 좀 더 하락한다.

제3부문

제3부문은 생산수단 자체도, 생산 과정에 참가하는 노동자들을 위한 소비재도 아닌 상품들을 생산하는 경제 부문이다. 부자들을 위한 비생산적 사치재와 무기류가 바로 이 부문에 포함된다.

첫 단계에서는 이 부문 자본의 유기적 구성 상승이 제1부문과 제2부문 자본의 유기적 구성 상승과 똑같은 효과를 낸다. 이윤율이 저하하는 경향이 있고, 그래서 자본이 떠나기 시작하고, 그래서 생산량이 떨어지고 사치재와 무기류의 가격이 상승한다. 이어서 나머지 부문의 생산량과 가격이 달라져 그 결과 경제 전반의 평균이윤율이 더 낮은 새로운 수준에 도달한다.

그러나 2단계에서는 사정이 아주 다르다. 물론 사치재와 무기류의 가격은 이제 더 높지만, 이 가운데 아무것도 다음 생산 주기에 생산 과정으로 피드백되지 않는다. 그래서 생산비가 더는 오르지 않아 더 한층의 이윤율 저하 압박이 가해지지 않는다.

사실, 제1부문의 생산수단 가격과 제2부문의 소비재 가격이 모두 하락했으므로, 전체 생산비는 감소할 것이다. 그 결과, 다음 생산 주기의 이윤율은 상승할 것이다.

그래서 제1부문이나 제2부문의 유기적 구성 상승이 이윤율을 하락시키고 또다시 하락시키는 데 반해, 제3부문의 유기적 구성 상승은 이윤율을 하락시키고 … 그런 다음 다시 상승시킨다.[68]

그래서 '비생산적 소비'를 위한 상품생산에 대한 투자에는 독특한 특징이 두 가지 있다. 첫째, 이 부문에 대한 모든 투자가 잉여가치를 사라져 없어지게 함으로써 체제 전반에 걸쳐 유기적 구성 상승 압력을 감소시킨다. 둘째, 비생산적 투자는 또한 그 같은 유기적 구성 상승 일체가 이윤율에 미치는 효과를 감소시킨다.

이 두 가지 효과는 자본주의 체제의 동역학과 관련해 엄청난 함의가 있다. 체제의 동역학이 이윤율에 의해 규정되는 한에는 말이다.

노화하는 자본주의, 비생산적 지출, 경쟁의 새로운 양상

자본주의 생산과 축적과 부가 발달하면서 자본가는 그저 자본의 화신에 그치지 않게 된다. … 자본주의 생산의 발달은 각종 즐거움의 세계를 창조할 뿐 아니라, 투기와 신용 제도에서 개인 축재의 원천을 1000개쯤 드러낸다. [자본주의가] 어떤 발전 단계에 이르면 관례적 수준의 낭비는 부의 과시이자 따라서 신용의 원천인 동시에 … 사업상 필요한 일이 된다. 사치는 [자본가들의] 교제비의 필수적 부분이 된다.[69]

이렇게 마르크스는 《자본론》에서 지나가는 말로 다음과 같은 아이디어를 비친다. 곧, 자본주의는 처음에는 비생산적 계급들의 방대한 상부구조를 지닌 이전 사회들을 파괴함으로써 번영했지만, 이제 노화되면서 부진해지고, 그 때문에 그 자신의 비생산적 상부구조를 창출한다는 것이다.

상업 자본과 상업이윤을 논의하면서 마르크스는 체제가 확장함에 따라 산업 자본은 자기 생산물의 비생산적 매매에 자금을 대는 데 잉여가치를 점점 더 많이 내줘야 한다고 주장한다.

생산 규모가 확대됨에 따라, 산업 자본의 재순환에 끊임없이 필요한 상업 활동[요즘 말로 물류 운영]도 … 증대한다는 것은 명백하다. … 생산 규모가 선진화하면 할수록 산업 자본의 상업 활동도 … 그만큼 더 증대한다.[70]

자본주의 경쟁에서 성공한다는 것은 더는 단순히 경쟁자보다 더 빠르게 축적하는 문제가 아니다(설사 전에는 그랬을지 몰라도). 자본주의 경쟁에는 시세를 인위적으로 바꾸기, 상품 광고, '제품 이미지'

창출, 기업 바이어와 국가기관의 담당자 매수 등등의 수단에 잉여가치를 소비하는 것이 점점 더 많이 수반된다. '비생산적' 소비는 개개의 자본에 점점 더 중요해진다. 비생산적 소비는 경쟁에 실로 새로운 차원을 추가하는 데 치르는 대가인 것이다.

비록 이런 행위에 노동자 고용이 거의 언제나 수반된다 해도 잉여가치를 생산하지 않으므로 이런 지출은 '비생산적'이다. 이 지출 덕분에 단지 고용주들은 그 돈을 쓰지 않았다면 다른 자본으로 갔을 잉여가치를 지배할 수 있을 뿐이다. 그래서 마르크스는 그 지출을 가변자본도 불변자본도 아닌 다른 어떤 것, 즉 '생산 경비'라고 불렀다. 그러나 마르크스는 또한 개개의 자본가가 어떤 상황에서는 그 비용을 '생산적'인 것으로 여길 수도 있다고 암시한다. 자본가가 이미 창출된 총잉여가치 가운데 적절한 몫을 얻으려면 이 지출에 투자해야 한다는 것이다. 곧,

> 산업 자본에게 유통비용은 비생산적 비용으로 나타나며 실제로도 그렇다. 상인에게는 그 비용이 이윤의 원천으로 나타나며, 일반 이윤율이 일정하다면 이 이윤은 유통비용의 크기에 비례한다. 그러므로 유통비용 지출은 상업 자본에게는 생산적 투자다. … 그리고 상업 자본이 구매하는 상업 노동도 상업 자본에게는 직접적으로 생산적이다.[71]

그런 '비생산적' 소비 분야는 마르크스의 시대 이래 광고 등의 확산으로 엄청나게 성장했다. 금융 자본의 발달로 부의 생산에 관련되기보다는 오히려 자본가 계급 성원들 사이의 잉여가치 배분에 관련

된 광범한 활동들이 모두 막대한 비용을 잡아먹으며 크게 늘어났다. 주식 거래가 전형적 사례다.

개개 자본에게는 비생산적이지만 그들의 존속을 위해서는 필수적인 다른 종류의 비용도 증가했다. 거의 모든 곳에서 자본주의 이전의 착취 형태들이 없어지면서 결국 국가의 경비를 자본주의 생산에서 창출된 잉여로 부담해야 한다. 이 국가 경비의 일부는 잉여가치의 창출을 증대시키지 않는다는 점에서 비생산적일 뿐 아니라, 경쟁을 통해 일부 자본들이 자본가 계급 전체가 보유한 공동의 부富 중에서 더 많은 몫의 잉여가치를 얻을 수 있도록 돕지 못한다는 점에서도 비생산적이다. 이런 비용은 그저 착취 구조를 유지하는 데 쓰인다. 즉, 경찰에, 유력한 이데올로기를 유지하는 데 이바지하는 교육제도에, 국가의 재정 지원을 받는 교회의 성직자들에게, 만성적 실업자들의 폭동을 막기 위한 복지비 등에 지출된다.

그러나 다른 종류의 국가 지출은 개개의 자본들이 스스로 생산적 노동을 고용하는 데 실제로 도움이 되기도 한다. 예를 들어, 노동자들의 건강과 교육에 대한 지출, 실업자들을 노동시장에 머무르게 하는 데 드는 지출, 정년퇴직 후에도 노후 보장을 해 주겠다고 취업 노동자들을 안심시키는 데 드는 지출 등이 그것이다. 이 지출들은 현대 마르크스주의 저술가들의 일부가 '재생산적' 지출이라고 부르고, 다른 이들은 '간접적으로 생산적인' 지출이라고 부르고 또 다른 이들은 '필수 비생산적' 지출이라고 부른다. 이런 지출을 이해하는 최상의 방법은 배타적 일국 시장 내에서 경쟁하는 개개의 자본에게는 '비생산적'인 것이라고 이해하는 것이다. 개개의 자본은 그 지출에 [세금의 형태로] 돈을 대야 하지만, 그 지출로 인해 마찬가지로 득을 보는 경쟁자들보다 이점을 더 많이 누리지는 못하기 때문이다. 개개의 자본에게 그런 지출은 노동력에 더 많이 지불해야 하는 것과 거의 똑같은 셈이다. 그러나 다른 나라 자본가들과 경쟁하는 일국 내 자본가들의 총합(부하린은 '국가자본주의 트러스트'라고 불렀다)에게 그런 지출은 어떤 점에서 '생산적'이다. 그 지출 덕분에 '외국' 경쟁자들에게 고용된 노동자들이 생산하는 만큼 자국 노동자들도 생산할 수 있기 때문이다.[72]

마지막으로 언급할 것으로 국가의 군비 지출이 있다. 우리는 이미 위에서 고전적 제국주의론들의 주장을 살펴봤다. 그에 따르면, 자본의 독점화는 국가와 자본이 융합하는 경향으로 이어지고, 일국에 본거지를 둔 자본들은 전쟁과 전쟁 준비를 [해외] 경쟁자들을 궁지에 몰아넣는 한 수단(주된 수단은 아닐 수도 있다)으로 사용하게 된다. 20세기가 진행되면서 군비 지출은 잉여가치를 엄청나게 많이 소비하게 돼, 일부 추산으로는 군비 지출에 개별 자본들의 생산적 투자량 못지않은 비용이 소비된다고 한다.[73]

경찰에 대한 지출과 마찬가지로, 군비 지출도 개개 자본가의 생산량이든 '총'자본가의 생산량이든 어느 것도 증가시키지 않는다. 그러나 광고 지출과 마찬가지로 군비 지출도 하나의 자본 블록('총'국민자본이나 '국가자본주의 트러스트'라고 부를 수 있겠다)이 다른 자본가들이 지배하는 잉여가치를 잠식할 수 있게 해준다.

1922년 코민테른 4차 대회 연설에서 니콜라이 부하린은 다음과 같이 주장했다.

다양한 산업자본가들 사이의 가격 경쟁이 … 마르크스가 거론한 거의 유일한 경쟁 형태다. 그러나 제국주의적 경쟁의 시대에는 가격을 낮추는 방법이 별로 중요하지 않은 다른 경쟁 형태도 여럿 발견된다. 부르주아지의 주요 집단들은 이제 국가의 틀 내에서 트러스트화한 집단의 성격을 띠고 있다. … 그런 기업 형태가 주로 폭력적 경쟁 형태에 기대는 일은 충분히 있음직하다. … 이처럼, 국가의 군사적 공격을 낳는 새로운 경쟁 형태가 등장한다.[74]

바꿔 말하면 이렇다. 마르크스의 자본주의 모형에는 오직 한 가지 차원의 경쟁만이 있을 뿐이다. 비용 절감과 판매가 인하를 노리고 생산적 투자를 축적해 시장 경쟁을 하는 것이 그것이다. 그러나 자본주의가 노화함에 따라 새로운 차원의 경쟁이 시장 경쟁을 보완하고 심지어 가끔 시장 경쟁을 대체하기까지 한다.[75]

20세기 자본주의를 평가하려면 이 새로운 차원의 경쟁들, 그리고 그런 경쟁들이 동반하는 다양한 분야로의 잉여가치 지출이 체제의 기본 동역학과 '이윤율 저하 법칙'에 어떻게 영향을 미치는지를 반드시 살펴봐야 한다.

경쟁의 여러 차원들과 이윤율 저하

경쟁의 새로운 형태 중 일부에 대해서는 논의할 것이 별로 많지 않다. 예를 들어, 마르크스 자신이 상품 판매에 비용을 지출하는 것

(그가 '상인'자본이라고 부른 것)이 미치는 효과를 아주 잘 다뤘다. 그런 지출로 잉여가치 총량이 증가하지는 않는다. 그러나 생산적 자본가들은 경쟁이 가하는 압력 때문에 직접 그런 지출을 하든지 아니면 그 일을 대신할 다른 자본가들에게 그들이 한 투자의 양에 비례해 잉여가치의 일부를 지급하든지 해야 한다. 그러므로 그런 지출은 평균이윤율 저하에 이바지한다.[76]

그와 동시에, 이런 지출은 자금을 생산적 투자로부터 다른 곳으로 돌리므로 자본가 계급 전체로 하여금 자본의 유기적 구성을 증가시키게 하는 일반적 압력이 감소하는 데 도움이 될 것이며, 따라서 이윤율에 대한 장기적 저하 압박도 감소할 것이다.

진짜 문제는 군비 지출의 효과 문제다. 군비 지출이 그저 이윤율을 감소시키기만 할 리 없다. 평화 시의 군비 지출이 최고도에 도달했던 시기(1949년 이후)는 자본주의가 더는 '이윤율 저하'로 경제 위기와 부진에 빠지지 않는 듯하던 시기였다는 점만 봐도 그렇다.[77] 그런 이유로 무기를 일종의 지배계급의 '사치재' 소비 형태로 취급하려는 시도가 있었던 것이다.[78]

만약 군비 지출이 정말로 일종의 '사치재' 소비라면, 군비 지출은 자본의 유기적 구성을 꾸준히 상승시키는 압력을 상쇄하고, 또한 앞에서 개략적으로 서술한 과정을 통해 장기적으로 평균이윤율을 저하시키지 않을 수도 있다. 물론 자본가들은 그 비용을 대기 위해 자기네 잉여가치의 일부를 사용해야 한다. 그러나 국가는 그 영토에서 사업을 하는 자본가들의 총합을 대표하므로 이 비용 지출은 단지 자본가들이 자기네가 이미 보유하고 있는 잉여가치를 어떻게 소비하는

지의 문제일 뿐이다. 자본가들이 잉여가치를 보유하고 있다는 사실이 달라지는 것도 아니고, 또 총투자에 대한 총잉여가치의 비율(이윤율)이 변하는 것도 아니다.

이런 설명은 자본주의가 1945년 이후 거의 30년 동안, 그 전까지 풍토병처럼 보이던 경제 위기를 겪지 않고 확장할 수 있었던 이유에 대한 모종의 설명을 제공한다는 이점이 있다.

이 기간의 진정한 상황 전개를 자세히 살펴보는 일은 3장에서 할 것이다. 그러나 노화하고 있는 자본주의 체제의 이윤율과 동역학 변화를 이해할 수 있으려면 상이한 차원의 경쟁들이 서로 강화하거나 모순을 빚으면서 유기적 구성과 이윤율에 상이한 영향을 미치는 방식을 살펴봐야 한다.

각각의 경쟁 형태는 목표가 같다. 경쟁에서 밀리면 경쟁 자본들에게 갈 잉여가치를 지배해 개개의 자본(또는 총국민자본)의 유지와 확대를 꾀하는 것이 그것이다. 그러나 그렇다고 해서 각 경쟁 형태가 모두 세계 체제의 각 발전 단계에서 똑같이 효과적인 것은 아니다. 어느 특정 시점에 특정 자본(또는 특정 나라의 자본)의 관점에서 볼 때 하나의 경쟁 형태가 가장 효과적이고 따라서 가장 중요하게 여겨지기 쉬우며, 다른 경쟁 형태들은 이 경쟁 형태에서 성공하는 데 집중하는 것을 방해하는 것으로 여겨지기 쉽다.

마르크스가 고찰한 체제는 여전히 세계의 대부분이 자본주의 이전 사회인 상황에서 비교적 소규모의 자본주의 기업들이 확장하고 있었고, 그것도 가격 메커니즘을 통한 '순수한' 경제적 경쟁을 하면서 아주 성공적으로 확장하고 있던 체제였다. 그런 상황에서는 국가에 대한 비용 지출이 개개 자본의 자체 확대를 낳을 투자 분야로부터 그 자본의 잉여가치를 빼돌리는 것으로 여겨질 수밖에 없었다.

완전히 다른 상황을 어렵지 않게 떠올려 볼 수 있다. 가격 경쟁 위주의 비용 지출보다 군비 지출이 특정 나라의 개개 자본들에게 더 좋은 확장 기회를 제공하는 듯한 상황이 그렇다. 또는 심지어 가격 경쟁 위주로 투자하면 개개 자본들의 군비 지출 유지·확대의 주된 수단이 될 자원을 전용하는 셈이 되는 상황조차 있을 것이다.

이윤율이 너무 낮아 각 기업이 새로운 사업에 투자하기를 꺼리는 상황이 있다. 신규투자가 없으면 모든 산업부문에 막대한 과잉 설비가 발생해, 상품이 그 가치보다 훨씬 낮게 판매되고, 막대한 '과잉생산'이 있게 된다. 국가가 투자를 위해 대량의 잉여가치를 동원하려 해도 새 시장에 진입할 수 있을 만큼 저렴한 비용으로 상품을 생산할 수 있을 것 같지 않은 상황이다.

이런 상황에서는, 사용되지 않은 채 방치될 수도 있었을 잉여가치를 군비 지출로 돌려서, 보호무역 방법들을 이용해 외국인들에게 국내 시장을 강제로 폐쇄함으로써 '국내 자본가'들의 국내 시장 지분을 확대해 주는 수단으로 사용할 수 있다. 군비 지출은 더 나아가 다른 국가들이 보호하고 있던 외국시장을 강제로 개방시킬 수 있는 수단이 될 수도 있다.

군비 지출이 실제로 결코 새로 가치를 창조하지 않는다는 사실은 국내 자본가들에게 걱정거리가 아니다. 군비 지출 덕분에 그들은 외국 자본가들에게 속한 생산수단을 사용해 창출된 잉여가치를 입수할 기회를 얻는다. 군비 지출은 비록 자본 일반을 확대해 주지는 않을지라도, 민간 투자를 할 때보다 더 많이 국민자본을 확대해 준다. 이런 상황에서, 군비 지출의 동기는 자본가 계급과 그 측근들의 사치재 소비와는 다른 고려 사항들에 따른 것일지라도, 군비 지출이 이윤율에 미치는 효과는 같다. 군비 지출은 단기적으로 이윤율을 감소시키지 않는다. 그저 자본가들이 이미 보유하고 있는 기존 잉여가치를 어떻게 사용할지 자유롭게 결정하는 문제일 뿐이기 때문이다. 또한 군비 지출은 장기적으로도 반드시 이윤율을 감소시키지는 않는다. 군비 지출에 자본의 유기적 구성 고도화가 수반될지라도 '보르트키에비치 효과' 덕분에 평균이윤율이 저하하지 않기 때문이다. 게다가 군비 지출 덕분에 유기적 구성의 장기적 상승 압력이 감소한다.

그다음에, 1914~1918년과 1939~1945년의 전면전에서처럼 군비 지출이 유일하게 효과적인 차원의 경쟁인 듯한 상황이 있다. 그런 상황에서는 자본가들에게 더는 선택의 여지가 없다. 자본가들은 생존하려면 군비에 돈을 써야 한다. 그들은 이렇게 함으로써 승리를 거둬 잉여가치의 새 원천을 확보할 수 있고 그리하여 자기들의 자본을 확대할 수 있기를 바란다. 그러나 그들은 그럴 가망이 크지 않아도 군비 지출을 떠맡아야 한다. 그러지 않으면 자신들의 기존 잉여가치 원천을 외국 자본가들에게 빼앗기기 때문이다. 군비 지출은 이제 경찰에 대한 비용 지출과 꼭 마찬가지로 생산을 지속시키는 비용이다.

그런 단계에서는 노동자에 대한 착취율을 크게 끌어올리지 않는 한 개별 자본가의 이윤율은 하락할 수밖에 없다. 생산 유지 비용인 군비 지출은 이제 자본가 계급이 지배하는 잉여가치를 직접 잠식한다. 그러나 더는 개개 자본가의 이윤율이 중요하지 않다. 총력전은 정의상 군사적 생존에 대한 고려에 비하면 가격 경쟁에 대한 고려가 완전히 부차적으로 여겨지게 된다는 것을 뜻한다. 자본주의적 관계들이 여전히 우세하다고 할 수 있는 것은 서로 경쟁하는 자본들이 경쟁자들보다 앞서고자 무기를 더 많이 생산하는 데 잉여를 투자하려고 노동의 가격을 최소한으로 낮춰야 하기 때문이다. 투자 결정은 이제 군사적·국가적 결정이 돼, 특정 자본 소유자들의 결정보다 우선한다.[79]

이제 이윤율 저하 경향은 국가의 의사 결정 수준에도 영향을 미친다. 즉, 국가는 승리는커녕 생존을 위해서라도 군사 활동을 해야 하지만, 이윤율 저하 경향의 효과로 인해 군사 활동 능력이 감소하고, 또한 기존의 비군사적 생산 수준을 국가가 확대(심지어 그저 재생산)하는 능력도 감소한다.

마지막으로, 노화하는 자본주의에서는 군사적 경쟁과 경제적 경쟁의 상호작용이 추세인 상황이 존재한다. 그런 단계에서는 가격 경쟁 차원과 군사적 경쟁 차원이 서로 모순될 수밖에 없다. 두 차원 중 어디에서든 승리하는 것은 이전의 축적 수준에 달려 있다. 그런데 가격 경쟁에는 축적 수준을 더 높이려면 재생산 비용을 지출해야 한다. 반면 군사적 경쟁에서는 재생산과 관계 없는 비용을 지출해야 하고, 이를 통해 [자본가들은] 체제의 다른 곳에서 생산된 잉여가치를 손에 넣게 될 것이라고 기대한다. 그러므로 군비 지출이 어떤 수준 이상이면 [경제적] 가격 경쟁을 할 능력이 감소한다. 그러나 오늘날 전쟁 자체가 너무 비용이 많이 들고 위험해, 군사력을 사용해 가격 경쟁(특히 수출 시장에서의 경쟁)의 효과로부터 일국의 자본주의를 잘 보호하기는 쉽지 않다.

시간이 지나면서, 군비 지출이 어마어마한 나라들의 경제 성장은 그렇지 않은 나라들의 성장보다 둔화할 것이라고 예상할 수 있다. 물론 이것이 지난 20년[이 글은 1984년에 출판됐다] 동안 일어난 일로, 미국의 경제 성장이 일본과 서독의 성장보다 더뎠다(그리고 이제 소련의 경제 성장이 미국의 성장보다 더딘 경향이 있다). 바꿔 말하면, [잉여가치가] 가장 많이 '누출'돼 유기적 구성 상승 경향이 상쇄된 나라들이, 누출이 더 적었던 나라들보다 더디게 성장한 것이다. 그런 상황에서는 전 세계적인 자본의 유기적 구성이 상승해, 마침내 착취율 증가로도 더는 이윤율 저하를 막을 수 없는 지경에 이를 것이다.

결론

지금까지 우리는 마르크스가 묘사한 체제의 동역학과, 체제의 여러 발전 단계에서 그 기본 동력을 상쇄할 수 있었던 요인들(마르크스 자신이 지적한 것들을 포함해)을 추상적 수준에서 다뤘다.

체제가 노화하면서, 개개의 자본 단위들이 전체 체제에서 차지하는 비중이 점점 더 커져 이런 상쇄 요인들이 효과를 내기가 좀 더 어려워진다는 점이 논증됐다. 그것이 경제 위기가 됐든 식민지 확장이 됐든 전쟁 준비에 소요되는 비생산적 지출이 됐든 말이다. 만약 이것이 옳다면 우리는 체제의 장기적 추세에 관한 100년 전 마르크스의 예측이 현실화되기 시작했다고 예상할 수 있다.

이제는 그런 추상적·일반적 고찰을 넘어 20세기 자본주의의 실제 추세와 오늘날의 상황 전개를 살펴봐야 한다. 이것이 다음 두 장의 목적이 될 것이다.

2장

1930년대의 대불황

자본주의가 노화하면서, 부진과 깊은 위기를 부르는 여러 압력을 극복하기가 점점 더 어려워진다. 그렇게 하려는 노력 자체가 체제와 체제 안에서 사는 사람들에게 점점 더 파괴적인 조처들을 동반한다.

요점을 재정리하자면 다음과 같다. 체제의 근본적 모순은 투자 규모가 이윤의 원천(노동력)보다 훨씬 빨리 증가하기 쉬워, 이윤율 저하를 부르는 경향이 있다는 것이다. 이 경향을 상쇄할 수 있는 주된 요인은 다음 세 가지다. 첫째, 간헐적 위기로 일부 자본들이 파괴돼 없어지면 다른 자본들이 득을 본다. 둘째, 제국주의 덕분에 구래의 자본주의 발전 지역으로부터 새 지역으로 투자가 흘러간다. 셋째, 투자 가능 잉여가치 중 점점 더 많은 부분이 자본의 특정 부분 간 경쟁을 도우면서도 생산적 축적에는 도움이 되지 않는 식으로 사용된다. 예컨대 마케팅 비용이나 군비 같은 분야가 그 사례다.

이 요인들은 각각 자본주의 발전의 특정 시기에 작용할 수 있었다. 그러나 체제가 지구 전체를 채우고, 자본 단위가 갈수록 커지고 갈수록 상호 의존적으로 바뀌고, (경제적으로든 군사적으로든) 성공에 필요한 생산 규모가 갈수록 엄청나게 커지자 이 요인들은 모두 체제에 덜 유용해졌고, 오히려 부작용이 더 커져 심지어 체제에 파괴적 영향을 미칠 수 있게 됐다. 경제가 급속히 확대되던 시기는 이제 지나가고 엄청난 위기의 시기가 닥쳤다. 1870년대와 1880년대, 제1차 세계대전과 제2차세계대전 사이 시기, 그리고 1970년대 초부터 지금 [1980년대 초]까지가 바로 그런 위기 시기다.

이런 상황의 전개 과정을 알려면 자본주의 발전의 각 국면을 차례차례 살펴봐야 한다.

첫 국면: 고전적 자본주의

고전적 국면의 자본주의는 바로 마르크스가 묘사한 자본주의다. 생산 단위(기업)가 시장에 견줘 보통 소규모였다. 간헐적 위기로 어떤 기업들은 파산 지경에 몰리게 됐지만 그 덕분에 다른 기업들은 아무 방해를 받지 않고 사업 확장을 재개할 수 있었다. 이윤율의 장기적 추세가 떨어지기는 했지만, 위기가 끝난 뒤에도 기업들이 활발하게 투자를 늘리지 못하게 만들 만큼 감소 폭이 크지는 않았다. 이 시기는 영국과 벨기에에서 시작된 산업자본주의가 급속히 확장돼 미국·독일·스칸디나비아반도·프랑스 등지로도 뻗어 나가고, 마침내 세계의 거의 전역이 자본주의 무역에 개방되기 시작하던 시기였다.

그러나 1870년대와 1880년대에 '대불황'이 들이닥쳤고, 그로 말미암아 초기의 이 급팽창기는 중단되고 성장이 둔화됐다. 미국과 독일은 이 심각한 불황으로 1873년 이후 몇 해 동안 심대한 타격을 받았다. 경제는 1870년대 말에야 회복됐는데, 몇 해 지나지 않은 1884년에 또다시 위기를 겪게 됐다.

1889년쯤이 되자 철강업계의 제왕 앤드루 카네기는 많은 기업주들의 걱정을 다음과 같이 표현할 지경이었다.

> 제조업자들은 … 여러 해 동안 모은 저축이 … 줄어들고 있다. 상황이 바뀌기를 바라는 건 언감생심인 채 말이다. 바로 이와 같이 준비된 토양 위에서 그들은 완화 조짐을 보이는 건 무엇이든 반갑게 맞이한다. 제조업자들은 마치 여러 해 동안 정규교육을 받은 의사의 진찰을 받아 봐도 낫지 못해 이제는 돌팔이 의사라도 나타나기만 하면 그저 넙죽 희생양이 되기 십상인 환자의 처지와도 같다.[1]

그럼에도 1870년대와 1880년대 전반에 걸쳐 미국과 독일 경제는 여전히 상당한 성장을 누렸다. 이 20년 동안 독일은 처음으로 지속적 공업화를 이뤘고, 미국은 "주기적 경기변동 속에서도 생산이 꾸준히 증대해 1869년 33억 3600만 달러에서 1889년 93억 7200만 달러로 늘었다."[2]

가장 큰 타격을 입은 건 영국이었다. 영국은 1870년대에만 해도 철·강철·석탄·섬유 같은 핵심 상품을 세계 생산량의 40~50퍼센트 생산했다. 처음에 닥친 불황은 독일이나 미국의 불황만큼 심각하지 않았다. 그러나 회복이 독일이나 미국만큼 지속되지 않아 20년 동안 [1870년대와 1880년대]의 패턴은 전반적으로 부진한 가운데 중간중간에 비교적 짧은 호황기가 끼어드는 식이었다.

그 시대의 분위기를 역사가 에릭 홉스봄은 다음과 같이 잘 묘사했다. "신흥 산업 경제와 오래된 산업 경제가 모두 시장의 문제점들과 이윤율의 문제들에 부딪혔다. 선구적 공업국들의 막대한 이윤이 줄자 기업인들은 애타게 탈출구를 찾았다."[3]

탈출구는 고전적 자본주의를 탈피해 독점자본주의와 제국주의로 변천하는 것임이 곧 드러나게 된다.

독점 기업들과 제국주의

불황에서 벗어날 수 있는 길은 처음에 서로 다른 두 가지 경로로 나타났다.

미국과 독일에서는 파산과 합병 물결이 추가로 일었다. 그래서 비교적 큰 기업들이 좌우하는 대규모 산업 구조조정이 일어났다. 홉스봄은 다음과 같이 말했다. "트러스트와 카르텔과 신디케이트 등의 형성이 … 1880년대 독일과 미국의 특징이었다."[4*] 이 시기에 미국에서는 록펠러·카네기·모건 같은 부도덕하고 불법을 일삼는 벼락부자들이 헐값으로 경쟁 기업들을 사들여 우위를 확립했다. 그래서,

---

* 트러스트는 같은 산업부문에서 자본의 결합을 중심으로 합동한 독점 기업으로, 시장을 지배하려고 각 기업이 독립성을 버리고 합동한 것이다. 한편, 카르텔은 같거나 비슷한 산업부문의 기업들이 경쟁 제한이나 가격 규제를 위해 연합한 형태다. 다른 한편, 신디케이트는 카르텔처럼 독립성을 유지한 채 연합한 형태이지만, 카르텔과 달리 공동출자를 통해 새 회사를 설립해, 출자한 판매회사만이 생산물을 판매하는 방식으로 운영된다.

1897년에는 자본 총액이 10억 달러 이상인 기업합동이 82개 있었다. 1898~1900년 3년간 자본 총액이 11억 4000만 달러인 거대 기업합동이 11개 생겨났다. 1901년, 역대 최대 기업합동인 유에스스틸이 자본 총액 14억 달러를 공시하며 등장했다.[5]

이런 자본 구조조정 덕분에 이전 자본의 일정액을 평가 인하[손실 처리하는 식으로]할 수 있었고, 구조조정이 일어나지 않은 나라(예컨대 영국)에선 채택될 수 없었던 기술들을 사용하는 생산에 자원을 사용할 수 있었다. 또한 자본 구조조정 덕분에 신생 대기업들이 독점 가격 책정을 통해 자기보다 경쟁력이 약한 경쟁자들을 희생시켜 이윤을 보호할 수 있었다. 그래서 20년간의 '불황' 동안과 그 뒤에도 상당히 빠른 속도로 경제 확장이 지속될 수 있었다. 자본의 유기적 구성이 계속 빠르게 증가했는데도 말이다. 어떤 추산으로는 [자본의 유기적 구성이] 1880년과 1912년 사이에 100퍼센트 증가했고 다른 추산으로는 1900년과 1918년 사이에 25퍼센트가 증가했다.[6] 이 사실에 주목한 조지프 길먼은 다음과 같이 언급했다. "자본의 유기적 구성은 이 시기 상당히 지속적으로 상승하는 경향을 보였다. 마르크스가 가설에 근거해 제시한 사례에 견주면 꽤 더딘 증가이긴 했지만 말이다."[7] 그래도 경제는 급속히 성장할 수 있었다. 1890년과 1907년 사이에 생산량이 갑절이 됐으니 말이다.[8]

그러나 1870년대와 1880년대의 경제 위기 시대를 벗어나는 길이 또 하나 있었다. 이 길은 영국 자본주의가 밟은 길이었다. 파산과 인수·합병을 통한 구조조정을 피하고 영국의 제국주의적 권력을 이용해 영국 제국, 영연방 자치령, 그 밖에 영국의 영향력 아래 있는 다른 지역(가령 남미의 일부 지역)에서 안전한 시장과 투자처를 확보하는 것이었다.

> 영국은 체계적 경제력 집중의 길을 밟는 것을 꺼렸다. … 영국은 산업화 초기 단계의 기술과 기업 조직에 충실히 전념하고 있었던 것이다. 이 때문에 주된 활로는 하나밖에 없었다. … 지구상에서 그때까지 미개발이던 지역을 경제적으로(그리고 갈수록 정치적으로도) 정복하는 것이 그것이었다. 즉, 제국주의였다.[9]

영국의 자본은 점점 더 빨리 해외로 흘러 나갔다. 그래서 "해외와 식민지의 기업 주식에 대한 투자 총액은 1883년 9500만 파운드에서 1889년 3억 9300만 파운드로 증가했다."[10] 빠져나간 자본 액수는 대략 국민총생산GNP의 8퍼센트로 증가했고, 국민 저축의 약 50퍼센트를 차지했다.[11]

'자본 집약적' 신기술을 국내에 도입해야 한다는 압박을 개개의 자본가들이 덜 받음에 따라 체제는 파산과 인수·합병을 통한 구조조정을 최소화하면서 발전할 수 있었다. 실제로 자본-산출 비율은* 1880년대 이후 계속 떨어졌다. 자본-산출 비율은 1855~1864년 2.02에서 1865~1876년 2.11로, 1875~1883년 2.16으로 올랐다가 이후 감

* 자본-산출 비율 생산의 한 단위에 소요된 자본의 양으로, 낮을수록 자본의 효율이 높음을 뜻한다. 자본산출계수, 자본계수라고도 한다.

소하기 시작해 1884~1890년 2.08로, 1891~1901년 1.82로 떨어졌다. 그와 동시에, 1870년대에 갑절로 늘어나며 그 시대의 특징을 이루던 파산도 감소세로 돌아섰다. 1884~1888년 파산 건수는 8662건이었는데, 1889~1893년 7521건, 1894~1898년 6417건, 1899~1903년 6017건, 1904~1909년 5965건으로 줄어들었다.[12]

'고전적 자본주의'가 위기 시대를 벗어나는 두 가지 길이 무한정 갈라질 수는 없었다. 두 길은 마침내 다시 만나고야 만다. 20세기 초의 마르크스주의적 저술가들이 '독점자본주의'나 '금융자본주의'나 '제국주의'라고 부른 것이 그것이다.

미국과 독일에서 자본의 유기적 구성이 지속적으로 증대하자 마침내 이윤율이 압박을 받을 수밖에 없었다. 독일 기업주들이 그랬듯이, 기업주들은 1890년대처럼 실질임금 인상을 중단시키고 생산성 증대에 기반한 새 기술에 기대어 수익성 하락을 만회하려 할 수 있었다. 처음으로 대량생산 기술이 사용된 것이다. 그러나 기업주들은 영국식 해결책에도 끌릴 수밖에 없었다. 국민국가의 물리력을 이용해 자국을 위한 경제적·정치적 특권 지역을 해외에 개척하는 것 말이다. 그래서 1890년대부터 독일과 미국이 처음으로 공식 제국과 비공식 세력권을 개발하려 했다. 그 결과 독일은 탕가니카와* 아프리카 남서부 지역에 식민지를 개척했고, 유럽의 중부와 동부에서 패권을 차지하기 위한 정책을 추진했고, 쇠퇴하고 있던 터키제국과 동맹을 맺었다. 그리고 미국은 스페인과 전쟁을 벌였다. 그러나 그런 대외 확장은

* 탕가니카 오늘날 탄자니아의 대부분을 차지하는 지역.

영국·프랑스의 기성 제국·세력권과 충돌할 수밖에 없었고, 영국 자본주의의 위기 탈출 방법에 도전을 제기했다. 결국 누가 어디를 지배할 것인가 하는 문제는 전면전으로만 해결될 수 있었다.

미국과 독일이 막대한 자본집중의 길에서 영국을 본받아 제국주의로 나아가는 동안 영국 자본주의는 뒤늦게 자본의 구조조정과 집중이라는 길을 밟기 시작했다. 1900~1910년에 중요한 인수·합병이 많았는데, 특히 금융 분야에서 그랬다. 겨우 5개 은행이 금융 분야를 지배하게 됐다. 그 시기에 다른 일부 산업에서는 새 기술들이 채택됐다. 그러나 이것으로 자본의 유기적 구성 증가에 따른 이윤율 저하 압박이 재개되는 것을 막을 수는 없었다. 해외투자에서 나온 이자와 배당금이 국내로 유입돼 신규투자로 빠져나가는 액수를 초과하면서 제국이 투자 가능 자금을 처리할 능력이 고갈됐기 때문이다. 자본-산출 비율이 다시 올라, 어떤 계산으로는 1891~1902년 1.92였던 것이 1908~1913년 2.19로 증가했다.[13]

그러므로 제1차세계대전은 이전 40년간 시기의 산물이었다. 즉, 고전적 자본주의가 독점자본주의로 변모한 결과였다. 독점자본주의는 그 내부 모순들을 극복하고자 제국주의적 확장에 점점 더 의존했던 것이다. 그러나 제1차세계대전도 독점자본주의화 추세를 더 뚜렷하게 만드는 구실을 했다. 이제 제1차세계대전으로 주요 열강은 모두 산업의 집중도에 훨씬 속도가 붙었는데, 전시에 국가가 감독하며 개입해 직접 주요 산업들의 체계를 잡으면서 그런 일이 일어났다. 20년이 걸렸을 기술혁신이 겨우 2년 만에 추진됐다. 새로운 업무 패턴이 눈 깜짝할 사이에 추진됐는데, 특히 대량생산 작업 방식이 순식간에 도입돼, 숙련이 필요 없는 일에 임시로 비숙련공을 쓰는 일이 잦아졌다. 그리고 이전 반세기 동안에 자리 잡았던 무역 관계가 전쟁으로 끊기자 많은 농업국(가령 영연방 자치령, 인도, 중국, 스페인 등지)에서 자본주의 발전이 장려됐다.

그러나 체제의 활력이라는 면을 놓고 보면 제1차세계대전은 유럽과 미국 경제에 서로 정반대 효과를 냈다. 전쟁으로 유럽에서는 상당량의 가치가 사라졌다. 전쟁이 없었다면 축적됐을 잉여가치가 무기로 변했고, 전쟁으로 공장 설비 등이 파괴됐기 때문이다. 어떤 계산으로는 참전 열강의 산업 생산을 다 합쳐 봤을 때 개전과 종전 사이에 30퍼센트가 감소했다는 추정치가 나온다.[14] 영국의 자본-산출 비율은 1908~1913년 2.19이던 것이 전쟁으로 1922~1930년 2.02로 감소했다고 추산된다(그만큼 자본의 유기적 구성도 감소했을 것이다).[15]

반면에 미국에서는 전쟁 덕분에 산업 생산이 촉진됐고, 유기적 구성이 증가하는 경향이 있었다. 어떤 계산으로는 제조업의 유기적 구성이 1912년 3.2에서 1919년 4.3으로, 또 1921년 5.6으로 증가했다.[16] 다른 계산은 '생산적' 산업 전체의 유기적 구성 수치들을 보여 주는데, 1910년 3.18에서 1920년 3.65로, 그리고 1925년 3.95로 증가했음이 드러난다.[17]

전쟁이 끝난 뒤에 세계 체제의 견지에서 보면 미국 경제의 상황이 점점 더 중요해졌다. 전쟁을 거치면서 대서양 양안의 경제적 무게중심은 유럽에서 미국으로 이동했다. 세계 총생산에서 미국이 차지하는 몫이 치솟았기 때문이다. 이처럼 1920년대 미국 경제의 비교적 긴(7년간의) 대확장 덕분에 독일 경제는 전쟁의 효과를 극복할 수 있었다. 유럽이 미국에 투자하는 옛 패턴은 이제 미국이 유럽에 투자하는 새 패턴에 자리를 내준 것이다. 미국은 도스 플랜과 영 플랜을 통해* 독일의 산업 확장에 재원을 댔다.

유럽이 미국에 의존하게 된 것은 처음에는 유익한 듯했다. 1921년에 급격한 경기후퇴가 있긴 했지만 미국의 산업 생산은 1929년까지 꾸준히 증대해 1914년의 갑절이 됐고, 이것은 당시에 거의 기적적 호황인 듯했다. 라디오·레이온·화학·항공·냉장 등 일단의 신생 산업들이 성장했고, 1915년에 시작된 자동차 생산이 진정한 도약 단계를 맞았다. 그리고 산업 장비의 상당 부분이 전기로 움직이는 것으로 교체됐다. 이윤의 일반적 수준이 상승해 1929년의 이윤은 1923년의 이윤보다 22.9퍼센트 많았다.[18]

미국의 호황은 유럽에서 재연됐다. 독일의 산업 생산은 1922년 수준보다 40퍼센트나 증대했다. 프랑스의 산업 생산은 갑절이 됐다. 영국 경제만이 거의 상시적으로 침체해 있었는데, 쇠퇴하고 있던 재래식 산업이 신종 산업으로 대체되지 못한 탓에 생산이 1929년까지도 1919년의 수치에 못 미쳤다.

그러므로 자본주의가 위기로 나아가는 경향을 이제는 극복했다고 선언하는 경제학자들이 1927년이나 1928년쯤에 아주 많았다는 것은 별로 놀라운 일이 아니다. 그래서 가령 앨빈 핸슨은 아동기 자본주의가 걸리는 "소아과 질병이 완화"되고 있고 "경기순환의 성격이 변

---

* 제1차세계대전 후, 독일의 배상 조건을 결정한 도스 플랜을 오언 D 영이 이끈 위원회가 개정해 1929년에 영 플랜을 실시했다.

화하고 있다"고 1927년에 쓸 수 있었고, 독일의 베르너 좀바르트는 1875년 이래 "유럽의 경제생활에서 적대적 경향들이 서로 상쇄돼 줄어들다 마침내 사라지는 경향이 존재했다"고 주장했다.[19]

그러나 이런 기대는 1929년 송두리째 무너지고 말았다. '고전적' 자본주의 시대처럼 독점자본주의 시대도 기나긴 경제 위기로 끝났다. 그러나 이 시기의 위기는 이전보다 훨씬 더 파괴적이었다. 1870년대 말과 1880년대의 '대불황' 시기에는 그래도 전체 생산량이 상당히 증가했고, 무역량도 막대하게 늘어났다(1869년과 1892년 사이에 3배가 됐다).[20] 반면 1929년 이래 지속된 불황기에는 생산량과 무역량이 모두 상당히 감소했다. 세계 산업 생산은 3분의 1 감소했고, 미국의 산업 생산은 46.2퍼센트, 프랑스의 산업 생산은 29.4퍼센트 감소했다. 영국의 산업 생산만이 소폭으로 감소했지만, 이는 이미 부진한 수치에서 더 떨어진 것이었다. 1929년 불황만큼 심각하거나 오래가는 불황은 처음이었다. 미국과 독일의 불황은 3년이 지나도 바닥을 칠 기미조차 보이지 않았다. 그리고 불황은 모든 공업국에 동시에 타격을 입혔다. 공업국의 산업이 난관에 봉착했을 뿐 아니라, 농업국 농산물에 대한 수요도 궤멸적 타격을 입었다. 농업국 농산물의 가격은 폭락했고, 그 주민들은 극빈 상태로 내몰렸다.

1930년대의 경제 위기

1930년대의 경제 위기에 대한 마르크스주의자들의 설명들 가운데 가장 일반적인 것은 버랜·스위지, 길먼, 슈테른베르크 등의 '과소소비' 이론들이었다.[21] 과소소비론의 출발점이 되는 사실은 1920년대의 미국 경제에서 높은 생산 증가율에 비해 임금 증가율과 소비 증가율은 얼마 안 됐다는 점이다. 1922년과 1929년 초 사이에 산업 총생산은 3분의 1가량 증가했다. 그러나 같은 기간에 실질임금은 겨우 6.1퍼센트 증가했고, 총소비는 고작 18퍼센트 증가했다. 1927년과 1929년 사이에 제조업 총생산은 거의 14퍼센트 증가했지만, 소비는 기껏해야 5.5퍼센트 증가했다.[22]

다음과 같은 마르크스의 유명한 말로 위기를 설명할 수 있다는 결론을 내리기가 쉬웠다.

> 언제나 모든 진정한 위기의 궁극적 원인은, 마치 사회의 절대적 소비능력만이 생산력의 한계를 설정하는 양 사회의 생산력을 발전시키려는 자본주의적 생산의 추진력과 대비되는 대중의 빈곤과 얼마 안 되는 소비다.[23]

그러나 마르크스는 이런 주장의 중요한 빈틈을 메우는 논의를 한다는 점에서 앞에서 언급된 오늘날의 과소소비론자들과 결정적으로 다르다. 과소소비론자들은 자본주의가 오랜 기간 위기를 피하고 호황을 지속시킬 수 있는 이유를 정말로 설명하지 못한다. 마르크스는 설명할 수 있다. 상품의 수요가 생산에 달려 있다고 주장하기 때문이다. 물론 노동자들이 임금으로 살 수 있는 것은 생산물 전체보다 언제나 적다. 그렇지 않으면 이윤이 남지 않을 테니까 말이다. 그러나 자본가들이 계속 축적한다면야 이게 문제 될 까닭이 없다. 즉, 자본가들이 생산수단 확대에 투자하면 생산물 가운데 노동자의 소비로 가지 않는 부분에 대한 수요가 생겨날 수 있는 것이다.

과잉생산 위기가 발생할 수 있는 건 사회의 생산물 가운데 노동자의 소비로 제공되고 남은 부분을 새로운 축적에 사용하지 못하는 때뿐이다.

바로 이 점 때문에 이윤율의 장기적 경향이 결정적으로 중요한 것이다. 신규투자의 원동력이 약해지면 과잉생산이 실제로 가능해진다. 그러나 어떤 특정 위기에 대해 얘기하면서 그저 "이윤율이 저하했으므로 이제 위기가 시작됐다"고 말하는 것은 불충분하다. 중간에 갖가지 요인들이 끼어 매개변수 구실을 할 수 있기 때문이다.

1920년대 초까지 미국 경제의 이윤율은 떨어지고 있었다(메이지와 길먼의 계산으로는 그렇다). 그러나 그 이후로는 이윤율이 진짜로 하락했다고 보기 어렵다. 오히려 증가하는 경향이 있었다. 길먼이 계산한 바로, 이윤율은 1880년 69퍼센트에서 1900년 50퍼센트, 1919년과 1923년 29퍼센트로 떨어졌다가 1927년 32퍼센트로 다시 올랐다. 메이지가 제시한 수치는 달랐지만, 그 추세는 같았다. 메이지의 계산으로는 1900년 10.84퍼센트, 1903년 12.97퍼센트였다가 그 뒤 떨어져 1911년 12.03퍼센트, 1919년 6.48퍼센트가 됐다. 그러나 그러고는 다시 올라 1923년 7.19퍼센트, 1928년 7.96퍼센트가 됐다.[24]

그러나 실제로는 자본의 유기적 구성 증가로 이미 1919년 이전에 이윤율이 감소한 나머지 생산적 축적의 속도가 줄어든 듯하다. [1912년 출생의 오스트리아계 영국인 경제학자] 요제프 슈타인들의 통계로

1879~1899년의 축적률은 연평균 5퍼센트였지만, 1920년대에는 연평균 3퍼센트 미만으로 떨어졌다.[25]

길먼의 수치로[26] 1890년대와 1900년대 자본형성[즉, 투자]은 13~14퍼센트였다가 1919~1928년에는 10.2퍼센트로 떨어졌다. 버랜과 스위지의 주장에 따르면, 이 '부진한' 경향은 1907년과 제1차세계대전 사이의 경제 위기들이 이전의 위기들보다 더 심각했다는 사실에서 드러난다.[27]

1920년대에는 미국 경제의 잉여가치를 전부 처리할 만큼의 생산적 축적 수준을 지속할 수 없을 정도로 이윤율이 떨어졌다. 이 때문에 사회 전체의 생산과 사회 전체의 생산적 소비(임금 더하기 생산적 축적) 사이에 간격이 벌어져, 뭔가 다른 것이 그 간격을 메우지 못하면 과잉생산 상황이 벌어지게 됐다. 비교적 낮은 이윤율에 직면한 개개 고용주들의 대응은 노동력을 더욱 착취하는 한편 임금 인상을 최소화하는 것이었는데, 이렇게 해서는 그 간격을 더 벌릴 뿐이었다. 이미 자본의 유기적 구성이 너무 높아져, 총이윤의 증가로는 총이윤 대 생산수단·재료의 비율이 현격히 오르지 못했다. 늘어나는 투자 추구적 자금의 배출구가 마련될 만큼 이윤율이 오르지 못했던 것이다.

이성적 통제가 안 되고 걷잡을 수 없는 자본의 자체 확대[자기 증식]로 말미암아 산 노동에 비해 불변자본이 어느 때보다 더 커졌다. 한편으로 이것은 이윤율의 장기적 저하로 나타났고, 다른 한편으로는 전보다 훨씬 많은 신규 자본 축적이 이뤄져 대중의 낮은 소비가 보충될 때만 온전히 이용될 수 있는 생산 능력의 창조로 나타났다. '과잉생산'과 낮은 이윤율은 동전의 양면이었던 것이다.

그러나 1920년대의 축적 수준이 낮았는데도 1929년 이전에는 불황이 발생하지 않았다. 전체 생산적 소비와 전체 생산물 사이의 격차가 비생산적 소비 형태들로 메워졌기 때문이다.

비생산적 소비 형태들의 일부는 순전히 지배계급과 중간계급의 사치품 소비였다. 당대 마르크스주의적 분석의 선구자 루이스 코리가 추산한 바에 따르면 '부르주아지'(코리는 비농민 프티부르주아지도 여기에 포함시켰다)의 소비는 전체 소비의 42.9퍼센트를 차지했다.[28] 코리는 "자본주의적 생산의 균형이 과잉 구매력을 가진 소집단들의 '욕망'을 인위적으로 자극하는 것에 더욱 기대게 됐다"고 봤다.[29]

이 사치품 생산을 보충한 것은 노화하는 자본주의의 대표적 산물인 어떤 경향, 즉 각각의 자본이 전체 잉여가치를 증가시키지 않으면서도 이미 창출된 잉여가치 가운데 더 큰 몫을 자신에게로 끌어모으려고 더욱 더 많이 지출하게 되는 경향이었다. 코리의 추산으로 미국 산업의 물류비는 1870년 소비자물가의 30퍼센트였다가 1930년 59퍼센트로 증가했다.[30] 광고 수입만 해도 1929년에 20억 달러나 됐다.[31] 제조업 설비투자 총액보다 겨우 25퍼센트 적은 거액이었다. 길먼의 주장으로는 '비생산적 경비'(광고비, 마케팅 비용 등)가 1919년 잉여가치 총량의 절반에서 1920년대 말 3분의 2로 증가했다.[32]

마지막으로 언급할 요인은 다음과 같다. 막대하게 축적된 자금이 수익성 있게 투자할 배출구를 찾는 것 자체로 과잉 잉여가치 처리 수단이 일시적으로 마련됐다. 투기 호황이 잇따르면서 주가와 부동산 가격이 천정부지로 치솟았다. 이것 자체로 잉여가치가 처리된 것은 아니고, 그저 한 무리의 큰손에서 다른 한 무리의 큰손으로 투자 가능 자금을 이전시켰을 뿐이다. 그러나 주가와 부동산 가격 상승의 부산물로 거액의 비생산적 경비가 지출됐다(가령 건물 신축, 비생산적 부문의 직원들에게 지급되는 봉급, 과시적 소비 따위). 그리고 주가와 부동산 가격 상승으로 조성된 투기 풍조 덕분에 얼마간의 재원이 '생산적' 사업으로도 갔다. 투기 분위기가 없었다면 생각도 안 했을 사업들 말이다. 곧,

> 남아도는 자본은 더욱 공세적으로, 또 더욱 모험적으로 투자와 이윤을 추구했다. 위험한 사업과 투기에도 돈이 넘쳐흘러 들어왔다. 투기성 자금이 기술 변화와 신생 산업들에 달려들었는데, 이 신기술과 신산업은 산업 일반의 요건과 관계없이 도입되고 있었다.[33]

이런 요인들은 모두 한 가지 공통점이 있었다. 이런 요인들이 비록 경제 활동의 속도를 높이고 생산적 경제 부문에서 생산되는 재화라면 거의 전부 수요가 존재하게 되는 효과를 일시적으로 냈지만, 모두 최후에는 생산적 경제에 의존했다. 생산적 경제에 심각한 차질이 빚어지는 순간 이런 요인들은 모두 효과가 떨어졌다. 그리고 생산적 부문의 생산물에 대한 수요가 줄어 그 가격이 비용 이하로까지 내려가면서 생산적 부문의 이윤율은 더욱 곤란을 겪었다. 광분한 투기 열풍은 호황에 활력을 더할 수 있었고, 심지어 호황을 더 지속시킬 수 있었다. 그러나 일단 호황이 한풀 꺾이고 투기 광풍이 쇠잔해지면 나머지 경제도 그에 질질 끌려가 훨씬 더 침체할 수 있었다.

사실, 경제의 근저에 있는 생산 부문은 취약했다. 앞에서 언급했듯

이, 축적률은 1920년대 내내 낮았다. 제조업 노동자 수가 1919년보다 많았던 해가 한 해도 없었다. 이 시기 내내 생산 능력이 남아돌았다. '호황'이었던 1928년에도 산업 생산 능력의 18퍼센트가 사용되지 않았다.[34] 1928년에 "미국 산업들은 시장의 처리 능력보다 대개 25~75퍼센트 더 많은 생산 능력이 있었다"는 주장이 있다.[35]

마르크스는 호황이 갑자기 불황으로 바뀌기 시작하는 정확한 방식들을 《자본론》 3권에서 논의한다. 그는 3가지 방식을 언급하는데, 그 방식들은 서로 결합돼 작용할 수도 있고, 각각 따로 작용할 수도 있다.

첫째, 호황으로 실업이 감소하면 임금률이 상승하고 착취율이 줄어, 결국 수익성이 가장 낮은 기업들이 폐업하고 그에 따라 다른 기업들도 파산하는 것이다. 그러나 1927~1929년에 임금이 조금 인상되기는 했지만, 총생산량이 훨씬 더 많이 증가했다는 사실을 고려한다면 이게 불황을 촉발한 진정한 요인은 아니었던 듯하다.[36]

둘째, 상이한 경제 부문들의 축적이 이성적 통제가 안 되고 걷잡을 수 없어서 생길 수 있는 불균형이다. 이 불균형으로 말미암아 일부 산업들에서는 생산한 상품에 대한 수요가 없어 '부분적' 과잉생산 상황에 처하게 된다. 분명히 이것이 1929년 초 미국에서 전개되고 있던 패턴이었다. 광분한 투기 열풍 덕분에 1920년 이후 어느 해보다 더 많은 투자가 이뤄졌다.[37] 이미 과잉생산이 대규모로 존재했는데도 말이다. 일부 산업들에선 생산된 상품들이 다 팔리지 못할 수밖에 없었으므로, 투자에 필요한 재원도 확보할 수 없었다. 그러나 이것 자체로는 특정 산업들의 이 부분적 과잉 설비와 과잉생산이 전반적 불황을 일으킨 이유가 되지 못했다.

이런 사태 전개는 마르크스 설명의 셋째 요인(신용과 이자의 구실)에 달려 있었다. 산업자본가의 자본 투자는 끊임없는 과정이 아니다. 산업 투자에는 (공장과 설비 같은) 대형 유형물有形物의 구매·건설이 포함되는데, 이 대형 유형물에는 다량의 가치가 구현돼 있다. 이 유형물이 가동되면 거기서 생산물로 가치가 이전된다(물론 생산물에는 노동자들의 노동도 구현된다). 그러나 공장·설비 가치의 이전은 일시에 일어나는 일이 아니다. 자본가가 자기의 자본비용을 조달하고, 닳아서 못 쓰게 된 설비와 공장을 대체하는 데 필요한, 마찬가지로 거액의 투자를 하는 데 필요한 가치량을 얻으려면 여러 해가 걸릴 수 있다. 그래서 생산의 한 차례 순환에는 한꺼번에 거액을 지급하고 그런 다음 소액을 오랫동안 수금하는 것이 포함된다.

비용을 아주 조금씩 회수하는 동안 자본가는 그 돈을 즉시 투자할 수 없다. 현대 자본주의에서 자본가는 흔히 그렇게 회수한 비용을 다른 자본가들에게 빌려준다(주식거래를 통할 수도 있지만 은행을 통할 가능성이 더 크다). 그리고 그가 대규모 투자를 원할 때는 직접 자본을 충분히 모을 때까지 굳이 기다리지 않고 주식거래나 은행 대출을 통해 다시 빌리면 된다. 금융기관은 미래의 투자를 위해 잉여가치를 축적하고 있는 산업자본가들과[38] 당장 투자하기를 원하는 산업자본가들을 중개하는 구실을 한다. 빌리는 사람들은 빌려주는 사람들에게 투자로 창출된 잉여가치의 일부를 주겠다고 약속한다.

그 이자는 그들이 얻는 잉여가치에서 공제돼야 하므로, 결국 그들의 수중에 들어오는 최종 이윤량을 감소시킨다. 그러나 마르크스가 발견한 중요한 사실 하나는, 그들이 부담하는 금리가 그들의 이윤율을 결정하는 요인들과 똑같은 요인들에 의해 결정되지 않는다는 것이다. 사실, 산업 순환의 중요한 시점에 금리와 이윤율은 서로 반대 방향으로 움직인다.

왜냐하면 금리를 결정하는 것은 대출 자금에 대한 수요와 공급이라는 상반된 압력이기 때문이다. 은행에 빌려줄 수 있는 자본의 공급이 가장 많을 때는 산업의 이윤율이 가장 높을 때일 것이다. 즉, 경제가 한창 성장하지만 임금이 상승하거나 심각한 경제적 불균형이 나타나기 전일 것이다. 경제의 일부에서 이윤율이 저하하기 시작하는 순간(예컨대, 부분적 과잉생산 때문에) 은행에 빌려줄 수 있는 자본의 공급은 줄어들기 시작한다. 반면에, 바로 이 시점에 대출 자금에 대한 수요는 증가할 것이다. 자본가들은 대규모 투자를 단행할 때 대출 가능한 자본을 많이 끌어다 쓰고, 상품이 충분히 팔리지 않아서 이 부채의 이자도 상환할 수 없다는 사실을 깨달으면 대출을 훨씬 더 많이 받으려고 은행을 찾아간다. 은행은 이 대출을 승인할 수도 있고 아니면 신용 공급을 줄여서 기업을 파산케 할 수도 있다. 그러면 그 기업에 제품을 공급하던 기업들의 상품 시장이 파괴될 것이고, 따라서 이 기업들의 대출 자금 수요도 증가할 것이다. 어느 경우든, 부분적 과잉생산 위기 때문에 대출 가능한 자본의 공급이 감소하는 것과 마찬가지로, 대출 가능한 자본에 대한 수요는 증가한다. 이 때문에 경제 전체에서 금리가 오르고 경제 위기가 보편화한다.[39]

은행가도, 신용의 흐름 단절도, 고금리도 경제 위기를 만들어 내는 원인이 아니다. 고금리와 신용 흐름의 단절은 오히려 산업부문 경제 위기의 산물이다. 경제 위기 때 많은 선의의 친자본주의 경제학자들(또는 악의의 파시스트들)이 은행의 구실이나 금리 수준에 대해 불평을 늘어놓는 것이 부질없는 일인 것은 바로 이 때문이다. 은행가들의 존재와 금리 조작은 자본주의 생산양식의 일반적 불합리성의 한 징후일 뿐이다.

흔히 1930년대의 불황은 1929년 10월 29일 월스트리트의 주식시장 붕괴로 시작됐다고들 생각하지만,[40] 경제 위기는 사실 그 전에 산업에서 시작됐다. 찰스 킨들버거가 옳게 지적했듯이, 미국의 "경기는 주식시장 붕괴 전부터 이미 악화하고 있었다."[41] 자동차 생산은 3월 62만 2000대에서 9월 41만 6000대로 감소했다.[42] 기계류 생산량은 6월부터 감소하기 시작해서 연말에는 공작기계와 주조 설비에 대한 신규 주문이 50퍼센트나 감소했고, 기계 산업 전체의 실업률이 10퍼센트에 달할 정도였다. 8월부터는 자동차와 기계류에 이어 철과 강철의 생산량도 감소하기 시작하더니 4개월 만에 총 42퍼센트가 감소했다. 건설도 연말까지 52퍼센트가 감소했다.[43] 9월과 10월까지 전체 산업 생산은 연평균 20퍼센트의 비율로 하락하고 있었다.[44]

유럽의 불황도 주식시장 붕괴 전에 시작됐다. 독일의 상황이 가장 나빴다. 이미 연초에 독일에서 마땅한 투자처를 찾지 못한 미국의 단기 투자 자금이 본국으로 되돌아온 것이 미국 주식시장 호황을 가열시킨 요인의 하나였다. "많은 독일 산업들이 세계대전 종전 뒤에 실시된 구조조정 프로그램으로 이미 포화 상태에 이르고 있었고, 자본 재건 작업의 종착점에 근접하고 있었다. … 미국의 해외 투자액은 급감하는 쪽으로 힘이 작용하고 있었다."[45] "1929년 여름에는 불황에 빠졌다는 사실이 누가 봐도 분명했다."[46] 실업자가 190만 명이나 됐고 프랑크푸르트보험회사의 엄청난 파산 후에 파산이 잇따랐다. 벨기에 경제는 3월부터 후퇴하기 시작해서 연말까지 7퍼센트 하락했으며, 영국에서는 전환점이 7월에 찾아왔다. 오직 프랑스에서만 주식시장 붕괴 시점에도 여전히 생산이 증가하고 있었다.

그러나 월스트리트 주식시장의 붕괴는 산업부문 경제 위기의 결과였을 뿐 아니라 산업의 위기를 더욱 악화시키는 반작용을 하기도 했다. 판매가 감소하자 산업자본가들은 은행에 돈을 빌려주기보다는 오히려 빌리기 시작했다. 투기적 호황에 뛰어들었던 자들은(산업자본가들과 은행가들을 모두 포함해) 주식시장 붕괴 후 손실을 만회하려고 더 많이 빌리려 했다. 빌릴 수 없는 자들은 파산했고, 이 때문에 그들의 부채 상환에 의존하던 사람들이 잇따라 손실을 입었다. 갑자기 기업들은 수지 타산을 맞추기가 매우 어려워졌고, 불황은 경제의 한 부문에서 다른 부문으로 확산됐다. 미국의 상황은 미국의 대출 덕분에 경제가 회복되고 있던 유럽에도 영향을 미쳤다. 큰 타격을 입은 미국 [금융]기관들은 독일에서 단기자금을 회수했고, 이 때문에 미국 단기자금에 의존해 산업의 과잉 설비 자금을 조달하던 독일 산업자본가들은 곤경에 빠졌다. 그들의 대책은 런던에서 자금을 빌리는 것이었는데, 그러자 이번에는 런던의 금리가 오르면서 영국 산업자본가들을 압박했다.

일단 시작된 후퇴는 결코 끝나지 않을 듯했다. 산업 생산의 감소 때문에 주식시장이 붕괴하고 은행이 압박을 받았는데, 이것이 이번에는 산업 생산을 더 감소시키고 은행에 대한 압박을 가중시켰다. 미국에서는 지방은행 수백 곳이 파산했고, 유럽의 일부 대형 은행들도 극적으로 붕괴했다. 각국 정부는 정부 지출을 삭감해서, 은행이 받는 압박을 완화하려 했다. 그러나 그것은 생산 능력과 소비 수요 사이의 불균형을 가중함으로써 오히려 산업부문의 경제 위기를 더 악화시켰다. 호황을 가열시키는 데 일조했던 비생산적 지출은 기업들이 자금을 아끼려 함에 따라 다시 감소했고, 불황은 갈수록 심각해졌다.

전에는 항상, 자동적 시장 메커니즘이 결국은 경제를 위기에서 벗어날 수 있게 해 줬는데 이제 더는 그런 메커니즘이 작동하지 않는 듯했다. 경제 위기가 시작된 지 3년 후에도 미국·독일·영국·프랑스의 산업 생산은 여전히 감소하고 있었다. 전 세계의 실업자는 1929년 약 1000만 명에서 1932년 4000만 명으로 급증했다.[47] 미국에서는 한때 노동인구의 거의 3분의 1이 실업급여를 받고 있었고, 독일에서는 1933년 1월에 실업자가 600만 명이나 됐다. 영국에서는 잠시 동안 실업률이 20퍼센트를 웃돌기도 했다. 세계 무역은 1929년 수준의 3분의 1로 급감했다.

체제의 노화가 체제 자체에 타격을 주고 있었다. 일부 자본들이 붕괴해서 그들의 희생을 바탕으로 다른 자본들이 성장할 수 있을 때까지 그저 기다리기만 하는 방식은 더는 효과가 없었다. 개별 산업 자본이나 금융 자본의 규모가 커서 어느 하나라도 붕괴하면 다른 자본들도 함께 붕괴할 지경이었다. 여기서 불황의 특징적 패턴이 나왔다. 산업의 침체가 주식시장 침체를 촉발했다. 그리고 이번에는 주식시장 침체가 산업의 침체를 더 악화시키고 은행 파산을 촉진했다. 은행들이 문을 닫으면 산업의 침체는 더욱 악화했고 그러면 은행이 더 많이 파산했다. 붕괴가 잇따르자 안전한 것은 하나도 없는 것처럼 보였다. 체제의 다양한 부분들은 너무 크고 너무 긴밀하게 얽혀 있어서 자본 하나가 다른 자본을 집어삼키면 자신의 생계 원천까지 파괴할 위험이 있었다.

그렇다고 해서 그런 바탕 위에서 제한적 회생의 가능성이 전혀 없었다는 말은 아니다. 다만, 정말로 엄청난 파괴 후에야 비로소 그런 회생이 가능했다는 것이다. 그래서 예컨대, 1932년 중반에 영국의 산업 생산은 약간 호전되기 시작했다. 그러나 이때는 석탄, 철과 강철, 조선 같은 오래된 산업부문에서 12년 동안(겨우 3년이 아니라) 실업률이 높게 지속된 뒤였다. 그리고 그런 호전은 오래된 산업 부문에서 이뤄진 것이 아니었다. 경금속과 자동차 부문에서 새로운 성장이 있었던 것이다.

1930년대: 독점자본주의에서 국가자본주의로

1932년까지 사실상 세계 도처의 지배계급들은 경제 위기가 저절로 해결되기를 기대했다. 제1차세계대전 이전의 경제 위기들과 1921년의 경제 위기가 그랬듯이 말이다. 각국 정부가 걱정해야 했던 것은 오로지 균형예산[즉, 긴축재정]을 짜는 것뿐이었다. 그래서 공무원, 교사, 심지어 군인의 급료를 삭감하고 실업급여도 삭감했다. 균형예산을 달성해야만 공공사업으로 실업을 약간 줄일 수 있을 것이라고 생각했다.

대체로, 오늘날 '대처리즘'[신자유주의]이라고 부르는 것이 널리 퍼졌다. 미국의 후버, 영국의 맥도널드, 독일의 브뤼닝, 파펜, 슐라이허의 기본 정책이 그랬다. 그러나 1932년 말쯤 (특히 미국과 독일에서) 이 정책은 분명히 효과가 없었다. 한편으로는, 생산이 과거의 절반을 조금 넘는 수준에서 자본이 이윤을 내려 애쓰다 보니 자본 자체가 엄청난 피해를 입고 있었다. 다른 한편으로는, 사회 전체를 쉽게 전복할 수 있는 사회 세력들이 창출되고 있었다. 모종의 새로운 정책이 필요했다.

결국 변화가 일어났는데, 그것은 국가가 전면에 나서지 않은 채 노동력 재생산(교육, 건강·고용 보험), 사회 기강(법과 질서), 제국주의적 야망 달성(국방) 같은 제한적 서비스를 제공해 대기업들의 필요에 부응하던 독점자본주의에서, 국가가 나서서 자국 자본주의의 다양한 구성 요소들의 국제 경쟁력을 확보하고, 의식적으로 산업을 구조조정하고, 한 경제 분야에서 다른 경제 분야로 잉여가치를 이동시키고, 주기적 경기변동의 진폭을 완화하려고 애쓰는 형태의 독점자본주의로 전환하는 것이었다.

이런 변화는 이미 제1차세계대전 때 그 징조가 나타났다. [1870~1871년의] 프로이센·프랑스전쟁 같은 5개월짜리 군사작전이 아니라 서로 경쟁하는 제국주의들이 죽기 살기로 싸우는 전쟁이라는 점이 명백해지자, 주요 참전국들에서는 국가가 전권을 쥐고 개별 자본들에게 생산을 군사적 노력에 종속시킬 것을 강요했다. 그래서 국가가 원료와 식료품을 배급하고, 공장에 특정 재화 생산을 지시하고, 스스로 군수품 생산과 석탄·철도 산업 등을 조직하고, 필요하다면 비협조적 기업을 몰수하고, 사실상 노동을 징발했다.

당시의 경험을 바탕으로 레닌과 부하린은 '국가독점자본주의',[48] '국가자본주의 트러스트들',[49] 또는 그냥 '국가자본주의'라고[50] 부른 것을 다룬 글을 썼다.

그러나 전쟁이 끝나자, 서유럽에서는 국가가 핵심적 구실을 하던 경향이 확연히 쇠퇴했다. 예컨대, 영국에서 국가는 철도·탄광 통제를 포기했다. 시장경제가 중앙집권적 전쟁경제를 대체했고, 점차 독점화한 산업·금융 기업들은 원하는 대로 자유롭게 행동할 수 있었다. 똑같은 추세가 독일에서도 나타났다. 비록 독일에서는 (철도, 알루미늄 독점 기업, 발전소, 일부 탄광을 소유한) 국가가 생산에 더 직접 관여했지만 말이다. 그리고 미국에서는 국가가 사실상 생산적 구실을 전혀 하지 않았다.

전시 '국가독점자본주의'는 일시적 현상이었다. 주요 산업·금융 부문들은 중앙의 군사적·관료적 지시에 종속되지 않고도 자신들의 국제적 지위를 유지할 수 있다고 여기게 되자 국가독점자본주의를 버렸다. 그들은 국가의 규제를 받지 않고 다른 나라 자본과 제휴할 수 있는 자유와 자신들의 정체성을 유지하는 것을 여전히 선호했다.

그러나 독점자본주의가 불황에서 저절로 회복될 수는 없었으므로 적어도 부분적으로는 국가가 조직하는 독점자본주의로 회귀해야 한다는 압력이 커지기 시작했다. 불황이 가장 심각했던 1932년 말 미국에서는 루스벨트가 대통령에 당선했고, 독일에서는 대기업 총수들과 군부의 잇따른 회동을 거쳐 히틀러에게 권력이 이양됐다.

미국에서는 국가의 민간 자본 감독 강화가 비교적 제한적이었다.

이미 [1929~1933년 재임 대통령] 허버트 후버는 국가의 자금으로 기업과 은행을 지원하려 했고, 실업을 약간이나마 해소하려고 소규모 공공사업들을 시작했다. 어쨌든 경제가 제한적이나마 회복되던 바로 그때 루스벨트의 뉴딜 정책이 이런 조처들을 확대했다. 연방준비제도는 더 한층의 붕괴를 막으려고 남아 있는 은행들의 자금을 보증해 줬다. 농산물 가격을 올리기 위해 농작물을 사들여 파괴하는 데 정부 자금이 사용됐다. 민간 토목 건설단들이 청년 실업자 230만 명에게 일거리를 제공했다. 전국산업부흥법은 카르텔 형성을 촉진해서 산업이 제한적이나마 자체 조절을 하게 했는데, 그 덕분에 가격과 생산수준 통제가 가능해졌다. 전국산업부흥법 덕분에 노동조합의 임금 인상(따라서 소비 수요 증대)도 좀 더 쉬워졌다. 테네시강 유역 개발처럼 국가가 직접 생산을 조직하는 실험이 일부 있었다. 그와 동시에, 루스벨트 정부는 미국을 금본위제에서 탈퇴시켜, 달러 가치와 미국의 자금수준이 더는 시장의 자유로운 흐름에만 의존하지 않고 미국의 수출을 지원하려는 정부의 의식적 개입에도 의존하게 했다.[51]

뉴딜 정책은 독점 단계의 자본주의가 체계적 국가 개입 없이는 자신의 문제를 해결할 수 없다는 점을 인정한 것이었다. 그만큼 뉴딜 정책은 자본주의 체제의 발전 단계를 나누는 뚜렷한 분수령이었다. 그러나 국가자본주의적 통제는 제한적이었다. 국가는 민간부문을 부양하려 했지, 통제하려는 실질적 노력은 하지 않았다. 심지어 "재정을 투입해 고용을 확대하는 정책이 여전히 제한적이었던 것도 루스벨트가 이끄는 민주당 정부가 균형예산을 고수했기 때문이다."[52]

그렇게 소심한 정책은 경제 위기에 큰 영향을 미칠 수 없었다. 뉴딜 정책의 온갖 노력에도 불구하고 1933년 봄에 시작된 상승세는 어느 수준 이상으로 올라가지 않았다. 사실, "상승세는 … 광범하지도 급속하지도 않았다."[53] 산업 생산은 1933년 3월에 1924~1925년 수준의 59퍼센트에서 7월에 100퍼센트까지 상승했으나, 이듬해에는 71퍼센트까지 다시 내려갔다. 실업자는 170만 명이 줄었지만 여전히 1200만 명이나 됐다.

1937년에야(경제 위기가 시작된 지 8년 후였다) 생산은 1929년 수준을 회복했다. 그러나 노동인구는 10퍼센트 더 많고 생산성은 15퍼센트 더 높았으므로 실업률은 14.3퍼센트를 기록했다. 그렇지만 이 '작은 호황'도 곧 불황으로 바뀌었다.

1937년 8월 이후 "미국 역사상 최악의 경기후퇴"가 닥쳐서 "1932년 이후 달성된 경제지표가 대부분 절반 수준으로 떨어졌다."[54] 1937년 12월에 철강 생산설비의 26퍼센트만이 가동 중이었고 섬유 생산량은 3월의 60퍼센트밖에 안 됐다. 1938년에는 산업 전반의 유휴 생산설비가 40퍼센트에 달했고,[55] 실업은 19퍼센트까지 치솟았다. 실업은 1940년까지 줄곧 14퍼센트 이상을 기록했다.

1920년대는 비非국가 독점자본과 연관된 비생산적 지출 형태(마케팅 비용, 광고, 투기사업, 사치품 소비)가 경제 위기를 늦출 수는 있지만 그 위기의 충격이 전보다 더 커지는 것을 막지는 못한다는 점을 보여 줬다. 1930년대는 정부의 '경기 부양책'이 체제의 수명을 연장해 줄 수 없다는 점도 보여 줬다. 더 심대한 변화가 필요했다.

이런 변화를 겪은 첫 서방 강대국은 독일이었다. 히틀러 집권 후 처음 2년 동안의 경제 정책은 뉴딜 정책과 매우 비슷했다. 공공사업

— 특히 아우토반[고속도로] 건설과 철도 체계 확장 등 군사적 기능도 할 수 있는 사업들 — 이 대대적으로 추진됐다(1930~1933년의 취약한 정부는 그런 규모의 사업을 벌일 수 없었다). 주택 개량에 국가보조금이 지급됐고, 산업은 세금 면제와 저금리 대출을 받았으며, 기업들은 대기업의 가격과 이윤을 보호하기 위해 카르텔을 결성하도록 강요받았고, 임금은 불황기의 수준을 유지하도록 법으로 고정됐다. 이미 회복 조짐을 보이던 경제는 이런 조처들 덕분에 탄력을 받아, 산업 생산은 1929년 수준의 53.8퍼센트에서 1934년에는 79.8퍼센트까지 상승했다.

그러나 이런 조처들도 경제 위기를 낳은 압력을 제거하지는 못했다. 실업은 여전히 1929년 수준의 3배나 됐고, 공공사업 비용을 지급하느라 인플레이션 압력이 창출돼 물가가 오르기 시작했다. 그러자 나치 정권은 국가 통제 독점자본주의로 더욱 나아갔고, 독재 권력을 이용해 경제를 통제했다. 나치가 주요 자본가 집단들은 건드리지 않고 그대로 놔뒀지만, 이제 그 자본가들은 자신들이 전폭 지지했던 군비 증강의 필요에 (1914~1918년에 그랬듯이) 종속돼야 했다. 1933년의 온건한 경기 부양책은 1935년 이후 [전쟁] '준비 경제'(군비 경제)로 대체됐다.

국가는 저축은행을 통제하고 시중은행을 엄격하게 감독하면서 그 은행들의 예금을 새로운 군비 증강 자금으로 사용했다. 산업 기업들은 일정 수준을 넘는 이윤을 모두 군비 증강을 위해 국가에 맡기도록 강제하는 법률이 제정됐다. 대기업은 교묘한 부기簿記로 법망을 피할 수 있었지만, 중소기업은 그럴 수 없었다. 1936년 시작된 4개년계획 시기에 '경제 독재자'가 된 헤르만 괴링의 목표는 60억~80억 마르크의 투자 계획을 강행하는 것이었다. "투자가 수익성이 있든 없든 모든 방법(금융 투자, 국고보조, 세금 면제, 가격·주문·이윤 보장)을 써서 계획을 밀어붙였다."[56] 대기업은 대부분 이런 조처들을 기꺼이 따랐다. 그러나 반대한 기업인들은 곧 누가 칼자루를 쥐고 있는지를 알게 됐다. 독일 최대 기업 중 하나의 총수인 티센은 나치가 집권하기 전부터 그들에게 자금을 지원했는데도 괴링에게 재산을 몰수당하고 독일에서 도망쳐야 했다.

영국·프랑스·미국 경제가 1937년에 다시 불황에 빠진 반면 독일에서는 이런 조처들이 경제를 불황에서 건져 내 호황을 유지하도록 하는 효과를 냈다. 1936년 독일 경제의 생산량은 1929년 수준을 회복했고 1939년에는 그보다 30퍼센트 더 증가했다.[57] 취업 노동자 수는 1290만 명에서 1939년 2080만 명으로 증가한 반면, 실업자 수는 600만 명에서 1939년 5월 7만 명으로 줄어들었다. 새로운 생산은 대부분 군수산업과 전쟁 준비를 뒷받침하는 산업인 중공업으로 들어갔다. 1932~1937년에 국민총생산은 107억 달러 증가한 반면, 민간소비는 겨우 12억 달러 증가했다.[58]

"정부가 채택한 정책 기조는 간단했다. 생산 증가분을 주로 군사 목표 달성에 중요한 산업으로 돌리는 것이었다." "생산재 산업의 생산 지수"는 1932년에 1928년 수준의 45퍼센트였는데 "1938년에는 136퍼센트까지" 상승했다. "소비재 산업의 지수는 같은 기간에 78퍼센트에서 107퍼센트로 상승했다." 따라서 생산재 생산은 200퍼센트 증가한 반면, 소비재 생산은 38퍼센트 증가했다.[59]

군비 증강과 중공업의 성장은 1929~1932년에는 그토록 부족했던 시장과 투자처를 제공해서 경제 전체를 성장시켰다. 호황을 부채질하는 데 드는 비용은 경제 성장 자체에서 생겨난 재원으로 대부분 충당됐는데, 이는 미국 뉴딜 정책의 변변찮은 효과와 대조됐다. "1932~1936년에 미국 정부 지출의 절반이 재정 적자로 조달된 반면, 독일에서는 전쟁 전의 시기에 정부 수입의 5분의 1이나 4분의 1만이 적자였다."[60] 또, 미국과 달리 독일 대기업들은 나치의 정책을 방해하지 않았다. "군 장성들은 대기업과 손을 잡았는데, 그 과정에서 사기업들은 경제적 재무장을 자신들에게 완전히 이로운 바람직한 경제적 목표로 받아들였다."[61]

그러나 그런 정책에는 중요한 문제가 하나 있었다. 독일은 자립경제가 아니었다. 생산력은 이미 오래전부터 국경의 한계를 뛰어넘어 국제적으로 발전했다. 독일 국내의 경제 성장은 수입(특히 원료 수입)에 의존했는데, 세계경제 부진에 따른 수출 부진 때문에 수입 자금을 조달할 수 없었다.

나치는 집권 후 1년이 채 안 돼 이 문제를 감지했다. 독일의 무역은 1932년에 10억 마르크 흑자였는데 1934년 상반기에 3억 1600만 마르크 적자로 바뀌었다. 독일의 금 보유량과 외환 보유액이 급감하자, 나치 정권은 대외무역을 매우 엄격하게 통제했다. 기업은 상품을 수입하기 전에 특별 허가를 받아야 했는데, 이런 허가는 "필수 품목들"만 받을 수 있었고, 그중 최우선 순위는 군수품이었다. 결국 "독일은 다른 나라들과의 가격 관계가 단절되거나 크게 틀어지면서 경제적으로 고립됐다."[62] 그와 동시에, 독일 정부는 외채 이자 지급을 일방적으로 취소했다.

이 모든 조처들로 말미암아 독일 경제 내에서 '자립경제'(경제적 자급자족)를 향한 강력한 추진력이 형성됐다. 그러나 그런 조처들도 독일이 세계경제의 다른 부분들에 의존하는 것을 완전히 차단하는 데까지는 나아갈 수 없었다. 군비 호황이 본격적으로 시작되자, 특정한 전략적 수입품들이 점점 더 필요해졌다. 식량 수입은 쉽게 줄일 수 있었지만, 원료 수요는 끊임없이 증대했다. 처음에 이 수요는 이제 강력하게 중앙집권화한 독일 경제의 경제력을 이용해 소규모 외국 공급업자들을 위협해서 충족시킬 수 있었다. 외국 공급업자들은 사실상 독일 수출품을 터무니없이 비싸게 구입하지 않으면 독일에 상품을 판매할 수 없을 것이라거나 기존의 무역 채권을 회수할 수 없을 것이라는 말을 들었다. 이런 식으로, 예컨대 발칸반도 나라들의 경제는 점차 독일 경제의 지배를 받게 됐다.[63]

그러나 그런 편법들은 임시변통의 구제책에 불과했다. 전에 북아메리카에서 공급받던 원료를 라틴아메리카 나라들에서 얻으려고 비슷한 압력을 가했지만 실패했고, "한동안 무역이 중단됐다가 부채가 어느 정도 감소한 뒤에야 재개됐다."[64] 원료 공급이 그렇게 불안정한 상황을 극복하는 방법은 인접 경제들을 합병하고 그들의 산업을 독일의 군비 증강에 종속시키기 위해 독일제국의 경계를 확장하는 것뿐이었다. 국가가 통제하는 군비 경제를 바탕으로 불황에서 탈출해 경제 성장을 추구하는 것은 어느 수준을 넘어서면 제국주의적 전쟁 없이는 불가능했다.

독일은 당시 국가 통제 독점자본주의가 전쟁으로 나아간 가장 중요한 자본주의였지만 첫 번째 자본주의는 아니었다. 미국·영국·프랑스에서는 서로 경쟁하는 특정 자본가 집단들의 세력 때문에 국가 통제가 제한됐다. 그러나 몇몇 후발 자본주의 나라들에서는 사정이 달랐다. 여기서는 국가 관료의 개입이 없었다면 무엇보다 대외 경쟁 때문에 실질적 산업 발전이 성공할 수 없었을 것이다. 일본이 전형적 사례다. 일본 국가는 1868년 메이지유신으로 자본주의 발전을 추진하기 시작했고, 국가 관료와 소수의 자본주의 대기업들은 그 후 줄곧 긴밀하게 협력했다. 그래서 세계경제 위기가 닥쳤을 때 일본은 이미 국가독점자본주의였다. 경제 위기에 따른 일본의 산업 생산 감소는 다른 주요 자본주의 나라들보다 훨씬 작아서, 첫 2년 동안 약 10퍼센트에 그쳤다. 그러다가 1931년에 일본은 군사적 팽창 노선으로 전환했다. 일본 군대는 만주로 진출했고, 정복 지역은 점차 군사화한 일본 경제의 부속물이 됐다. 일본 본토와 점령지의 경제 모두 통합 4개년계획을 바탕으로 한 지속적 산업 성장을 했다.[65] 일본은 다른 나라들보다 2년 앞서 불황에서 빠져나왔다. 1934년에 산업 생산은 1929년보다 28.7퍼센트 높았으며 1938년에는 73퍼센트 높았다.[66]

그러나 일본에서조차 국가자본주의가 1929년 경제 위기에서 벗어나 그 극한까지 발전하지는 못했다. 그 영광은 과거 노동자 국가였던 소련이 차지했다.

1920년대에 러시아 혁명이 변질된 과정은 다른 문헌에서 충분히 다뤘다.[67] 여기서는 1928년 무렵에는 점차 자기의식적 세력이 된 관료 집단이 운영한 비교적 소규모의 국가 공업 부문이 대규모 개인 농업 부문과 공존하고 있었다는 점만 지적하고 넘어가겠다. 그러나 공업

부문을 통제하는 자들은 국가를 통제한 덕분에 군사력을 독점하고 있었다. 그들은 1920년대 말 서방 열강(특히 영국)의 점차 적대적인 태도에 직면하자 기존 정책들을 뒤집고 노동자들의 생활수준과 농업을 희생시켜 공업 부문의 대규모 성장을 도모하는 5개년계획을 추진하기로 결정했다.

그러나 5개년계획 초기의 목표는 비교적 온건했다. 세계와 단절한 채 소련의 공업을 발전시키거나 개인 농업 부문을 파괴하려는 생각은 없었다. 농업 잉여를 독일과 미국의 생산재를 구매하는 데 사용하기 위해 농민에게 과세하는 것이 목적이었다. 그러나 그 계획이 실행되기 시작한 바로 그때 1929년 경제공황이 닥쳐 농산물 가격이 폭락했다. 수입 생산재 대금을 지급하려면 수출 농산물의 비중을 늘려야 했다(그래서 그 비중이 1928년 0.14퍼센트에서 1931년 7.33퍼센트로 증가했다). 게다가 공업 중심지로 가는 곡물의 비중도 15퍼센트 증가했다. 그렇게 많은 식량을 얻을 수 있는 방법은 가장 가혹한 조처(농민의 토지를 몰수해서, 관료가 철저하게 통제하는 '집단농장'에 넘겨주는 것)뿐이었다. 생활수준이 열악해진 농민과 노동자의 불만을 억누르고 경제적 목표를 확실히 달성하려면 철저한 전체주의적 독재가 필요했다.

이를 바탕으로 소련은 대규모 공업화를 이룰 수 있었다. 공식 자료를 보면, 공업 총생산이 1927~1928년 183억 루블에서 1937년 950억 루블(1926~1927년 가격 기준)로 증가해,[68] 영국과 프랑스를 따라잡았다. 1929년에 소련은 세계 공업 생산에서 4퍼센트를 차지했는데 1939년에는 12퍼센트를 차지했다.[69]

그러나 독일과 마찬가지로 소련의 공업 성장도 소비의 성장이 아니라 생산수단과 군비의 성장이었다. 소비재는 1927~1928년에 생산량의 67.2퍼센트를 차지했으나, 공식 수치를 보면 1940년에는 39퍼센트까지 떨어졌다(실제로는 더 크게 줄었음 것임이 거의 확실하다).[70] "1928~1936년에 노동생산성은 3배 이상으로 증가한 반면, 실질임금은 사실상 50퍼센트 이상 삭감됐다."[71]

아시아의 거대한 차르 제국의 상속자였던 소련 관료 집단은 일본이나 독일과 달리, 공업화할 수 있는 지역과 원료를 차지하려고 급속한 영토 확장을 추구하지는 않았다. 그러나 1939년 소련은 독일과 손잡고 동유럽을 분할했는데(히틀러는 폴란드 서부를 차지하고, 스탈린은 폴란드 동부, 리투아니아, 에스토니아, 라트비아를 차지했다), 이것은 다른 제국주의 열강과 마찬가지로 소련도 군사적 팽창을 이용해 잉여가치의 새로운 원천을 차지하려 했음을 보여 준다.

군사적 국가자본주의 — 독일과 일본의 '부분적' 형태든 아니면 소련의 완전한 형태든 — 가 불황에서 탈출할 수 있었다는 사실은 전 세계에 강력한 영향을 미쳤다. 거듭되는 경제 위기의 현실적 대안은 오로지 '계획'뿐인 듯했고, 많은 취약한 자본주의 나라들이 이런저런 형태의 계획을 채택했다. 동유럽의 작은 나라들, 파시스트 치하의 이탈리아, '포퓰리스트' 정부가 들어선 라틴아메리카 나라들에서 강력한 국가 부문이 출현했다. 영국에서도 1930년대 보수당 정부 시절 일정한 국가 개입 추세가 있었다. [영국이] 다른 나라들과 달리 정치적 혼란을 피할 수 있었던 것은 세계 불황으로 식량과 원료 수입 비용이 감소했기 때문이다. 그 덕분에 중간계급과 취업 노동자들 모두 생활수준이 향상될 수 있었고, 그러자 (경금속과 자동차 산업 같은) 새로운 소비 지향 산업을 위한 시장이 창출됐다. 그렇지만 지배계급의 일부는 케임브리지 경제학자이자 백만장자인 케인스의 사상에 점차 호의를 갖게 됐고, 해럴드 맥밀런 같은 젊은 보수당원들은 준準국가자본주의적 '중도 노선'을 주창했다. 보수당 정부들은 수입 통제, 철·강철·석탄 산업에서 카르텔 형성, 발전·항공·방송 부문에서 국영 독점 기업 설립, 산업에 투자 보조금 지급 등을 통해 국가 통제를 강화하는 방향으로 천천히 나아갔다.

불황에서 전쟁으로

앞서 봤듯이, 다양한 국민국가 자본주의들이 1930년대 경제 위기에 대처하는 방식에는 중요한 차이가 있었다. 1870년대와 1880년대의 경제 위기 때 대처 방식이 서로 달랐듯이 말이다. 한쪽 극단에는 루스벨트의 미국이 있었고, 다른 쪽 극단에 스탈린 치하 소련이 있었으며, 그 사이에 국가 개입 강화라는 축을 따라서 영국, 라틴아메리카 나라들, 이탈리아, 독일, 일본 순으로 자리 잡고 있었다. 그리고 국가자본주의 방향으로 더 멀리 나아간 나라들에서만 호황이 다시 시작됐다.

그러나 그 모든 나라에서 국가는 전보다 훨씬 더 큰 구실을 했다 (비록 외환 통제와 수입 규제를 통해 세계 가격과 국내 가격을 분리하는 수준의 개입에 그쳤더라도 말이다). 보호주의는 전에도 많은 나라에 있었지만, 1930년대에는 세계 도처로 맹렬히 확산됐다. 국제무역에서 가치법칙은 상품의 가격 계산과 유통에 결정적 영향을 미친 국가 통제의 영향을 점차 받게 됐다. 1891년부터 1925년까지 4배로 늘어났던 세계 무역은[72] 이후 계속 하락해 1932년에는 1905년 수준과 비슷해졌다. 널리 퍼진 경향 — 독일과 일본에서, 심지어 영국에서도 — 은 '자립경제', 즉 개별 자본주의 강대국들이 저마다 자국 국경 내에서 최대한 많은 상품을 생산하려는 경향이었다.

그러나 거의 모든 생산 활동이 여러 나라에서 생산된 부품과 원료에 의존하는 세계에서 완전한 자급자족은 불가능했다. '자립경제'는 개별 국가들의 '자립경제'일 수 없었다. 그것은 '블록'들의 '자립경제'여야 했고, 각 블록은 특정 국민국가 자본주의가 지배했다. 이 점은 미국·영국·프랑스에게는 별문제가 아니었다. 그들은 공식 또는 비공식 제국을 바탕으로 통화블록(달러 블록, 파운드 블록, 프랑스가 지배한 금블록)을 구축했기 때문이다. 이 기존 제국들은 최소한의 비용으로도 결속력을 유지할 수 있었다(이 중에서 1938년까지 '국방비'로 국민소득의 1퍼센트 넘게 지출한 나라는 없었다). 그러나 경제 위기가 시작됐을 때 (대만과 조선에) 작은 제국을 거느리고 있던 일본, 제국이 전혀 없던 독일에게 자급자족은 큰 문제였다. 그들은 군사적 수단으로 국경을 확장해야만(그래서 독자적 제국과 세력권을 구축해야만) 경제 위기에서 벗어나 경제적으로 성장할 수 있었다. 그러나 그러면 결국 기존 제국주의 열강들과 충돌할 수밖에 없었다.

일단 군사적 팽창 노선이 결정되자, 그것은 스스로 강화되기 시작했다. 기존 제국들에 도전하려면 군사적·경제적 잠재력을 극대화해야 했다. 제국주의적 모험이 성공할 때마다 이 잠재력은 증대했다. 일본이 만주를 점령하고, 독일이 오스트리아와 체코슬로바키아를 합병한 것이 그런 사례다. 그러나 그럴수록 기존 제국들의 적대도 강해졌다. 따라서 군사적 잠재력과 군사적 모험을 더욱 강화해야 했다. 익히 알다시피 그 파열점은 독일이 폴란드 서부를 점령하고 일본이 진주만을 공습했을 때였다.

그러나 독일과 일본 모두 그런 모험을 피할 수 없었다. 군비 지출 덕분에 경제는 초기의 낮은 이윤율에도 불구하고 호황으로 나아갈 수 있었다. 임금 동결 덕분에 어느 시점까지는 호황 유지 비용을 자체 조달할 수 있었다. 그러나 여기에는 한계가 있을 수밖에 없었다. 대기업이 군비 증강에 협력하게 된 토대였던 이윤은 잉여가치의 새로운 원천이 획득될 때만, 그리고 무기를 이용해 인접 국가들을 합병하고 그들이 축적한 잉여가치를 대거 몰수하고 그들의 노동력을 값싸게 사용할 수 있을 때만 비로소 유지될 수 있었다. 1930년대의 군비 경제는 1939~1945년의 전쟁을 부를 수밖에 없었다.

국가자본주의와 전면전의 경제학

전면전을 계획하는 일은 좀처럼 드물다. 전면전은 특정한 제한적 목표를 달성하거나 방어하려는 군사적 행동으로서 시작된다. 이런 목표를 좌절시키려는 상대측의 군사적 능력 때문에 싸움이 격화하면서 점점 더 많은 병력과 자원이 투입되는 것이다.

그러나 일단 전쟁이 시작되면 양쪽 지배계급의 모든 기존 이익이 도마에 오른다. 과거에 이렇게 저렇게 얻은 성과를 지키는 방법은 오로지 군사적 노력을 강화하는 것뿐이다(흔히 비용은 무시된다). 군비 지출 증가로 지배계급이 얻는 잉여가치도 그만큼 증가할지 증가하지 않을지를 경제적으로 따지는 것은 더는 중요하지 않다. 왜냐하면 군비 지출이 증가하지 않으면, 과거에 얻은 잉여가치와 미래에 얻을 수 있는 잉여가치가 모두 위험해지기 때문이다. 전에 걸었던 판돈을 그저 지키기 위해서라도 이제 판돈을 더 키워야 한다. 일단 전쟁이 시작되면 공격과 수비를 사실상 구분할 수 없게 되는 것도 바로 그 때문이다. 그래서 제한적·'합리적' 행동으로 시작된 것이 자체의 비합리성을 드러내게 된다. 한쪽의 군비 지출이 다른 쪽의 군비 지출을 강요하는 악순환의 소용돌이가 벌어져 어느 한쪽이 물리적으로 완전히 바닥날 때까지 끝없이 계속되는 것이다.

이 모든 과정은 고전적 자본주의의 '순수한' 경제적 시장 경쟁에서 일어나는 일과 질적으로 다르지 않다. 상대방에게 뒤처지지 않으려면 최대한 빨리 축적해야 한다. 유일한 차이는, 시장 경쟁에서는 생산력의 축적이 중요한 반면 전쟁에서는 파괴력의 축적이 중요하다는 점이다. 물론 파괴력은 결국 생산력 수준에 달려 있다.

전면전은 소외된 노동의 세계, 즉 인간이 자신의 과거 활동의 산물에 지배당하는 세계가 가장 끔찍하게 표현된 것이다.

그러나 제2차세계대전 개전 이전 군사적 국가자본주의들의 동역학과 이후의 동역학은 어느 정도 구별할 수 있다. 그 전까지는 군비 지출은 어떤 의미에서 '생산적'이었다. 즉, 다른 국민국가 자본주의들을 희생시켜 자국 자본주의에 필요한 잉여가치의 새 원천을 획득할 수 있었던 것이다. 군비로 들어간 자원은 대부분 국가자본주의적 군비 경제로의 이행이 없었다면 사용되지 않았을 자원이라는 점을 감안하면, 군비 지출은 독일이나 일본 자본주의에 큰 이득이었다. 과거에 축적된 총잉여가치 가운데 그들이 처리할 수 있는 총잉여가치의 비율(일국 수준의 이윤율)이 약간 상승했다. 이것은 특히 군비 지출이 노동자들의 생활수준을 억제하고 착취율을 높이는 핑곗거리도 됐기 때문이다.

그러나 전면전이 시작되자, 사정은 사뭇 달라졌다. 양측이 모두 군사적 국가자본주의로 전환했으니 중요한 것은 오로지 군사적 잠재력을 강화하는 것뿐이었다(설사 각국 자본가 계급이 사용할 수 있는 잉여가치가 반드시 증가하는 것은 아니라 해도 그렇게 해야 했다). 축적된 잉여가치는 모두 전쟁 노력에 즉시 투자돼야 했고, 이윤율은 완전히 무시됐다. 경제적·군사적 신규투자를 할지 말지를 결정한 요인은 이윤율이 얼마나 되느냐가 아니라 잉여가치의 양이 얼마만큼이냐였다. 정말이지, 사태는 1921년에 부하린이 "마이너스 확대재생산"이라고[73] 부른 것 — 새로운 잉여가치가 모두 군비 지출로 들어갈 뿐 아니라 기존에 축적된 잉여가치의 양을 대체하기 위한 감가상각 기금조차 감소하는 상황 — 으로까지 나아갈 수 있었다. 바로 이것이 양차 세계대전 때 유럽 열강에게 일어난 일이었다.

전시경제의 특정 부문들은 편의상, 여전히 평균이윤율을 추구하는 시장 경제에 따라 작동하는 것처럼 운영됐다. 그러나 그런 부문들은 전시 생산의 우선순위에 따라 활동이 엄밀히 제한된 중요하지 않은 부문들이었다. 또, 전시 생산에 참여한 개별 기업들은 국가에 서비스를 제공한 대가로 이윤을 계속 보장받았다. 그러나 이런 이윤은 관습적 회계 장치였을 뿐, 국가의 정치적 의사 결정에 좌우됐고 더는 경제 내부의 축적 패턴을 결정할 수 없었다. 이 체제를 여전히 자본주의라고 부를 수 있는 것은 이런 이윤 때문이 아니라 체제의 동역학이 여전히 서로 다른 자본 간의 경쟁적 축적이었기 때문이다(이 경우에는 서로 경쟁하는 군사적 국가자본주의 간의 경쟁이었다).

노동자의 처지에서 보면, 많은 것들이 시장 경쟁의 결과와 똑같았다. 한 국가자본주의가 군사 장비를 축적하는 데 성공할 때마다 다른 국가자본주의도 비슷한 수준의 군사 장비를 축적하려고 애쓸 수밖에 없었다. 서로 경쟁하는 자동차 생산 업체들의 판매 경쟁이 서로 다른 자동차 공장들에서 이뤄지는 구체 노동 형태들을 상이한 크기의 동질적 추상 노동으로 전환시켜서 미리 계획되지 않은 상호 관계 속으로 끌어들이듯이, 서로 상대방을 쓰러뜨리려고 경쟁적으로 탱크를 생산하는 국가들도 마찬가지 효과를 낸다.

그러나 이것은 국가자본주의 내에서 일반적 이윤율이 사태에 결정적 영향을 미친다는 것도 의미한다. 군산복합체에 들어간 총투자 대비 일국의 총잉여가치 비율이 하락하면, 그 국가자본주의가 경쟁국들과 전쟁해서 이길 능력이 약해진다. 이윤율 저하가 경제 불황을 낳지는 않는다. 사용할 잉여가치가 아무리 적더라도 남아 있기만 하다면 전쟁 기구가 계속 증대할 것이기 때문이다. 그러나 이것은 군사적 패배를 가져올 수 있다.[74]

이 전면전의 논리는 제2차세계대전 때 완전히 실현됐다. 됭케르크

철수* 당시 독일은 단연 세계 최대의 무기 생산국이었다. 그러나 독일의 군비 경제는 여전히 번창하는 민간 경제와 공존하고 있었고, 더디게나마 대중의 생활수준도 향상되고 있었다. 이런 상황은 1941년 독일의 소련 침공 초기까지도 계속됐다. 그러나 그 후 전면전의 압박 때문에 군비 생산은 크게 증가해 1940~1941년 수준의 3배에 이를 정도가 됐다. 이 정도의 군비 생산은 비군사적 생산을 감축하고 노동자들과 병사들의 생활수준을 끌어내려야만 달성할 수 있었다.

영국의 재무장은 1938년에야 시작됐고, 1940년에도 군비 부문은 다른 경제 부문보다 실질적 우선순위가 아니었다. 전쟁 초기에는 실업과 유휴설비 덕분에 다른 부문에서 자원을 가져오지 않고도 전쟁기구가 상당히 확장될 수 있었다. 그러나 독일과 마찬가지로 영국에서도 머지않아 민간 경제는 중앙집권적으로 계획된 전쟁경제의 부속물로 전락했다.

그러나 여러모로 가장 흥미로운 사례는 미국이다. 1938년 유럽에서 전쟁이 터졌을 때 미국 노동인구의 17.2퍼센트가 여전히 실업자였고, 산업 설비의 28퍼센트가 가동되지 않고 있었다. 그런데 1941년에 미국이 참전하자 "국가는 국민경제의 군수부문(총상품생산의 약 절반을 차지했다)을 통제하는 데서 그치지 않았다. 국가는 어떤 소비재를 생산해야 하고 어떤 소비재를 생산하지 말아야 하는지도 … 결정했다."[75]

---

* 1940년 5월 말에서 6월 초 사이 독일군에 밀린 연합군 33만여 명은 프랑스 됭케르크 해안을 통해 철수해야 했다.

연방 정부는 막대한 돈을 들여 새로운 군수 공장들을 건설한 다음 그 공장들을 사기업에 넘겨줘서 운영하게 했다. 1941년에 연방 정부의 자본 지출은 1939년 미국의 제조업 투자 총액보다 50퍼센트 더 많았다. 그리고 이것은 같은 해[1941년]의 민간 자본 투자보다 더 많았다. 1943년에 국가는 전체 투자의 90퍼센트를 맡았다.[76]

그러나 이렇게 비생산적 생산물에 막대한 지출을 했어도 민간경제는 침체하지 않았다. 1930년대의 실업자와 과잉 설비가 생산에 투입되자 상품생산이 기록적으로 증가했다. "전전戰前의 사업이 진척되면서, 1940년은 국민생산이 970억 달러에 달한 … 기록적인 해였다. 그러나 1940년은 인력과 산업 시설들이 … 상당히 덜 가동된 해였다. 1943년 말이 되자 총생산액은 1850억~1900억 달러로 증가했다. 1943년에는 전쟁 프로그램에 900억 달러를 들였을 뿐 아니라 소비지출도(1940년 가격으로 측정했을 때조차) 전보다 증가했다. 배급제, 군수품 우선 공급, 전시 물자 절약에도 불구하고 그랬다."[77]

900만 명이던 실업자가 3년 뒤에는 100만 명이 채 안 됐다. 그리고 고용된 노동인구는 6290만 명으로 급증했다. 군수생산 부문에 1730만 명, 민간 생산에 5510만 명이* 고용돼 있었고, 1050만 명은 군대에 있었다.[78]

전쟁경제는 8년 동안의 뉴딜 정책이 이룰 수 없었던 것을 달성할 수 있었다. 즉, 노후한 최대 자본주의 경제의 생산 능력을 풀가동시킨 것이다. 케네스 갤브레이스조차 다음과 같이 지적했다. "1930년대의

---

* 3510만 명의 오기인 듯하다.

대불황은 결코 끝나지 않았다. 1940년대의 대규모 전시 동원 속으로 사라졌을 뿐이다."[79]

국가자본주의와 군비 생산을 바탕으로 체제의 새 성장 국면이 열렸다. 1880년대 이후 독점과 제국주의를 바탕으로 체제의 성장 국면이 열렸듯이 말이다. 옛 국면과 마찬가지로 새 국면도 한동안 눈부신 경제적 성과를 거두지만, 결국 노쇠해지고 있는 괴물의 온갖 질병에 다시 걸리게 된다.

3장

국가자본주의, 군비 경제, 오늘날 경제 위기

1940년대부터 1970년대 초까지 세계 자본주의 체제는 역사상 가장 오랫동안 호황을 누렸다. 각국의 경제성장률은 대단했다. 미국의 국민총생산은 계속 성장해서 1970년에는 1940년의 3배가 됐다. 독일의 산업 생산량도 (침체기였던) 1949년 수준의 5배, 프랑스는 4배가 됐다. 심지어 오랫동안 형편없이 쇠퇴하던 영국 경제조차 대호황 말기에는 생산량이 대호황 초기의 약 2배가 됐다.

새로운 경제 성장 시대는 선진 산업국들에 국한되지 않았다. 1940년대까지만 해도 제3세계 나라로 여겨지던 일본은 전쟁 전의 산업 성장을 재개해서 생산량이 13배로 증가했고 마침내 서방세계에서 미국 다음가는 경제 대국이 됐다. 마찬가지로 소련 경제도 성장해서 1970년대 중반 산업 생산량이 1940년대 중반의 약 7배가 됐다.

다른 곳에서는 흔히 산업화 달성의 꿈이 실현되지 않았다. 한 나라가 산업화에 성공하는 동안 여섯 나라는 실패했다. 인도와 중국에는 대규모 산업 중심지들이 건설됐지만, 두 나라 모두 인구의 대다수는 여전히 가난한 농촌에서 살았다. 라틴아메리카에서는 흔히 도시화가 산업화보다 빠르게 진행돼, 거의 상시적 실업 상태에 있는 극빈층 노동계급의 대규모 판자촌이 형성됐다. '현대화'라는 것도 흔히 서구식

취향을 갖게 된 도시 엘리트의 창출을 뜻했을 뿐, 대다수 사람의 생활조건은 과거와 마찬가지로 끔찍했다.

그러나 세계적 차원에서 대호황이 가져온 변화는 자본주의 체제의 어느 역사적 성과 못지않게 대단했다. 마르크스가 《공산당 선언》을 썼을 때 공장이 두드러지게 발전한 곳은 영국과 벨기에 일부 지역뿐이었다. 세계의 다른 지역에서 공장은 거의 찾아볼 수 없었다. 레닌이 《제국주의론》을 썼을 때도 공장은 독일 중서부, 이탈리아의 밀라노와 토리노, 미국 북동부, 유럽 중동부의 일부 도시들, [스페인] 카탈루냐 지방에서만 눈에 띄게 발전했을 뿐, 이탈리아·스페인·오스트리아·폴란드·러시아·프랑스·일본의 인구 대다수는 여전히 토지를 경작해서 먹고살았다. 심지어 산업 대국인 미국과 독일에서도 인구의 3분의 1은 농민이었다. 그러나 1950년대와 1960년대 대호황의 말기에는 전 세계에 산업 중심지들이 있었고 선진국의 농촌인구는 극소수로 줄었으며, 심지어 스페인·이탈리아·아일랜드에서도 농민은 전체 인구의 3분의 1이 안 됐다.

인류는 과거에는 상상도 못 했을 규모로 부를 생산하고 있었고, 그 부의 양은 해가 다르게 증대했다. 그렇게 증대하는 부가 여전히 매우 불균등하게 분배됐고, 선진국에도 빈곤 지역이 계속 남아 있었고, '제3세계'에는 대량 빈곤에 빠진 수많은 사람들이 언제나 존재했어도 사람들은 정부 정책이 바뀌면 곧 빈곤도 끝날 것이라고 믿을 수 있었다.

그래서 당시에는 우파든 좌파든 마르크스가 말한 자본주의 체제의 모순이 이제는 극복됐다는 주장을 정설로 받아들였다.

부르주아 경제학 내에서는 케인스주의, 즉 정부가 개입해서 경제 성장과 완전고용을 지속하면서도 물가상승률은 낮게 유지할 수 있다는 주장이 대세였다. 1930년대에는 자본주의 체제가 끝장났다고 확신했었다가, 이때 케인스주의로 전향한 사람이 많이 생겨났다. 예컨대, 영국의 존 스트레이치는 제2차세계대전 전에는 그 누구보다도 마르크스주의 경제학을 대중화하는 데 앞장선 사람이라고 할 수 있었지만 1956년에 펴낸 책《현대 자본주의》에서는 마르크스가 틀렸고 노동조합의 압력과 현명한 정부의 개입으로 경제 위기를 영원히 막을 수 있게 됐다고 설명했다.

좌파 중에는 더 전통적인 마르크스주의 관점을 유지하려는 사람들이 여전히 많았다. 그러나 대개 그들이 택한 방법은 경제 호황이라는 현실을 부정하거나 아니면 정부가 경제 위기를 막을 수 있다는 케인스주의 주장을 적어도 반쯤은 받아들이는 것이었다.

독일계 미국인으로서 연륜 있는 혁명적 철학자인 허버트 마르쿠제는 자본주의 체제가 선진국 노동자들의 저항 요소를 모두 흡수해서 '일차원적'이 됐다고 생각했다.[1] 급진적 사회학자 C 라이트 밀스는[2] 좌파가 노동계급에 기대를 거는 것은 향수에 불과하다며, 진정한 희망은 지식인과 학생에 있다고 주장했다. 미국의 경제학자 폴 버랜과 폴 스위지는 선진국 노동계급의 대다수가 특권적 독점 부문에서 일하고 있으므로 이제 자본주의 체제의 가장 중요한 모순은 선진국의 계급 투쟁이 아니라 제국주의와 제3세계 민중의 충돌에 있다고 봤다.[3] 벨기에 경제학자 에르네스트 만델은 처음에는 장기 호황의 가능성을 부정하려 들더니 나중에는 경제 위기 경향이 거의 사라져 버렸다고

보는 '신자본주의' 개념을 들고나왔다.[4]

그런데 1970년대 초에 대호황이 끝났다. 1970~1971년에 제2차세계대전 후 처음으로 거의 모든 주요 국가가 한꺼번에 경험한 짧은 경기후퇴는 앞으로 무슨 일이 일어날지를 넌지시 보여 준 것이었다. 그 뒤 1972~1973년에 세계경제가 한꺼번에 매우 급격한 호황을 누리다가 이윽고 그 전 35년 동안 보지 못한 심각한 경기후퇴를 겪었다. 전 세계에서 실업률과 물가상승률이 동시에 치솟자 케인스주의 정설은 더는 맞지 않게 됐다. 학계와 재계, 주류 언론에서 케인스주의 경제학자들은 '통화주의' 이론을 떠들어 대는 사람들에게 갑자기 밀려났는데, 사실 통화주의라는 것은 한 세대 전에 케인스주의가 대체한 견해의 재탕이나 다름없었다.

마르크스주의자들에게는 문제가 덜 심각했어야 하지만 그렇지 않았다. 마르크스의 경제위기론이 30년 동안 현실 세계를 설명하지 못했다는 것을 누구나 알고 있는 마당에 이제 갑자기 현실을 설명할 수 있게 됐다고 해서 그 이론이 항상 옳았다고 받아들이기는 쉽지 않았던 것이다. 마르크스주의 내에서는 '근본주의자', 즉 현재의 경제위기를 마르크스가 묘사한 위기로 이해할 수 있다고 주장하지만 장기 호황을 결코 설명하지 못하는 사람들과 '수정주의자', 즉 마르크스주의 경제 이론으로 어떻게든 대호황을 설명해 내야 한다고 주장한 사람들이 격렬한 논쟁을 벌였다.

그러나 대호황이 시작됐을 때부터 줄곧 마르크스주의 내에는 그 호황을 설명하면서도 20~25년 뒤에 호황을 결국 끝장내게 만드는 장기적 압력이 작용하고 있다고 주장한 소수파 경향이 존재했다. 이 경향은 1940년대 중반과 1950년대 초에 월터 J 오크스라는 가명으로 글을 쓴 미국의 마르크스주의 경제학자 T N 밴스의 저작에서부터 시작됐다.

오크스(밴스)의 글이 처음 발표됐을 때는 제2차세계대전 말기인 1944년이었다. 그 글에서 오크스는 독일에서는 히틀러 집권 이후, 미국에서는 전쟁 개시 이후 자본주의 발전의 '새로운 시대'인 '상시 전쟁경제' 시대가 열렸다고 주장했다. 그러므로 이전에는 자본주의 생산의 목적이 시장을 위한 상품생산으로 단순했지만, 이제는 "전쟁을 위한 정부 지출이 경제 활동의 정당하고 중요한 목적이 됐다"는 것이다.[5]

마르크스가 분석한 자본주의의 기본 법칙, 즉 '자본의 유기적 구성 상승과 이윤율 저하'는 이 '새로운 시대'에 새로운 방식으로 나타났고, 그 결과로 체제는 일시적 안정을 누리게 됐다. "나는 상시 전쟁경제가 자본주의의 문제를 영원히 해결할 것이라고 생각하지 않는다. 하지만 당분간은 그런 효과를 낼 수 있을 것이다."[6]

오크스(밴스)는 이 분석을 더 발전시킨 글들을 1951년 반半트로츠키주의 잡지 《뉴 인터내셔널》에 잇따라 발표했고,[7] 그 분석은 1957년 토니 클리프의 글,[8] 1961년과 1968년 마이클 키드런의 글에서[9] 더욱 심화됐다.

그 분석을 정식화한 이 세 사람 사이에는 중요한 차이가 있었다.[10] 그러나 대호황의 절정기에 글을 쓴 그들은 한 가지 결정적 문제에서 의견이 일치했다. 즉, 호황은 국가자본주의와 군사적 경쟁의 시대에 일어난 자본주의 체제의 변화에서 비롯했지만, 체제의 내적 모순들은 없어지지 않고 지속되다가 나중 단계에서 새로운 경제 위기와 계급투쟁의 격화를 불러올 것이라는 점이었다.

이 책의 1~2장은 이 저자들의 이론적 통찰에 바탕을 둔 것이었다. 나는 그들의 통찰을 일관된 틀 속에 한데 모으고, 그것을 자본주의 동역학에 관한 마르크스의 분석, 또 제국주의에 관한 레닌과 부하린의 설명과 연결하려 했다. 이제는 이 틀을 이용해 대호황이 새로운 경제 위기 시대로 바뀌는 과정을 살펴보자.

군비, 이윤, 대호황

제1차세계대전과 1933~1945년의 경험에서 알 수 있는 것은, 일국 내의 서로 경쟁하는 집단들이 허용한다면 자본주의 국가는 비록 이윤율이 낮더라도 경제에 개입해서 생산을 증대시킬 수 있다는 것이었다. 국가는 막대한 잉여가치를 수중에 모아서 수익성을 따지지 않고 그것을 투자할 수 있기 때문이었다. 그래서 국내 자본주의의 모든 자원을 (시장 경쟁이든 군사적 경쟁이든) 외부 경쟁자들의 도전에 대응하는 데 투입할 수 있었다.

제2차세계대전 후에 국가가 실제로 경제에 개입한 정도는 나라마다 크게 달랐다. 미국과 영국에서는 국가가 경제의 많은 부분을 직접 통제하는 체계가 해체됐고, 서독에서는 1950년대 '경제 기적'의 이데올로기가 자유방임주의였다. 반면에 이탈리아에서는 국가가 많은 대기업을 소유했고, 일본과 프랑스에서는 강력한 국가 개입 전통이 우파 정부 아래서도 계속 우세했다.

그러나 한 가지 중요한 점에서 전후 자본주의는 거의 모든 곳에서 역사상 다른 어느 때보다 더 국가 통제하에 놓였다. 곧, 평화 시의 군비 지출 수준이 전례 없이 높았다.

특히 미국이 그랬다. 제2차세계대전이 끝났을 때 미국은 세계 산업 생산의 절반을 차지했고 국민총생산은 서유럽과 일본을 합친 것의 2배쯤 되는, 단연 세계 최대 경제였다.

1939년까지 미국의 군비 지출 수준은 매우 낮아서 국민총생산의 1퍼센트도 안 됐다. 이 비율은 제2차세계대전 동안 급등해서 1943년과 1944년에는 45퍼센트까지 치솟았다. 전쟁 직후 '평화 시 경제'로 되돌아가 군비가 축소된 뒤에도 결코 1939년 이전 수준까지 떨어지지 않았다. 그래서 1948년에도 미국의 군비 지출은 국민총생산의 4.6퍼센트(간접 경비까지 포함하면 9.8퍼센트)였다. 평화 시의 군비 지출이 4배가 된 것이다. 그리고 냉전이 시작되자 군비 지출은 다시 급증해서 1951년 14.4퍼센트(간접 경비까지 포함하면 21.1퍼센트)까지 치솟았다.

이렇게 막대한 양의 잉여가치가 군비에 지출된 것은 미국 자본주의에 독특한 영향을 미쳤다(그 영향은 이미 전쟁 기간에 분명히 드러난 바 있다). 즉, 국가가 엄청나게 많은 잉여가치를 군비에 투자한 뒤에도 민간 자본의 수중에 남아 있는 잉여가치의 양이 실제로는 그전보다 더 많았다는 것이다. 이것은 자본의 유기적 구성이 하락해서 이윤율이 상승하는 경향 때문이었다.

표 3-1. 미국 자본주의의 이윤량[11]

미국 주식시장에 상장된 제조 기업들의 순이윤(단위: 10억 달러)

	세금 공제 전	세금 공제 후
1938년	1.6	1.3
1940년	3.7	2.6
1942년	7.0	2.6
1944년	8.2	3.0
1946년	6.0	4.1

세금을 공제한 뒤에도 자본가들의 수중에 남아 있는 순이윤이 증가했다는 것은 명백하다.

표 3-2. 자본의 유기적 구성

	1939년	1941년	1944년	1946년
밴스의 계산[12]	72.2	73.7	68.0	74.8
길먼의 계산[13]	4.3	–	2.1	–
메이지의 계산[14]	3.5	2.71	2.03	2.63

세 사람은 자본의 유기적 구성에 관한 정의가 서로 다르고, 따라서 계산 결과도 서로 다르다.[15] 그러나 그들이 보여 주는 추세는 같은 방향으로 움직인다. 즉, 전쟁과 함께 군비 지출이 증가하자 자본의 유기적 구성이 낮아지다가 [전후] 군비 축소가 시작되자 자본의 유기적 구성이 약간 높아졌다는 것이다.

표 3-3. 이윤율(단위: 퍼센트)[16]

	1939년	1941년	1943년	1945년	1947년
밴스의 계산	25.6	28.1	32.6	33.3	27.7
메이지의 계산	8.12	10.3	11.1	11.1	10.23

역시 추세는 분명하다. 즉, 전쟁 기간에 군비 지출이 급증하자 이윤율은 높아졌고, 군비 축소와 함께 부진해지거나 하락했다.

군비 지출 수준은 한국전쟁 기간(1950~1953년)에 다시 높아졌다가 그 뒤 1948년 수준의 2~3배(1939년 수준의 6~7배)로 낮아졌다.

표 3-4. 군비 지출이 국민총생산에서 차지하는 비율(단위: 퍼센트)[17]

1939년	1948년	1951년	1953년	1955년	1957년	1959년	1961년	1963년	1965년	1967년	1969년
1.5	4.3	13.4	13.6	9.9	10.2	9.7	9.3	8.8	7.6	9.1	9.0

이 기간 내내 이윤율은 마르크스의 '법칙'을 부정하는 것처럼 보였다. 그래서 이윤율이 떨어졌음을 입증하는 것으로 흔히 인용되는 윌리엄 노드하우스의 분석에서[18] 제시된 수치를 보면 1950년대와 1960년대 초에 이윤율은 거의 안정돼 있었다.[19]

표 3-5. 이윤율 추이(단위: 퍼센트)

	1951~1955년	1956~1960년	1961~1965년	1966~1970년
세금 공제 전	14.3	12.2	14.1	12.9
세금 공제 후	6.4	6.2	8.3	7.7

마틴 펠드스타인과 로런스 서머스는 노드하우스의 수치를 비판하

는 분석에서 오히려 비금융 기업들의 순이윤이 1950~1959년 평균 11.1퍼센트에서 1956~1965년 10.9퍼센트, 1960~1969년 11.7퍼센트로 약간 올랐음을 보여 준다.[20]

1940년대와 1950년대, 1960년대 초의 영국 상황도 미국과 크게 다르지 않았다.

군비 지출 수준은 이전의 평화 시 수준보다 여전히 양적으로 더 높았는데, 1950년대 초에 국민총생산의 10퍼센트를 차지하던 수준에서 천천히 낮아져서 1960년대 말에는 약 6퍼센트가 됐다.

투자에 쓰일 수도 있는 막대한 잉여가치가 군비로 지출됐으므로 민간투자 수준이 상당히 낮았고, 불황과 전쟁으로 낮아진 자본의 유기적 구성이 매우 느리게 상승했다는 것은 별로 놀라운 일이 아니다. 1931~1938년에 2.0으로 높았던 자본의 유기적 구성은 1948~1952년에 1.61까지 떨어졌다. 이후 다시 상승해서 1953~1958년에는 1.68, 1959~1962년에는 1.78, 1963~1967년에는 1.85가 됐다.[21] 따라서 20여 년의 경제 성장 뒤에도 자본의 유기적 구성은 양차 세계대전 사이의 장기 불황과 부진 시대를 만들어 낸 2.0 이상의 수준에는 결코 이르지 않았다.

또, 세금 공제 전 이윤율도 이 시기 초반에는 아주 조금만 하락하는 경향을 보여서, 1950년대 초에 16퍼센트를 약간 웃돌던 수준에서 1960년대 초에 13~14퍼센트로 낮아졌다(세금 공제 후 이윤율은 1960년대 초에도 1950년대 초만큼 높았다).[22]

미국과 영국에서 벌어진 상황은 다른 서유럽 강대국들에서도 비슷하게 벌어졌다. 프랑스의 군비 지출 수준은 1950년대의 대부분 기간에 [국민총생산 대비] 5퍼센트를 웃돌았고 서독은 3~4.5퍼센트였다. 그리고 어떤 마르크스주의자가 서독을 분석한 글에서 지적했듯이 1950년대에 [서독] 자본의 유기적 구성은 전혀 증가하지 않았다.[23]

따라서 1940년대, 1950년대, 1960년대 초를 정직하게 실증적으로 연구한 사람이라면, 역사적으로 높은 수준의 군비 지출이 자본의 유기적 구성 상승 경향과 이윤율 저하 경향을 상쇄해서 자본주의 체제를 안정시키고 호황을 오래 지속시켰다는 사실을 봐야 할 것이다.

이론과 현실

사실과 관련된 증거는 1장에서 살펴본 이론적 요점들로 다시 이어진다. 1장에서 나는 군사적 경쟁이 격화하면 각국 경제에 내재한 모순의 일부 요소들이 일시적으로 완화될 수 있다고 주장했다. 군비 지출 수준이 높았다는 것은, 수익성 있는 투자에 쓰일 수 있었을 상당히 많은 잉여가치를 국가가 통제하게 됐다는 것을 의미한다.

그 결과는 다음과 같았다.

첫째, 사용되지 않은 채 방치됐을 수도 있는 투자 가능 잉여가치의 일부가 생산 과정에 다시 투입됐다. 국가는 일반 이윤율이 낮더라도 이런 잉여가치 투자가 반드시 이뤄지게 했다.

둘째, 이렇게 국가가 유발한 투자로 생산된 상품들은 민간 경제에서 생산된 소비재들과 경쟁하지 않았고(따라서 가격과 이윤율을 더 많이 끌어내리거나 과잉생산을 불러올 위험이 없었다), 경제 전체에서 노동에 대한 자본의 비율을 높이게 될 새로운 생산수단의 형태를 띠지도 않았다(따라서 역시 이윤율을 떨어뜨리지 않았다). 오히려 그것들은 스스로 파괴될 운명을 타고난 상품들, 즉 '비생산적 소비'를 위한 상품들이었다.

셋째, 심지어 국가가 통제하는 군수부문이 자본 집약적일 때(자본의 유기적 구성이 높을 때)조차 비非국가자본들의 평균이윤율이 반드시 더 떨어지지는 않았는데, 이것은 이른바 '보르트키에비치 효과' 때문이었다.[24]

물론 대규모 군수부문의 존재로 인해, 생산적 투자를 증대하는 데 쓰였을 수도 있는 자원이 막대하게 낭비됐다. 그러나 오랫동안 이것은 문제가 되지 않는 듯했다. 미국 경제를 지배하는 대기업들이 그 부담을 거의 균등하게 분담했으므로 각 기업이 생산적 투자를 증대할 능력은 서로 거의 같은 크기만큼 억제됐다. 그 결과, 단기적 경제 성장 속도가 과거 경기변동 와중의 '호황' 때처럼 정신없이 빠르지도 않았지만 불황 때처럼 경제 성장이 중단되는 일도 없었다.[25]

전후 경제와 전전 경제를 비교해 보면 이솝 우화에 나오는 토끼와 거북이 같다. 전전의 경제는 빠르게 내달리다가 숨을 헐떡거리며 갑자기 멈춰 섰다. 전후 경제는 막대한 군비 지출을 낭비하는 '부담'을 떠안고 있어서 더 느리게 전진했지만 과거처럼 갑자기 멈춰 서지는 않았다. 전후 경제의 이윤율은 하락 압력을 받지 않았고, 그래서 오랫동안 꾸준히 나아갈 수 있었다. 전후 경제의 장기적 성장률은 자본주의 체제의 역사상 다른 어느 때보다 높았다. 그래서 세계 자본주의 체제의 성장은 "1950~1965년에 1913~1950년보다 2배 빨랐고, 그보다 더 전 세대에 비하면 거의 1.5배 빨랐다."[26]

밴스가 대호황 초기에 썼듯이 "엄청난 생산과 엄청난 낭비가 나란히 가고" 있었다.[27]

1940년대 말부터 1960년대 초까지 자본주의 경제의 성공을 보여주는 지표 하나는 케인스주의자들이 1930년대 경제 위기의 해결책이라고 설파한 적자예산이 실제로는 필요하지 않았다는 점이다. 정부 지출(특히 군비 지출) 수준이 높다면 높은 경제성장률이 보상으로 따라왔다.

영국에서는 1968년에 정부 재정을 검토한 결과 다음과 같은 결론이 나왔다. "전후 시기 내내 정부는 체제에 [유효]수요를 투입하기는커녕 계속해서 대규모 흑자 재정을 유지했다. … 전후 시기의 재정 정책은 엄밀히 말하면 긴축 노선이었던 듯하다."[28]

이런 상황은 [대규모 경기 부양책을 쓴] 1960년대 초의 모들링 호황과* 1970년대 초의 바버 호황**(모두 보수당 정부 시절이었다)으로 비로소 바뀌기 시작했다. 케인스주의는 전후 시기의 이데올로기였을 수 있지만, 오랫동안 실천과 괴리된 이데올로기였다.

[영국의 경제학자이자 노동당 정치인] 메그나드 데사이는 이렇게 지적했다. "미국에서 케인스주의 정책들이 공식적으로 채택되기까지는 오랜 시간이 걸렸다. … 그 정책들은 1964년 케네디·존슨 정부의 [경기 부양을 위한] 감세 정책으로 마침내 승리를 거뒀다."[29] 그때는 이미 대호

---

* 당시 재무부 장관이 레지널드 모들링이었다.

** 당시 재무부 장관이 앤서니 바버였다.

황이 15년간(1940년대 말의 짧고 가벼운 경기후퇴를 제외한다면 25년간) 지속된 뒤였다.

많은 마르크스주의 경제학자들은 군비에 바탕을 둔 경제 성장의 논리를 주목하지 않았다. 그들은 국가가 총잉여가치에서 일부를 공제하면 총투자 비용보다 잉여가치가 더 느리게 성장하는 경향(이윤율 저하 경향)이 극복된다고 보는 것이 불합리하다고 주장했다. 그들은 그런 '불합리'를 인정하느니 차라리 제2차세계대전 후 25년 동안 실제로 일어난 일, 즉 현실을 부정했다.

그들이 이해하지 못한 것은 그런 '불합리'가 자본주의 체제 전체의 더 큰 불합리, 즉 체제 전체의 본질적 모순의 일부일 뿐이었다는 것이다.[30] 그들은 자본주의 체제하에서 군사적 경쟁에 뛰어드는 것이 시장을 차지하기 위한 경제적 경쟁에 뛰어드는 것만큼이나 '합리적' 목표일 수 있다(사실 국가자본들이 서로 충돌하는 제국주의 시대에는 군사적 경쟁에 뛰어들어야 마땅하다)는 점을 이해하지 못했다. 자본주의하에서 어떻게 불합리가 합리적일 수 있는지 이해하지 못한 사람은 그들이 최초가 아니었다. 마르크스의 가장 뛰어난 후예 중 한 사람인 로자 룩셈부르크도 자본주의하에서 소비재를 더 많이 생산하지 않고도 생산수단에 구현된 가치를 계속 증식할 수 있다는 것을 이해하지 못했다. 마찬가지로 이 마르크스주의자들도 자본주의가 파괴 수단의 끊임없는 증대에서 득을 볼 수 있다는 것을 이해하지 못했다. 로자 룩셈부르크처럼 그들도 자본가들이 하는 불합리한 짓에 어리둥절해서, 바로 그것이 자본주의 체제의 작동 방식이라는 사실을 부정하려 했다.

군비 경제의 밑바탕에 '비합리적' 논리가 놓여 있다는 것은 서방뿐 아니라 동구권(소련 블록)의 국가자본주의에도 마찬가지였다. 동구권에서도 군비 지출은 모순된 효과를 내서, 한편으로는 단기적 성장률을 둔화시키고 다른 한편으로는 재앙적 경제 위기에 빠지지 않을 수 있는 상황을 조성했다.

동구권 각국 지배자들의 주된 행동 동기는 서방의 선진 자본주의 국가들을 '따라잡고 앞지르는' 것이었다. 국가자본이 지배하는 영토 내의 모든 자원은 이 단일한 목적을 위해 쓰여야 했다. 동구권 각국의 개별 생산 단위들은 너무 작고 기술도 뒤떨어져서 바깥 세계와 직접 시장 경쟁을 벌였다가는 서방 자본들에 종속될 위험이 있었다. 오직 '자립경제'(국가자본이 지배하는 영토가 그 바깥 세계와 정상적 시장 관계를 단절하는 것)만이 그런 위험을 막을 수 있었다. 그러나 '자립경제'를 고수하려면 군사력이 필요했다. 군사력이 없다면, 서방 자본들이 직접 군사적 조치를 취해서 동구권 국가자본의 영토를 '개방'시키고 침투할 터였다.

동구권의 국가자본이 경제적으로 더 선진적인 서방 자본과 직접 시장 경쟁을 해야만 하는 사태를 피하려면 군사적 경쟁을 하는 것 말고는 달리 선택의 여지가 없었다.

만약 동구권 국가자본이 경제적 경쟁을 선택했다면 그들의 경제 성장도 세계경제의 부침, 즉 세계경제의 호황과 불황에 직접 종속됐을 것이다. 그들이 국제적 시장 경쟁력을 갖추려고 하는 즉시 노동자에 대한 생산수단의 비율은 세계 평균 수준으로 상승했을 것이고, 따라서 각국 내부의 생산 단위는 이윤율 저하 압력에 시달렸을 것이다. 이렇게 해서 이윤율이 떨어지면, 투자 결정권자들은 세계경제가 어느 정도 호전돼서 더 유리한 투자 환경이 조성되기를 기다리며 투자 결정을 늦췄을 것이다. 그러면 일국 경제 내부에 호황과 불황의 패턴이 나타났을 것이다.

막대한 군비 지출 덕분에 이런 압력들을 많이 피해 갈 수 있었다. 물론 그렇다고 해서 동구권 국가들에서 투자의 주기와 경기변동이 나타나지 않은 것도 아니었고, 때로는 그것이 대호황 기간의 서방 경제들만큼 뚜렷하기도 했다.[31]

1940년대와 1950년대에 동구권 국가들은 과거의 투자에 대한 잉여가치의 비율(이윤율)과 상관없이 잉여가치를 모두 투자해서 매우 높은 경제성장률을 유지할 수 있었다. 그들이 그럴 수 있었던 유일한 이유는 소련 지배자들이 군비 지출을 통해 자기 세력권을 외부 시장의 압력으로부터 차단할 수 있었기 때문이다. 군사적 경쟁 덕분에 그들은 오랫동안 시장 경쟁의 중요성을 경시할 수 있었던 것이다.

그와 동시에, 그들의 막대한 군비 지출은 세계 수준에서 생산적 산업에 대한 투자를 감소시켰고, 그와 함께 세계 수준에서 자본의 유기적 구성 상승 경향과 이윤율 저하 경향을 약화시켰다. 막대한 군비 지출 때문에 소련의 산업은 시장 경쟁에서 서방의 산업과 겨룰 수 있는 지점(따라서 서방 산업의 수익성을 파괴할 수 있는 지점)에는 결코 이를 수 없었다. 그리고 같은 이유로 세계적 과잉생산 위기에 시달리는 상황으로 내몰리지도 않았다.

동구든 서구든 일반적으로 국가자본주의는 군비 경제 없이는 생각조차 할 수 없었다. 군비 지출이 없었다면, 서로 경쟁하는 국가자본들은 시장 경쟁을 통해서만 관계를 맺어야 했을 것이(고 따라서 양차 세계대전 사이의 경제 위기 요인들이 모두 다시 나타났을 것이)다. 사실 군비 지출에도 불구하고 국가자본들은 시장 경쟁이라는 요소가 갈수록 중요해지는 것을(그래서 마침내 경제 위기가 다시 나타나는 것을) 막을 수 없었다.

군비, 국가, 제국주의

대호황의 토대는 국가자본주의적 군비 경제였다. 그러나 부하린이 제1차세계대전 당시와 직후에 쓴 저작들에서 지적했듯이, 국가자본주의 자체가 모순 위에 구축된 것이었다.

국가와 자본의 결합을 낳은 것(생산 규모의 엄청난 성장, 따라서 자본 단위들의 엄청난 성장) 자체가 생산 단위들로 하여금 국경의 제약을 뛰어넘도록 압력을 가하기도 했다. 국가의 생산을 국경 내로 계속 제한할수록 생산은 비효율적으로 이뤄지고 국민경제는 다양한 구성 요소 사이의 불균형에 시달리게 됐다.

앞서 2장에서 봤듯이, 바로 이런 요인들 때문에 제2차세계대전 전에 독일과 일본 국가자본주의가 자국에 유리하게 세계를 재분할해서 국경을 확장하려 했고 그 필연적 결과로 세계대전이 벌어지게 됐다. 그 전쟁에서 패배한 독일과 일본은 나라가 분할됐다(독일은 동독과 서독으로 영구 분할됐고, 일본은 대만·조선·만주의 점령지를 상실했고 1953년까지도 1930년대만큼 높은 경제적 생산수준을 달성하지 못했다). 그러나 '세계의 분할과 재분할' 압력은 거기서 끝나지 않았다. 이제 그 압력은 전쟁에서 독일과 일본을 패퇴시킨 국가자본주의들에서 나오고 있었다.

미국과 소련은 제2차세계대전이 끝났을 때 경제적·군사적으로 가장 강력한 양대 국가자본주의로 떠올랐다. 둘 다 1930년대에는 비교적 자립경제 체제였다. 총생산에서 외국무역이 차지하는 비율이 매우 낮았고, 지배계급 속에서 득세한 이데올로기도 바깥 세계와 연계 맺는 것을 하찮게 여기는 것이었다(미국에서는 고립주의, 소련에서는 '일국사회주의'). 둘 다 독일과 일본의 세계 재분할 시도 때문에 바깥 세계에 대한 인식을 바꿀 수밖에 없었다. 이제는 패배한 제국들의 식민지 국민들을 자기 '세력권'으로 흡수하려고 서둘렀다.

그들의 이런 노력은 처음에는 1943~1945년의 국제 회담들(테헤란·얄타·포츠담 회담)에서 상호 합의를 통해 이뤄졌다. 이 회담들의 분위기는 화기애애한 듯했고, 자신이 좋아하지 않는 이데올로기적 색채를 띤 반反나치 저항운동들을 상대방이 진압하도록 허용했다(그래서 영국과 미국은 그리스에서 공산당이 주도하는 저항운동을 진압할 수 있었고, 소련은 폴란드에서 비공산당 계열의 [저항운동 조직인] 국내군AK을 진압할 수 있었다). 그러나 그 화기애애한 분위기는 실제로는 냉소적 '현실 정치'를 감상적으로 보이게 만든 것에 불과했다. 그 이면에는 피차 상대방이 원하는 것을 거부할 만큼 자신이 충분히 강력하지 않다는 노골적 계산이 깔려 있었다.

화기애애한 분위기는 2년도 안 돼 깨졌다. 양대 열강은 서로 상대방이 세력권을 확장해서 얻은 세력을 이용해 그 세력권을 훨씬 더 확장할까 봐 두려워할 수밖에 없었다.

누가 냉전을 시작했는지를 두고 한쪽을 옹호하(거나 어느 쪽도 옹호하지 않)는 논자들 사이에서 많은 논쟁이 벌어졌다. 그러나 논쟁 자체가 잘못됐다. 미국과 소련의 국가자본주의들이 옛 독일과 일본 제국의 영토로 확장하자마자 둘은 충돌할 수밖에 없었다. 두 '진영' 사이의 경계선은 분할 당시의 세력균형에 대한 계산을 바탕으로 정해졌다. 미국과 소련은 상대방이 그 세력균형을 어떻게든 변화시키는 데 성공해서 세계 재분할을 추진할까 봐 두려워했다. 이에 대항하는 유일한 길은 상대방을 계속 압박하면서, 필요하다면 (한반도에서 그랬듯이) 세력권 쟁탈전을 벌이고 무기를 끊임없이 축적해서 세계대전의 가능성에 대비하는 것이었다.

그러나 두 강대국이 완전히 대칭적이지는 않았다. 소련은 전쟁이 끝났을 때 유럽 최고의 군사 강국으로 떠올랐지만 경제적으로는 그보다 훨씬 약했고, 소련 진영의 경계를 훨씬 벗어난 곳에서는 군사적 투쟁을 벌일 만한 힘이 정말로 없었다. 따라서 소련 제국주의는 주로 동유럽 국민들을 정복하는 데 그쳤다. 즉, 1945~1948년에 동유럽 지역을 노골적으로 약탈한 뒤에는 소련 진영 전체의 군사력과 경제력을 강화하기 위해 노동자와 농민을 희생시키는 산업화를 강행했다.[32]

1949~1961년에 소련 제국주의는 새로 독립한 중국 국가자본주의를 자신의 제국주의적 필요에 종속시키려 했지만, 결국 중국을 화나게 해서 소련 진영에서 떨어져 나가게 만들었을 뿐이다.[33]

1960년대에 소련이 자기 진영 밖으로 개입을 확장해서 이득을 도모한 나라들로는 인도·이집트(나중에는 이 국가들과 관계가 틀어졌다), 시리아·이라크·소말리아(역시 나중에 사이가 틀어졌다), 에티오피아·앙골라 등이 있었고, 물론 쿠바도 그런 국가였다. 그러나 동유럽과 아시아 북부를 제외한 지역에서 소련의 존재감은 미국에 비하면 대체로 미미했다.

이와 달리, 가장 강력한 경제 대국인 미국은 공식적인 제국의 필요성이 소련보다는 덜했다. 종전 직후에 미국의 경제력은 매우 강해서, 소련 군대의 직접 주둔 때문에 접근이 힘든 나라만 제외하면 대다수 약소국의 지배계급을 자기 세력권으로 끌어들일 수 있었다.

그래서 미국은 서유럽의 국가자본주의들을 하나씩 자기 세력권으로 쉽게 끌어들였고, 서유럽 제국들의 해체로 생겨난 파편들을 대부분 주워 담았다(중동에서는 영국, 인도차이나에서는 프랑스, 중앙아프리카에서는 벨기에를 대체했다). 또 나중에는, 한때 소련의 동맹국이던 국가들(이집트와 소말리아, 특히 중국)을 끌어들일 수 있었다. 미국은, 세계 각국 지배계급들의 권력을 유지시켜 줄 수 있다면 소련이 직접 지배하는 지역 바깥은 전부 계속 지배할 수 있으리라고 기대할 수 있었다. 미국의 제국주의는 간접적이었고,[34] 착취는 보통 미국 기업들이 다른 나라 기업이나 지배자와 '자유롭게' 체결한 협정을 바탕으로 이뤄졌다. 미국의 정치적 능력을 지켜 준 것은 점령군이 아니라 현지 지배계급을 지원할 군대를 비행기에 태워 보낼 수 있는 군사기지들이었다.

미국과 소련이 완전히 대칭적이지 않았다는 사실은 누가 먼저 '공격했는가' 하는 논쟁의 양상을 이해할 수 있게 해 준다. 어느 쪽을 선호하는지에 따라서, 조밀한 소련 진영은 '방어적'으로 보일 수 있고 광대한 미국의 주둔군은 '자유로워' 보일 수 있었다. 그러나 그런 논쟁 구도에서 보면 두 진영 사이의 근본적 유사성이 드러나지 않았다.

미국과 소련은 모두 경쟁적 축적을 위해 지배계급이 자국 국경 밖에서 군사적 영향력을 발휘할 수밖에 없었다는 의미에서 제국주의였다. 그러나 미국 제국주의든 소련 제국주의든 1890년대 제국주의의 단순한 복사본이 아니었다. 1890년대에는 제국이 가져다주는 막대한 이익에 비해 제국의 유지 비용은 얼마 안 든다는 노골적 이해타산에 따라 제국주의가 합리적 선택으로 여겨졌다.

[제2차세계대전 후의] 새로운 제국주의 시대에는 지배계급이 얻는 직접적인 물질적 이익보다 제국의 유지 비용이 훨씬 클 수 있었다.

그래서 1940년대나 1950년대에 미국의 총해외투자가 군비 지출을 초과한 적은 한 번도 없었다(그 투자에서 얻는 수익은 훨씬 적었다는 사실은 말할 것도 없다). 심지어 한국전쟁 개전 전의 '군비축소' 시기에도 "군비 지출 총액이 해마다 거의 150억 달러나 됐다. 그것은 민간자본 수출 총액의 25배였을 뿐 아니라, 해외 원조 총액보다도 몇 배나 많은 금액이었다. 마셜 원조도 한 번도 한 해 총액이 50억 달러를 넘지 않았다."[35]

30년 후에 미국의 해외투자는 몇 배로 늘어나서, 그 총액은 약 5000억 달러가 됐다(직접투자 2000억 달러에 3000억 달러 상당의 은행 대출을 더한 금액이다). 이것 말고도 미국의 다국적기업들이 관리하는 약 3000억 달러 규모의 해외 자산이 있었다.[36] 그러나 '방위'비도 증가해서 약 2000억 달러에 이르렀다. 이것은 해외투자 총액보다는 적었지만, 여전히 해외투자에서 얻을 수 있는 이윤보다는 상당히 많은 것이었다.

더욱이, 해외투자의 방향도 바뀌었다. 이제 해외투자는 자본주의가 아직 덜 발전한 나라들에 강력한 선진 자본주의 강국들이 투자해서 '초과이윤'을 노리는 식으로 이뤄지지 않았다. 오히려 완전히 발전한 자본주의 나라들끼리 서로 투자를 주고받았다.[37]

1970년대 말이 되면, 서방 선진국 해외투자의 4분의 1만이 '제3세계'에 투자됐고 나머지는 모두 다른 선진국에 투자됐다. 선진 자본주의 각국은 다른 선진국들에 투자해서 일정량의 이윤을 '얻었지만', 그와 동시에, 자국에 투자한 다른 선진국들한테 일정량의 이윤을 '잃었다.' 따라서 해외투자의 순수익만 보면 막대한 군비 지출이 결코 합리적인 일이 아니었다.

군비 지출이 필수적인 [새로운] 제국주의는 단일 제국의 제국주의가 아니었다. 즉, 핵심부의 소수 '금융자본가'들이 수많은 사람을 억압해서 막대한 초과이윤을 벌어들이는 그런 제국주의가 아니었다. 그것은 서로 경쟁하는 제국들의 제국주의, 즉 이미 1916년에 부하린이 묘사했듯이 각국 지배계급의 [금융자본가뿐 아니라] 모든 자본가가 이미 손에 넣은 것을 확실히 지키기 위해 생산적 투자에 쓸 돈을 군비 지출로 돌려야 하는 그런 제국주의였다.

1940년대 말에 미국과 소련의 계산은 간단했다. 군비 지출을 줄이면 경쟁 제국주의 국가에 전략적 우위를 빼앗겨서 자기 세력권이 침범당할 위험이 있다는 것이었다.

그래서 소련은 미국이 동유럽을 '탈환'하려 들까 봐 두려워했다. 그러면 동유럽 경제가 소련의 지배에서 벗어나게 될 것이고, 미국 상품이 소련 시장으로 자유롭게 침투하는 것을 막을 수 없을 터였기 때문이다(소련 국가자본주의는 너무 약해서 이런 도전을 결코 감당할 수 없었다). 마찬가지로, 미국도 소련이 다른 서방 국가들(특히 서독과 일본)을 그 세력권으로 끌어당겨서, 군사적·경제적 힘을 크게 강화하고 세계 도처에서 미국의 이익에 도전할까 봐 두려워했다.

그래서 한국전쟁 당시 미국의 한 대변인은 다음과 같이 말했다.

> 공산주의 세계와의 경계에 있는 두 주요 지역, 즉 서유럽과 아시아 중 어느 하나라도 무너진다면, 자유세계의 나머지 지역도 … 추가 공격에 저항할 경제적·군사적 힘이 엄청나게 약해질 것이다. …
> 만약 서유럽이 무너진다면, 세계 최대의 숙련 노동자 집단이 포함된 약 3억 명이 소련의 통치를 받게 될 것이다. 또, 소련의 철강 생산량은 연간 5500만 톤 증가해서 우리와 거의 대등한 9400만 톤이 될 것이다. … 석탄 생산량은 우리의 5억 5000만 톤을 훨씬 뛰어넘는 9억 5000만 톤이나 될 것이다. 소련이 지배하는 지역의 전력 생산량은 1300억 킬로와트시에서 3500억 킬로와트시로 증가해 우리의 4000억 킬로와트시와 거의 맞먹게 될 것이다.[38]

새로운 제국주의의 논리는 간단했다. 경쟁 상대가 세계의 여러 지역을 차지하고 착취해서 군사적 잠재력을 증강하는 것을 막으려면 세계의 최대한 많은 지역을 차지하고 착취해서 자신의 군사적 잠재력을 증대시켜야 한다는 것이었다.

마르크스가 묘사한 '고전적' 자본주의는 생산수단을 축적하기 위해 노동자들을 착취하고, 그래서 더 많은 노동자를 착취하는 능력을 방어한다는 논리에 바탕을 두고 있었다. 국가자본주의적 제국주의의 논리는 파괴 수단을 축적하기 위해 노동자들을 착취하고, 그래서 훨씬 많은 노동자를 착취하고 훨씬 많은 파괴 수단을 축적하는 능력을 방어한다는 것이었다.

앞서 제2차세계대전을 검토할 때 봤듯이, 이런 논리는 다른 모든 고려 사항들보다 더 중요해질 수 있었다. 그것은 전면전의 상황에서는 이윤율이 낮더라도 개개 자본가들에게 투자를 강요할 수 있다는 것을 의미했다. 중요한 것은 오로지 국가자본주의 지배계급 전체의 생존뿐이었고, 이를 위해서는 모든 잉여가치를 군비 생산에 계속 투자해야 했다.

소련에서는 이런 상황이 1945년 이후 계속 우세했다. 그것[소련 상황]은 (국가자본주의가 통제하는 생산수단의 규모와 발전 수준이라는 면에서는) 미국보다 더 후진적이면서도 (지배계급 개인들의 이익을 국가자본 전체의 필요에 종속시킨다는 면에서는) 더 선진적인 국가자본주의에 적합했다. 소련의 경제적 후진성 때문에, 당장의 이윤율을 따지지 않고 투자하라는 압력이 더 클 수밖에 없었다.(물론 전체 국민경제의 이윤율은 여전히 중요했다. 그것이 미래의 투자 능력을 좌우하기 때문이었다.)

미국에서는 경쟁하는 자본주의 기업들이 국가가 모든 것을 통제하려 드는 것에 더 강력하게 저항할 수 있는 위치에 있었고, 국가의 통제를 받아들이게 만드는 외부 압력도 그리 크지 않았다. 단기적 이윤율은 많은 비군사적 경제 부문에서 투자를 결정하는 데 여전히 매우 중요했다. 그러나 앞서 봤듯이 이것은 거의 문제가 되지 않았다. 왜냐하면 군비 지출로 말미암아 세금 공제 후에도 이윤율이 비교적 높아서 직접적 국가 통제 없이도 투자가 지속될 수 있는 상황이 조성됐기 때문이다.

전후의 국가자본주의적 제국주의는 제국의 방위비보다 '초과이윤'이 더 많지 않았다는 의미에서는 '수익성'이 없었다. 그러나 이윤율 저하 경향을 피하면서 자본이 큰 불황을 겪지 않고 오랫동안 성장할 수 있게 해 줬다는 의미에서는 '수익성'이 있었다.

마지막으로, 이것은 장기 호황 시대의 제국주의 양상에 한 가지 매우 중요한 결과를 낳았다. 서유럽 제국주의 열강 사이의 경쟁이 완화됐다는 것이다. 전에는 바로 그 경쟁 때문에 한 세대 동안 두 차례나 세계대전이 벌어졌다. 그리고 제2차세계대전이 끝난 직후에도 유럽에서 여전히 강력한 독일 자본주의는 영국·프랑스 자본주의와 공존할 수 없을 듯했다. 그래서 처음에는 독일의 전후 산업 복구를 강제로 막으려는 노력들도 있었다.

그러나 1948년 이후 독일 자본주의는 프랑스나 영국과 군사적 대결을 벌이지 않고도 어느 때보다 경제적으로 더 강력하게 성장할 수 있었다.

그 이유는 미국 국가자본주의의 군비 지출이 미국 민간 산업에 수익성을 보장해 줬듯이, 다양한 유럽 자본들에게도 새로운 영토를 점령하지 않고도 시장을 발견하고 수익성 있는 투자를 할 수 있는 국제 경제 환경을 만들어 줬기 때문이다. 옛 제국을 고수하려고 애쓴 유럽 자본주의 국가들(예를 들어, 프랑스는 1962년에 알제리를 잃을 때까지, 영국은 경제적 약점[파운드화 평가절하] 때문에 아시아 [등지에 군사기지를 유지하던] 외교정책을 포기하고 1970년대 초 유럽경제공동체EEC에 가입할 수밖에 없게 될 때까지 그랬다)은 제국을 전혀 갖고 있지 않고 세계의 산업화한 지역을 겨냥해 성장을 추구하던 국가들[독일과 일본]보다 경쟁력이 점차 밀리고 있음을 깨달았다.

여러 서방 자본주의들 사이의 경쟁 완화와 비슷한 것을 장기 호황의 마지막 10년 동안 미국과 소련 사이의 경쟁 완화에서도 찾아볼 수 있다. 양대 열강이 모두 '번영'을 누리며 높은 성장률이 지속되자, 서로 상대방을 희생시켜 세계를 재분할하도록 몰아가는 압력이 정말로 매우 약해진 듯했다. '공산주의' 세력이 서유럽을 접수한다는 것도, 서방이 동유럽을 '탈환'한다는 것도 가능성이 없는 일처럼 보였다. 그리고 제3세계에서 이집트·인도·이라크·알제리 같은 국가들이 이쪽에 붙었다 저쪽에 붙었다 하는 것에 미국과 소련 모두 점차 익숙해진 듯했다.

미국과 소련이 마지막으로 두 차례 크게 충돌한 뒤에, 즉 1961년 베를린장벽 건설을 둘러싼 위기와 1962년 쿠바 미사일 위기 뒤에 '데탕트'(긴장 완화)가 대세가 됐다. 미국과 소련의 지배자들은 세계가 충분히 커서 양측 모두 각자 야망을 펼 수 있다고 믿었다. 대호황이 지속되는 동안에는 어떤 것도, 즉 미국의 베트남전쟁도, 소련의 체코슬로바키아 침공(1968년)도, 거대 열강의 부하들이 치고받고 싸운 1973년 중동전쟁도 그런 믿음을 깨뜨리지 못했다. 미국과 소련은 어느 때보다 많은 핵무기를 쌓아 두고 있었지만 그 핵무기를 사용할 가능성도 별로 없는 것처럼 보였다. '무장한 휴전'이 정말로 전쟁을 대체한 듯했다.

그러나 데탕트는 사실 경제 호황에 의존하고 있었다. 그리고 그 호황이 끝나자 거대 국가자본주의적 제국주의들 사이의 영원한 '평화' 공존이라는 꿈도 끝나 버렸다.

모순 1: 일국적 자본들과 국제적 생산

군비 경제는 생산의 국가 통제와 국제화 사이의 모순에 대한 대응이었다.

그러나 점차 군비 경제는 그 모순을 해결할 수 없었다. 1914년에, 심지어 1939년에도 지배자들은 신속한 전격전을 통해 최소한의 비용으로 경쟁국에 세계 재분할을 강요할 수 있으리라고 생각했다. 핵전쟁의 시대에는 문제를 그런 식으로 제기하기가 어려워졌다. 전쟁으로 나아가는 추세는 여전히 강력했지만, 아무리 정신 나간 자본가나 관료라도 핵전쟁이 벌어지면 새로운 자본을 대량으로 지배할 수 있게 되기 훨씬 전에 기존에 축적된 막대한 자본이 파괴될 것이라는 사실을 알 수 있었다. 핵 균형은 실제로 1944~1945년에 결정된 세계 분할의 큰 틀을 유지시켰다(비록 미국이 가끔은 '동유럽 탈환' 운운했지만 말이다). 30여 년이 지난 뒤에야 비로소 거대 열강은 전격전 형태의 '전역戰域 전쟁'을 통해 무엇을 쟁취할 수 있을까 하는 관점에서 다시 생각하기 시작했다.

그러나 두 진영 사이의 경계가 동결됐다고 해서 생산력의 국제화 압력이 중단된 것은 아니었다. 오히려 대호황기에 세계의 생산량이 끊임없이 증대하자 이 압력은 전례 없이 커졌다. 일국적 국가자본들이 냉전을 열전으로 바꿀 엄두를 내지 못했다면 다른 방식으로 그 압력을 완화해야 했다. 즉, 국내 생산과 국제 생산의 직접 연관을 확대해야 했다.

양차 세계대전 사이에 세계적 추세는 국가자본주의 제국들과 블록들이 다양한 생산물을 최대한 많이 자체적으로 생산하는 자립경제를 운영하는 것이었다. 그래서 세계 무역은 급감했고, 생산의 국제화는 각 블록 내부에서만 이뤄졌다.

경제적으로 더 후진적인 국가자본주의들은 1940년대와 1950년대에도 그 방향으로 계속 나아갔다. 그래서 소련은 동유럽 위성국들이 소련과의 무역 비중을 늘리도록 강요했고, 일본은 온갖 수단을 써서 외국산 수입품을 '배급'했다. 또, 브라질과 아르헨티나 같은 신흥 산업자본주의 국가들은 자국 기업들이 '수입 대체'[수입 대체 공업화]에 바탕을 둔 정책들을 추진하도록 강요했고, 중국과 인도는 모두 나름대로 소련의 5개년계획 경험을 의식적으로 모방했다.

그러나 기존 산업 강국들 사이에서 머지않아 새로운 양상이 나타났다. 세계 무역의 증가율은 세계 생산량 증가율보다 거의 2배 높았고, 여러 나라에서 투자·생산·판매를 조직하는 **다국적기업**들이 세계의 주요 생산 지역들을 지배하는 경향이 커졌다.

다국적기업들에게는 어느 한 나라의 자본은 결코 누릴 수 없는 유리한 점이 있었다. 다국적기업들은 **세계적** 생산력을 동원할 수 있었던 반면에, 개개 국가자본들은 이 세계적 생산력의 어느 한 부분에만 의존할 수 있었다는 것이다. 따라서 다국적기업들은 기술적으로 가장 선진적인 산업 분야, 즉 석유·석유화학·컴퓨터·전자·자동차 등의 산업을 지배하는 경향이 있었다. 가장 현대적인 생산물을 가장 효율적인 방식으로 계속 생산하고자 하는 개개 국가자본들은 다국적기업들과 공동투자 사업이나 특허권 협약 등을 통해 연계를 확립해야만 한다는 사실을 점차 깨달았다. 1960년대에는 브라질이나 아르헨티나 같은 국가들이, 1970년대에는 소련과 동유럽 국가들도 점차 그렇게 됐다.

세계 무역과 다국적기업의 성장은 또 다른 형태의 국제화로 이어졌다. 1960년대 말과 1970년대에 어떤 단일 국적도 없는 국제금융의 거대한 저수지(유로머니)가 엄청나게 성장한 것이다.

일부 마르크스주의자들 사이에서는 오늘날 자본주의 발전의 두드러진 특징이 '국가 통제'인지 아니면 '다국적화'인지를 두고 논쟁이 벌어진다.[39] 그러나 이런 논쟁 자체가 잘못됐다. 하나의 추세는 다른 추세를 내포한다.

국가는 국경 밖의 생산적 자원(자본과 원료)과 생산적 개발(신기술)에 접근할 방법을 찾지 못하면 자국 자본의 세계시장 경쟁력을 발전시킬 수 없다. 국가는 다국적기업들과 거래하고 국제자본시장에서 돈을 빌려야 한다.

다국적기업들의 처지에서 보면, 그들은 국가가 제공할 수 있는 자원(금융, '국방' 기관들이 맡고 있는 연구·개발 등)과 국제적 이익 보호(무역 협상이나, 외국의 급진적 정부가 가하는 위협에 대항하는 등)를 위해 본국에 계속 의존한다(비록 유니레버나 셸 같은 일부 다국적기업은 본사를 여러 나라에 두고 있지만 말이다).

다국적기업들과 개개 국가자본들은 상호 의존한다. 그러나 동시에 한쪽의 행동은 끊임없이 다른 쪽의 행동을 방해한다. 다국적기업은 보호를 받기 위해 국민국가에 의존하지만, 동시에 투자를 외국으로 옮기거나 눈 깜짝할 사이에 국경을 넘나드는 자금 거래를 하거나 세금을 회피하거나 해서 국내의 산업적·군사적 잠재력을 약화시킬 수 있는 국제적 활동도 한다. 국민국가는 발전하고 있는 세계적 생산력에 접근하기 위해 다국적기업에 의존하지만, (세금을 부과하거나, 정부 계약을 발주할 때 자국 기업에 우선권을 주거나, 환율에 영향을 미치려고 애쓰거나 해서) 무역과 자본의 자유로운 흐름을 방해하기도 하는데, 이것은 이런 세계적 생산력을 발전시키려 하는 다국적기업들의 노력을 방해할 뿐이다.

다국적 자본의 성장은 국가가 국내 경제에 질서를 부여하는 능력을 약화시킨다. '일국적 계획' 메커니즘의 통제에서 완전히 벗어나는 '일국적' 자원이 점점 더 많아진다. 그와 동시에, 다양한 국가의 지속적 존재와 그들의 거대한 군사 기구는 다국적기업들 내에서 이뤄지는 '국제적 계획'을 방해할 위험이 있다.

자본주의는 항상 서로 경쟁하는 많은 자본들의 맹목적 상호작용을 통해서만 '질서'가 나타날 수 있는 체제였다. 마르크스 시대에 그런 질서가 형성되는 핵심 메커니즘은 상품·노동력·자본 시장과, 그것들 사이의 '올바른' 비율을 주기적으로 복원하는 데 기여한 경제 위기였다. 1930년대 말에는 다른 종류의 상호작용, 즉 군사적 국가자본들 사이의 상호작용이 우세해졌다. 그러나 여기서도 특정한 종류의 '질서'가 나타날 수 있었다. 각국은 경쟁국들에 대한 두려움 때문에 국내 자원을 '계획적으로' 사용할 수밖에 없었는데, 그 결과는 대호황이었다.

그러나 생산력의 끊임없는 국제화는 국민국가들이 국내 자원을 계획적으로 사용하는 능력을 약화시켰다. 국가들은 (이데올로기적 색채와 상관없이) 점차 다국적 자본의 협력이 필요해졌다. 그런 협력을 얻어 낼 수 있는 방법은 오직 다국적기업에 충분한 이윤율을 보장해 주는 것뿐이었다. 그래서 이제는 이윤율이 떨어지든 말든 상관없이 투자를 극대화하던 낡은 국가자본주의 노선을 계속 추진할 수 없었다.

다국적 [자본의] 세계에서 국가자본들은 더는 빠른 성장 속도와 완전고용을 보장할 수 없었다. 1930년대 말과 1940년대 초에 나타난 '질서'는 과거지사가 됐다. 그러나 그 '질서'가 생겨나게 만든 국가들은 계속 존재했다. 그리고 이 때문에 이제는 사뭇 다른 질서, 즉 '순수한' 시장 경쟁과 경제 위기를 통한 조절에 바탕을 둔, 마르크스 시대의 질서로 돌아갈 수 없게 됐다.

모순 2: 비군사적 국가자본주의들의 성장

지금까지 우리가 상정한 세계는 오직 군사적 국가자본주의들만이 존재하는 세계였다. 대호황은 사실 그런 세계에서 생겨났다. 국제적으로 당시의 경제 생활을 지배한 나라로는 제2차세계대전에서 승리한 산업국들, 즉 미국·소련·영국과 그보다 정도는 덜했지만 프랑스가 있었다. 그리고 이 나라들의 높은 군비 지출 수준은 제국과 세력권을 보호하기 위한 것이었다.

그러나 대호황 동안에 변화가 일어났다. 다국적 자본들이 성장해서 국가자본들의 경계를 넘나들었듯이, 국가자본들도 군사적 경쟁뿐 아니라 시장 경쟁에 주의를 기울이기 시작했다. 특히, 거의 모든 자원을 경쟁국 시장에 침투하는 데 쏟아붓고 군사적 경쟁에는 참여하지 않는 국가자본들이 등장했다.

이것은 장기간에 걸친 경제 성장의 필연적 결과였다. 체제가 성장함에 따라, 군사적 경쟁에서 독립적 구실을 하려는 국가가 지출해야 하는 규모도 증대했다. 결국 두세 개 국가만이(미국과 소련, 그리고 어느 정도는 중국도) 그것을 감당하겠다고 자처할 수 있었다. 다른 국가들은 이런저런 초강대국과 운명을 같이하기로 하는 것 말고는 선택의 여지가 없었다. 그리고 거기서 한 걸음만 더 나아가면, 초강대국에 비해 군비에 쏟는 국내 생산량의 비중을 낮춰도 된다는 결론을 내리게 됐다. 경제적 선진국들은 두 부류로, 즉 군비 지출 수준이 높은 나라들과 낮은 나라들로 나뉘기 시작했고, 영국이나 프랑스 같은 나라들은 그 중간에 있었다.

그 결과는 이중적 모순이었다. 초강대국들은 경제적으로 불균등했는데도 부담은 똑같이 져야 했다(소련은 자신보다 국민생산이 갑절 이상 큰 나라인 미국의 군비 잠재력에 필적해야 했고, 경제적으로 상대적 후진국이던 중국은 미국과 소련을 모두 상대할 수 있어야 했다). 다른 한편으로, 경제 규모가 거의 비슷한 다른 선진국들은 불균등한 부담을 졌다(예컨대, 영국의 군비 부담 수준은 일본의 거의 6배였고, 서독보다 50퍼센트 더 높았다).

제2차세계대전에서 패배해서 1940년대 말 재무장의 첫 단계에서 제외된 두 자본주의 국가[서독과 일본]는 자국 생산량의 많은 부분을 군비에 투입할 필요 없이 '승전국들'이 지속시킨 세계 군비 경제에서 득을 봤다. 따라서 그 두 국가는 자국 생산량의 더 많은 부분을 생산적 산업에 투자할 수 있었고, 효율 면에서 그에 상응하는 혜택을 누렸고, 국제시장 경쟁에서 승리할 수 있었다.

서독은 국민총생산의 3~4퍼센트만을 군비에 지출했고, "1950년에 시작된 전후 첫 호황이 강력했던 것은 대외무역 덕분이었다."[40] "서독 역사에서 자본 축적이 감소하거나 부진할 때마다 수출 초과가 생산을 자극하는 효과를 냈다."[41]

일본의 경로도 이와 비슷했다. 일본의 군비 지출 규모는 서독보다도 훨씬 작아서, 국민총생산의 1퍼센트도 안 됐다. 그 덕분에 일본은 다른 어느 서방 국가보다도 더 많은 자원을 생산적 축적에 투입하면서도 다른 국가들의 군비 경제로 창출된 국제시장에서 득을 볼 수 있었다.

그래서 (경제성장률이 경쟁국들의 거의 2배나 된) 일본의 장기 호황은 1950년대 초 한국전쟁에 참전한 서방 국가들의 군대가 창출한 수요와 함께 시작됐다. 일찍이 일본의 호황을 설명한 어떤 책은 이렇게 지적했다. "호황은 전적으로 엄청난 해외 수요 증대의 결과였다." 1952~1956년에 미국 군대가 일본에서 구매한 금액, 즉 미국의 국방조달 금액은 33억 3100만 달러였다. 이것은 "같은 기간 일본의 상품

수입의 4분의 1이 넘는 액수였다." "이후 그 액수가 감소하는 경향이 있었지만, 1958~1959년의 조달 대금은 수입품 대금의 14퍼센트를 치르고도 남는 금액이었다."[42]

일본 경제는 약간의 소강상태 후 1960년대 말에 전례 없는 호황을 누렸다. 이 호황에 기여한 핵심 요인은 "특히 북미 지역에 대한 수출이 급격히 증가한 것"이었다.[43] 그 밖에도 미국 군대의 새로운 주문이 일본에 쇄도했다. 이번에는 베트남전쟁 때문이었다. 이것 때문에 1971년 한 해에만 일본의 수출액이 10억 달러나 증가했다.[44]

군비 지출 수준이 낮았다고 해서 국가가 경제에 개입하는 수준도 낮은 것은 아니었다. 오히려 수출을 강화하기 위해 국가가 개입하는 경향이 있었다.

그래서 어떤 마르크스주의자는 서독의 호황 초기 상황을 다음과 같이 설명했다. "독일연방공화국[서독]의 부르주아지는 국가기구와 통화·재정 제도를 다른 자본주의 나라 부르주아지보다 훨씬 잘 이용해서 유리한 감가상각 비율, 재건을 위한 저금리 신용 대출, 투자 자금 융자로 자본을 축적할 수 있었다. 이 모든 일은 공식적인 신자유주의 경제 이론과는 모순된 것이었다."[45]

일본에서는 국가자본주의가 (비록 직접적 국유화 수준은 낮았지만) 민간 산업에 미친 영향력이 서방 세계의 어느 나라보다 더 강력했다. 국가와 민간 대기업들은 서로 협력해서, 1945년 이전에는 군비로 흘러갔던 국민소득 부분이 이제는 생산적 투자로 들어가게 만들었다. "급속한 성장의 동력은 공장과 설비에 대한 고정투자였다. 민간 고정투자는 1946년 국민총생산의 7.8퍼센트에서 1961년 21.9퍼센트로 증가했다."[46]

예컨대, 1940년대 말과 1950년대에 수입 원료 공급이 부족해졌다. 그러자 정부가 나서서 경제 성장과 수출 증대에 가장 크게 기여할 것으로 생각되는 산업들에 수입 원료를 할당했다. "[특정 산업에] '치중하기', 즉 '우선 사업' 제도가 도입돼 탄광업과 철강업 같은 핵심 산업들이 크게 성장했다. … 원료는 우선순위에 따라 각 산업에 할당됐다."[47]

이 과정에 핵심적 구실을 한 것은 통상산업성[이하 통산성]이었는데, 통산성의 '지침'을 무시하는 산업체는 혹독한 대가를 치를 각오를 해야 했다.

> 통산성은 1960년대에는 중공업, 1970년대에는 지식 기반 산업을 발전시키기 위한 기본 전략을 짜고 실행했다. … 통산성의 목표는 자원의 흐름을 전도유망한 산업들로 돌리는 것이었다. 국내외의 금융·기술 자원들은 이 산업들에 우선 할당됐다. 통산성의 노력으로 다양한 형태의 조세 감면과 보조금 정책이 수립되고 법제화되고 실행됐다. … 게다가 그 부처는 산업 구조조정과 개편을 촉진하는 조치들도 시행했다.[48]

그래서 1970년대 초에 통산성은 외국인들이 [일본 산업을] 인수하는 것을 막기 위해 산업 집중을 더 강화했다. 통산성의 '행정 지침'으로 97개 해운 회사가 6개 그룹으로 통합됐고, 서로 다른 세 기업이 미쓰비시중공업으로 합병됐고, 닛산자동차와 프린스자동차의 합병, 야하타제철과 후지제철의 합병이 이뤄졌다.[49]

통산성의 광범한 권한 외에 일본 중앙은행도 각 시중은행에 영향

력을 행사해서 특정 투자에 자금을 댈지 말지를 단속했다.[50]

일본 국가자본주의는 영국 같은 나라에서 때때로 생겨난 엄청난 긴장, 즉 국가의 요구와 개개 자본가 집단의 요구 사이의 첨예한 긴장 같은 것을 겪지 않았다. 십중팔구 그 이유는 최근까지도 일본의 해외투자 수준이 비교적 낮았고 개개 자본주의 기업들이 자신의 활동을 다국적이라기보다는 일국적이라고 봤기 때문이다(물론 이제는 이런 생각이 바뀌고 있다). 일본 기업들은 일국적 자본 축적의 길을 따라가면서 국가와 일체감을 느낄 수 있었다.

> 일본 기업인들은 활발하게 투자한다. 그들은 다른 선진국 기업인들과 달리 총이윤이나 내부 축적의 한계 내에서 고정투자를 한다는 제한을 두지 않는다. 일본 기업은 고정투자가 총이윤을 초과하더라도 은행 융자를 이용할 수 있는 한 투자를 실행한다.[51]
>
> 일본 기업 경영진의 일차 목표는 매출액을 높게 유지하고 증대하는 것이다. … 물론 괜찮은 이윤 수준을 유지하는 것은 기업의 목표이지만 이윤 극대화는 목표가 아니다.[52]

다시 말해, 일본의 대기업 총수들과 국가는 서로 협력해서 단기적 이윤율을 고려하지 않고 모든 잉여가치를 '전략적' 부문에 투입해 일국 자본주의의 성장을 꾀한 것이다. 다른 국가자본들이 군사적 고려사항을 가장 중요하게 여기는 동안 일본 국가자본주의는 해외시장 경쟁에서 이기는 것을 가장 중요하게 여겼다. 통산성 차관 한 명은 그런 사고방식을 이렇게 요약했다. "나폴레옹과 클라우제비츠에 따르면, 성공하는 전략의 비결은 주요 전장에 전투력을 집중하는 것이다. 다행히 일본은 부족한 자본을 전략적 산업에 집중할 수 있었다."[53]

이런 전략의 결과는 1950년대와 1960년대, 1970년대 초까지 자본축적이 거의 끊임없이 증가했다는 것이다. 세계 군비 경제를 지탱하는 부담을 안고 있던 나라들의 경제보다 성장이 훨씬 빨랐다. 1961~1971년에 일본의 연간 자본 성장률은 11.8퍼센트였고, 1950~1962년에 서독의 연간 자본 성장률은 9.5퍼센트였다. 반면에, 1948~1969년 미국의 연간 자본 성장률은 3.5퍼센트에 불과했다.[54] 1967년에 고정투자가 국민총생산에서 차지하는 비율도 두드러진다. 일본은 32.3퍼센트, 프랑스는 21.9퍼센트, 서독은 22.8퍼센트, 영국은 18.2퍼센트였다.

1952년에 일본의 1인당 소득은 브라질이나 말레이시아, 칠레보다 적었다. 일본 국민의 40퍼센트는 농업에 종사하고 있었다. 공업의 노동생산성은 낮았다. 일본산 제품이 세계 수출에서 차지하는 비율은 겨우 1.7퍼센트였다. 일본은 늘 국제수지 문제에 시달렸다. 경제성장률 예상치 중 가장 높은 것이 연간 5퍼센트였다.[55]

그러나 1970년대 말에 일본은 세계 3위의 산업 강국이었다. 세계무역에서 일본이 차지하는 비율은 무역 대국 미국과 맞먹을 정도였다. 일본의 무역수지 흑자는 엄청났다.

서독과 일본의 성공은 언뜻 보면 군비경제론과 모순되는 듯하다. 어쨌든 이 두 나라는 경제 성장 속도가 가장 빨랐는데, 서독은 군비 지출 수준이 평균에 비해 낮은 나라였고 일본은 군비 지출 수준이 아주 낮은 나라였기 때문이다. 그러나 실제로는 민간생산 국가자본

표 3-6. 선진국들의 국민총생산 총합에서 각국이 차지하는 비율(단위: 퍼센트)[56]

	1953년	1977년
미국	69	48
일본	3.6	17.7
서독	6.5	13.2
프랑스	8.0	9.7
이탈리아	3.8	5.0
영국	8.9	6.3

표 3-7. 공산품 세계 무역에서 각국이 차지하는 비율(단위: 퍼센트)[57]

	1961년	1978년
미국	17.9	11.5
일본	5.0	11.5
유럽경제공동체(영국 포함)	46.6	44.1

주의의 전략은 다른 국가자본주의들의 군비 생산이 전제될 때만 의미가 있었다. 그래야 이 다른 국가자본주의들이 [서독과 일본에] 수출 시장을 제공할 수 있었기 때문이다. 만약 그들도 민간 생산 국가자본주의였다면 그들의 투자 수준도 서독이나 일본과 비슷했을 것이고, 그러면 세계의 생산량이 수요를 초과했거나 아니면 생산수단이 매우 급속히 축적돼서 자본의 유기적 구성이 상승하고 이윤율 저하 경향이 나타났을 것이다.

따라서 일본의 경험은 상시군비경제 이론으로 세계경제의 성장과 안정을 설명하는 것과 모순되지 않는다. 그러나 일본 경제는 이 성장의 모순 요인이었다. 바로 일본의 성공 때문에 세계경제의 점점 더 큰 부분이 투자 가능 생산량을 군비 지출로 낭비하지 않게 됐다. 일본 경제의 성장은 세계의 생산물 가운데 군비로 들어가는 부분의 비중을 떨어뜨린 것이다.

문제는 그뿐이 아니었다. 군비 지출 수준이 낮은 경제들의 성공 자체가 군비 지출 수준이 높은 국가들에 압박을 가해서, 그들도 자원을 군비가 아니라 생산적 투자로 돌려야 했다. 그래야만 그들이 시장 경쟁에서 일본과 서독의 도전에 대응할 수 있을 것이기 때문이었다.

이 점을 가장 분명히 보여 주는 사례가 영국이었다. 영국은 1940년대 말부터 1970년대 중반까지 경제가 성장하려고 할 때마다 국제수지 위기에 부딪혔다. 역대 영국 정부는 결코 내키지는 않았지만 제국의 위신을 지키려는 생각을 포기하고 국민생산에서 군비로 들어가는 부분을 줄일 수밖에 없었다(비록 군비 예산 총액을 줄이지는 않았지만 말이다). 국내총생산에서 방위비가 차지하는 비율은 1955년 7.7퍼센트에서 1970년 4.9퍼센트로 낮아졌다.

미국의 경우 그 압박이 처음에는 뚜렷하지 않았다. 1950년대와 1960년대 내내 무역수지가 흑자였기 때문이다. 그 덕분에 높은 군비 지출 수준을 유지하면서도 해외투자 규모를 증대할 수 있었다. 그렇지만 군비 지출 자체는 한국전쟁 때의 매우 높은 수준(1951년 국민총생산의 13.4퍼센트)에서 1950년대 말 9~10퍼센트, 1960년대 초 7~9퍼센트로 계속 낮아졌다.

미국이 직면한 문제의 심각성은 베트남전쟁 시기에 드러났다. 미국 대통령 존슨과 닉슨은 패배를 피하려는 필사적 노력으로 군비 예산을 3분의 1가량 증액했다. 그러나 이렇게 상승한 군비 지출 수준도 결코 한국전쟁 때만큼 높지 않았다(군비 지출이 국민총생산에서 차지하는 비율은 1950년대 초에 13퍼센트였는데, 1950년대 말에는 9~10퍼센트 수준에 그쳤다). 그러나 그조차도 격렬한 시장 경쟁에 직면한 미국 산업에는 너무 큰 부담이었다. 국내 물가가 급등했고, 월스트리트가 전쟁에 등을 돌렸으며, 이윽고 1971년에는 제2차세계대전 후 처음으로 미국의 수입액이 수출액을 초과했다. 닉슨은 세계경제를 더 불안정하게 만든 두 가지 조처를 취할 수밖에 없었다. 하나는 미국의 군비 지출을 다시 줄여서 한국전쟁 이후 가장 낮은 수준까지 낮추는 것이었고, 다른 하나는 미국 달러화를 평가절하하는 것이었다(그 과정에서 전후 내내 세계 무역이 성장할 수 있는 틀 구실을 했던 국제 고정환율 제도를 파괴했다). 미국의 국민총생산에서 군비 지출이 차지하는 비율은 1951~1957년 13.4퍼센트에서 1958~1968년 10.7퍼센트, 1969~1973년 8.5퍼센트, 1974~1977년 6.6퍼센트로 계속 낮아졌다.[58] 시장 경쟁의 원동력이 군사적 경쟁의 원동력을 가차 없이 약화시키고 있었다.

1970년대에 일부 사람들이 체제의 "헤게모니 위기"라고 부른 것은 사실 다른 것(서로 다른 두 차원의 경쟁에 몰두한 국가자본주의들의 세계에 내재하는 불안정)의 결과였다.[59]

미국 경제의 어려움만큼이나 다른 주요 군비 지출 국가인 소련의 어려움도 컸다.

1930년대, 1940년대, 1950년대에 소련 경제는 막대한 군비 예산과 매우 낮은 수준의 대외무역에도 불구하고 대다수 서방 경제들보다 더 빠르게 성장할 수 있었다. 그러나 1960년대에 소련의 장기 성장률이 하락하고 있다는 것이 분명해졌다(1950~1955년에 연평균 11.3퍼센트이던 성장률이 1960~1965년에는 6.3퍼센트로 낮아졌다). 과거 투자의 성공 자체가 새로운 투자를 어렵게 만들고 있었다. 10년 전에 비해 한 단위를 투자할 때마다 국민경제에 추가되는 잉여가 더 작아졌다.[60] 다시 말해, 총국민투자의 이윤율이 하락한 것이다. 따라서 경제를 성장시키고 군사 기구를 확대하는 데 이용할 수 있는 자원이 줄어들었다. 대중의 불만 증대를 막으려고 약속했던 생활수준 향상을 이제는 거부하고 노동자들과 집단농장 농민들에게 더 강한 압력을 가할 수밖에 없었다. 그들의 생활수준을 압박하지 않는다면 군비 부담을 줄이든지, 아니면 경제성장률을 희생시켜야 했다(그러면 장기적으로 군비 잠재력이 약화됐을 것이다).

그러지 않으려면 유일한 대안은 서방의 다국적기업들과 새로운 무역·기술 연결망을 형성해서 투자의 효율성을 높이려고 노력하는 것이었다. 그러나 이것은 서방 다국적기업들이 소련 경제의 개선에 모종의 결정권을 갖게 된다는 것을 뜻했다. 다시 말해, 이윤율이 낮을 때조차 경제 성장을 위해 모든 자원을 쏟아부을 수 있게 해 줬던 중앙집권적 관료의 지령이 부정된다는 것을 의미했다.

이 모순된 압력이 동구 서구 할 것 없이 세계 체제의 서로 다른 단위들에 미친 영향은 세계의 총생산 가운데 군비로 들어가는 비율이 (어떤 계산에 따르면 1953년 약 7퍼센트에서 1965년 약 4퍼센트로) 감소했다는 것이다.[61] 1970년대 중반이 되면 세계의 군비 지출이 총생산에서 차지하는 비율은 고작해야 1948년 수준이었다. 1948년은 군비 지출 수준이 매우 낮아서 전면적 경제 위기의 징후가 잠시나마 다시 나타난 바로 그해였다.

새로운 경제 위기 시대

이번[1970년대 중반]의 경제 위기는 잠시 왔다 가는 것이 결코 아니었다. 서방세계 전역에서 기업인들과 경제학자들이 이제 이윤율이 투자·성장률·완전고용을 지탱할 만큼 충분히 높지 않다고 불만을 터뜨리는 소리가 빠르게 확산되기 시작했다.

그 이유를 알아내기는 어렵지 않다. 1960년대에 이미 군비 지출 수준이 낮은 나라들에서 노동자 1인당 생산적 투자 수준이 급격히 높아졌다. 일본에서는 "자본이 노동력보다 훨씬 빠르게 성장했다(연간 9퍼센트 이상으로 서방의 선진 산업국 평균 성장률의 2배 이상이었다)."[62]

서독에서는 1950년대에 변화가 없던 자본의 유기적 구성이 1960년대에는 상승했다는 주장이 있다.[63]

그러나 이 나라들에서 자본의 유기적 구성이 상승했다고 해서 그것이 곧바로 이윤율 저하로 나타난 것은 아니었다. 수출이 증대할 수만 있었다면 말이다. 그 나라들은 높은 자본 투자 수준 덕분에 수출 시장에서 경쟁국들을 앞설 수 있었다. 국내의 이윤율이 저하될 수도 있었지만 수출에서 얻는 초과이윤 덕분에 떠받쳐졌다. 초과이윤을 얻을 수 있었던 것은 국제 생산 비용(과 따라서 국제가격)이 경쟁국

들의 더 비효율적인 생산 방법의 영향을 받았기 때문이다.[64]

자본주의의 역설 하나는 자본의 유기적 구성이 상승해서 평균이윤율이 떨어지더라도 최초로 자본의 유기적 구성을 상승시킨 자본가는 더 많은 이윤을 얻는다는 것이다. 왜냐하면 투자를 증대한 그 최초의 자본가는 다른 자본가들이 이용할 수 없는 새로운 생산 기술을 손에 넣어서 비용을 평균보다 낮출 수 있기 때문이다. 그의 행동 때문에 자본가 계급 전체의 총이윤은 감소하지만, 그중에서 그가 차지하는 몫은 더 커지는 것이다. 다른 자본가들도 그를 모방해서 새로운 자본 집약적 기술을 도입하고 나서야 비로소 그의 경쟁 우위는 사라지고 이윤도 감소하게 된다.[65]

그래서 일본과 서독은 자본 집약적 투자에 집중해서 세계의 이윤율을 떨어뜨리면서도 세계의 이윤에서 자신들이 차지하는 몫은 늘릴 수 있었다. 일본과 독일의 수출 경쟁력 강화 때문에 다른 자본주의 나라들은 이윤율이 떨어지면서 일본과 독일 자본의 유기적 구성이 상승한 대가를 치러야 했다. 그러나 이제 경쟁력 강화 압력을 받게 된 이 다른 나라 자본가들은 일본과 독일의 기술에 필적하기 위해 자본의 유기적 구성을 상승시켰다.

자본의 유기적 구성 상승이 주요 경제 대국들 사이의 경쟁을 격화시켰고, 이것이 다시 유기적 구성을 더 상승시키는 압력으로 이어진 것이다.

그래서, 예컨대 1948년에 미국의 대외무역액이 총생산에서 차지하는 비율은 12.7퍼센트에 불과했고 1965년에도 겨우 13.7퍼센트였다. 그런 상황에서 대부분의 산업에 중요한 것은 국내의 가격 경쟁력이었다. 그러나 1979년이 되면 그 비율은 31.1퍼센트까지 높아졌다.[66] 이제 훨씬 더 많은 산업이 비용의 국제적 비교를 걱정해야 했다. 모든 산업은 갑자기 다른 나라의 더 선진적 기술로 생산했을 때 드는 비용을 기준으로 자신의 생산물 가치를 다시 계산해야 하는 상황에 놓이게 됐다. 그리고 그렇게 계산된 가치는 '적정' 이윤을 얻을 수 있을 만큼 높지 않았다.

1970년대에 미국의 노동생산성이 향상되지 못한 유명한 현상은 그 때문이었던 듯하다. 즉, 노동자가 가동한 기계류의 가치는 원래 미국 내에서 그것을 생산하거나 교체하는 비용이 얼마인지에 따라 계산됐지만, 국제적 비교를 해 보면 그 가치가 더 낮았던 것이다.[67]

미국 자본이 이런 경쟁 격화에 대응할 수 있는 방법은 단 하나뿐이었다. 그것은 바로 미국 자본 자체의 자본-노동 비율[노동 대비 자본 비율]을 높이는 것이었다. 1968년 이후 그 비율은 어느 정도 높아진 듯하다.[68]

표 3-8. 미국에서 자본-노동 비율의 연간 성장률(단위: 퍼센트)[69]

	1957~1968년	1968~1973년
제조업	1.43	2.24
비금융 기업	1.32	1.65

(다른 사정이 같다면) 전후 내내 군비 지출이 미국보다 적은 경제에서 예상할 수 있듯이 영국에서는 자본의 유기적 구성 상승이 더 일찍 시작된다.

표 3-9. 영국의 자본-산출 비율(산출=1)[70]

1948~1952년	1959~1962년	1968~1971년	1972~1975년
1.61	1.78	1.97	2.19

대단히 흥미롭게도, 영국의 이 수치들을 보면 1970년대 초에 자본의 유기적 구성이 양차 세계대전 사이의 장기 불황 이전 수준까지 상승했다. 《뱅크 오브 잉글랜드 쿼털리》[영국 중앙은행이 발행하는 계간지]에 나오는 수치들을 봐도 1960년부터 1970년대 중반까지 영국의 자본-산출 비율이 50퍼센트 상승했다. 그 잡지는 이렇게 썼다. "이런 변화가 의미하는 바는 1960년부터 1973년까지 자본 수익률의 하락과 이후의 더 극적인 하락 추세가 기업 부가가치[원료비를 공제한 후의 총생산량 — 지은이]에서 실질 이윤이 감소한 것보다 훨씬 더 뚜렷했다는 것이다."[71]

〈파이낸셜 타임스〉 칼럼니스트 새뮤얼 브리턴도 비슷한 추세를 지적하면서 당혹스러워했다.

> 제조업의 자본 단위당 생산량이 장기적으로 감소하는 추세였다. … 이것은 선진국에서는 상당히 일반적인 경험이다. … 어느 한 나라만 그랬다면 꽤 그럴듯하게 이야기를 지어낼 수 있겠지만, 선진국 전체에 대해서는 그럴 수 없다.[72]

유기적 구성의 그런 변화는 대호황을 단축시킬 수밖에 없었다. 투자가 노동보다 빠르게 증가했기 때문에 이윤율이 떨어지든지 아니면 생산물에서 노동자들이 얻는 몫이 급감(착취율이 상승)해야 했다. '노동자들의 몫'이 삭감되지 않는다면, 기업(과 국가)의 대규모 신규투자는 평균이윤율을 떨어뜨릴 것이다. 투자 비용이 주기적으로나 아니면 다른 이유로(에너지 가격이나 원료 가격 상승, 임금 인상 압력, 금리 급등 따위로) 증가하면 그 투자는 수익성이 없어질 것이다. 그런 상황에서 기업들은 대규모 투자를 하는 사업을 시작했다가 중도에 축소할 것이다. 그러면 다른 기업들도 비용 계산이 어그러져서 이윤을 얻지 못할 것이다. 그 결과 전반적으로 투자 수준은 낮아지고 경제의 불안정은 심해질 것이다.

그러나 노동자에 대한 착취율을 높이는 것도 해결책이 아니었다. 그것은 개개 자본의 이윤 수준을 보호해 줄 수는 있었다.[73] 그러나 그 결과 전체 소비재 시장은 축소될 수밖에 없고, 따라서 체제의 성장은 높은 투자 수준에 훨씬 더 의존하게 되고, 투자 수준이 높지 않다면 체제는 훨씬 더 큰 타격을 받을 수 있었다.

이렇게 투자가 부진한 상황에서 경제가 불안정해진 것이 바로 1970년대에 일어난 일이었다. 1973년의 석유 파동은 말하자면 낙타 등을 부러뜨린 지푸라기 같은 것이었다. 즉, 이미 점차 더 높은 자본의 유기적 구성을 바탕으로 돌아가던 자본주의 체제를 툭 쳐서 경제 위기에 빠뜨린 것이었다.

그러나 이후의 경제 위기가 어떤 형태로 나타났는지를 이해하기 위해서는, 먼저 대호황으로 말미암아 체제에 일어난 변화들을 살펴봐야 한다.

대호황기의 노동력: 복지국가, 가족, 이민

제2차세계대전 전에는 거의 모든 나라에 노동력인구가 남아돌았다. 서방 국가들에는 1920년대와 특히 1930년대에 엄청나게 많은 실업자가 있었다. 소련에서는 실업률이 1920년대에 높았지만 1928~1929년 이후 군비 지향 중공업이 성장하면서 낮아졌다(그러나 그때조차 강제노동수용소에는 매우 낮은 수준의 생산성으로 노동에 투입될 수 있는 500만~1000만 명의 충분한 잉여 노동력이 있었다).

전시경제가 도래하자 실업률은 자본주의 체제의 짧은 호황기에나 가능하던 수준으로 낮아졌다. 그래서 미국 실업률은 1939년 17.1퍼센트에서 1944년 1.7퍼센트, 1945년에는 1퍼센트까지 떨어졌다. 전후의 군비 축소, 그리고 1948~1949년의 가벼운 경기후퇴와 함께 실업률은 5.3퍼센트까지 올랐지만, 1950년대 초에는 다시 3퍼센트 아래로 떨어졌다. 영국에서는 1938년에 10.3퍼센트였던 실업률이 전쟁 기간에 약 1퍼센트까지 낮아졌고 1950년대에는 1.5퍼센트와 2퍼센트 사이를 맴돌았다. 독일에서는 나치의 전시경제로 1930년대 중반에 실업이 거의 사라졌다가 전쟁 직후의 경제적 혼란 때문에 실업률이 높아졌지만 1957년에는 4퍼센트로 낮아졌고 1960년에는 겨우 1퍼센트였다.

20여 년 동안 자본주의 국가가 걱정한 것은 실업 대책이 아니라, 갈수록 증가하는 노동력 수요를 충족시킬 만큼 빠르게 고용을 늘리는 것이었다. 예컨대, 미국에서는 육체 노동자 수가 1940년 2050만 명에서 1970년 2750만 명으로 늘어났다. 사무직과 판매직 노동자도 850만 명에서 1850만 명으로 늘어났다.[74] 모든 선진국에서 취업 인구가 비슷하게 성장했다.

따라서 장기 호황 동안에 주요 자본주의 국가들이 걱정한 것은 실업 대책이 아니었다. 사실 그들의 문제는 정반대였다. 즉, 기존의 실업자를 생산에 흡수하는 것만으로는 노동력을 한없이 요구하는 듯한 장기 호황의 필요를 충족시킬 수 없었다. 예컨대, 미국에서는 1940~1970년에 취업 노동인구가 60퍼센트 증가했다. 그렇게 증가하려면 완전히 새로운 노동력 공급이 필요했다. 정치인들과 정부 관료들이 그렇게 하고 싶어 하든 아니든 간에 국가가 그런 노동력 공급을 어느 정도 책임져야 했다. 전례 없이 노동시장을 규제해야 했다.

경제적 경쟁이나 군사적 경쟁을 위해 꼭 필요한 원료인 노동(력) 공급을 이제 '자유로운' 노동시장에 그냥 맡겨 둘 수 없었다. 국가는 서비스와 보조금을 직접 제공해서 임금 제도를 보완(하고 심지어 어느 정도는 대체)해야 했다.

노동력 부족 문제를 해결하는 방법 하나는 농업 노동인구를 훨씬 더 줄이는 것이었는데, 서유럽에서처럼 소규모 농장들의 통합을 국가가 지원해서 줄일 수도 있었고 소련과 동유럽에서처럼 국가가 강제하는 '집산화'를 통해 줄일 수도 있었다. 또 다른 해결책은 저개발국에서 선진국의 도시들로 대규모 이주를 장려하는 것이었다(그래서 터키와 동남부 유럽에서 독일로, 유고슬라비아·포르투갈·스페인·알제리에서 프랑스로, 서인도제도와 인도아대륙에서 영국으로, 푸에르토리코에서 미국으로 사람들이 이주했다). 셋째 해결책은 (역시 거의 모든 나라에서 채택됐는데) 결혼한 여성을 [가정에서] 끌어내 임금노동자로 만드는 것이었다.

그러나 노동력을 늘리는 이 방법들은 저마다 자본과 국가에 새로운 문제들을 일으켰다.

농업에서 노동인구를 끌어내는 것은 농업에 자원을 투입해 농업 생산성을 높여야만 가능한 일이었다. 그 방법은 비용이 매우 많이 들 수 있었다. 그러나 그 방법을 사용하지 않으면, 증가하는 도시 주민에게 식량을 제공하고 공업에 원료를 공급하는 일이 어려워져서 노동계급의 불만을 자아내고 축적에 병목현상이 나타날 터였다. 산업 발전 수준이 낮은 동안에는 그런 문제들이 비교적 사소한 것일 수 있었다. 그러나 경제가 계속 성장하면 그런 문제들이 점점 더 성장의 발목을 잡을 수 있었다. 그 점은 최근에 동구권 나라들에서 [심각한 경제 위기로] 아주 생생하게 드러났다.

제3세계에서 이주민을 받는 것은 노동력을 얻는 매우 값싼 방법이었다. 선진국은 이들을 양육·교육하는 비용을 전혀 부담하지 않아도 됐다. 사실상 이주 노동자들의 모국에서 보조금을 받는 셈이었다. 이 새로운 노동자들은 대개 '토박이' 노동자들보다 더 젊어서 의료 서비스와 노령연금 등도 거의 요구하지 않았다. 또, 대개는 저임금과 가혹한 노동조건, 엄격한 노동규율 등을 더 쉽게 받아들였다. 요컨대, 초착취를 감내할 태세가 돼 있었다. 이 새로운 노동인구는 어쩌면 무제한으로 얻을 수 있었다.

그러나 실제로는 한계가 있었다. 이주 노동자들이 새로운 고향에서 살고 일하는 데 익숙해지자 그들은 내국인 노동자와 비슷한 노동조건을 요구했다. 즉, 괜찮은 주거와 자녀 교육 등 복지 혜택을 요구했다. 국가는 그런 부분에 대한 지출을 늘려야 했다. 그러지 않으면 사회적 긴장이 고조돼서, 격렬한 계급투쟁이 벌어지거나(프랑스의 1968년 항쟁은 어느 정도는 그런 새로운 노동자들의 반란이었다) 아니면 [내국인 노동자와 이주 노동자 사이의] '인종' 충돌이 분출할 수 있었다. 그런 사회불안의 근원을 제거하는 데 필요한 사회적 지출을 감당할 수 없는 국가는 대개 이주 통제를 강화하는 조치로 대응했다.

기혼 여성을 대거 임금노동자로 만드는 것도 국가가 어느 정도 투자를 해야 하는 일이었다. 기혼 여성이 취업하더라도 육아(다음 세대 노동자의 사회화)가 소홀해지거나 남성 노동자의 의식주가 파탄 나는 사태가 벌어지지 않도록 할 수단을 찾아야 했다. 신기술을 적용해서 비교적 싼 값에 그런 수단을 많이 제공할 수 있었다. 냉장고·세탁기·진공청소기의 보급, 석탄 난로를 대체한 전기·가스·석유 난방시설, 냉동식품의 대중화, 패스트푸드 매장의 확산, 심지어 텔레비전 등 이 모든 것은 현재와 미래의 노동력을 모두 재생산하는 데 필요한 노력을 상당히 줄이는 효과를 냈다.[75] 그리고 그것들은 대개 국가나 자본에는 돈 한 푼 들지 않는 일이었다. 왜냐하면 그 비용은 모두 취업한 기혼 여성이 받은 임금 덕분에 늘어난 가계소득에서 치러졌기 때문이다. 부모가 모두 일하는 동안 어린 자녀를 돌보는 것은 더 까다로운 문제였다. 국가가 보육 시설을 제공하려면 돈이 많이 들었기 때문이다. 비록 그 비용도 흔히 취업한 기혼 여성의 임금에서 회수할 수 있었지만 말이다.

따라서 노동력을 늘리는 방법들은 모두 어느 정도까지만 효과가 있었고, 그 한계를 넘으면 흔히 꽤 많은 간접비용이 들었다. 체제가 급속히 성장하는 동안에는 그래도 그 비용을 감당할 수 있었다. 그러나 대호황이 붕괴하자 큰 부담이 됐다.

노동력 부족 문제를 해결할 수 있는 또 다른 방안이 있었다. 그러나 그것은 비용이 훨씬 많이 드는 일이었는데, 평균적 숙련도를 높이기 위해 노동력 재생산에 대한 국가 지출을 늘리는 것이었다.[76]

대호황 동안에 모든 선진국에서는 교육비 지출이 상당히 늘어났다. 특히, 중등교육의 고학년과 고등교육에서 그랬다.[77] [미국 경제학자] 제임스 오코너는 미국의 교육에 관해 이렇게 지적했다. "1950년대 말과 1960년대에 이렇게 기술 진보를 강조하는 데 … 자극받은 주 정부와 지방 정부는 낮은 수준의 기술 교육을 급속히 확대하고 방대한 고등교육 체계를 수립했다. 젊은 미숙련 노동자를 사회화하는 주요 기관으로 국가가 가족을 대신하게 됐다." 바로 이런 상황에서 "고용 증가의 95퍼센트는 노동시장의 '상위 절반'(고졸 이상 학력의 노동자들)에서 이뤄졌다."[78]

'교육비' 지출의 증가와 함께 (대다수 나라에서) 의료비 지출도 증가했다. 노동력이 부족한 시기에 질병이 생산에 미치는 영향을 줄이려면 그것은 필수적이었다. 따라서 의료 서비스가 분할되는 경향이 있었는데, 한 부문은 다치거나 병든 노동자를 치료해서 일터로 되돌려 보내는 데 매우 효율적이었고, 다른 부문은 생산적 노동에 다시 투입될 가망이 없는 사람들(만성질환자, 노인, 정신질환자 등)을 취급했다. 물론 대개는 셋째 부문, 즉 부자와 권력자를 치료하는 사적 부문(동유럽에서는 특권층을 담당하는 국가 부문)도 있었다.

마지막으로, 생산성을 향상시키기 위해 국가 지출을 증대하는 셋째 영역이 있었는데, 이 지출은 취업 노동자들에게 안정감을 주기 위해 고안된 것이었다. 이 범주에는 노령연금(특히 적어도 일부는 사내 복지 정책으로 재원이 조달되는 노령연금)과 실업급여가 포함됐다. 역시 오코너는 이렇게 지적한다. "비록 사회보장제도가 실업자와 은퇴한 노동자들을 보수화하게 해서 사회적·정치적 안정에 기여하지만, 그 주된 목적은 고용된 노동자들에게 경제적 안정감을 줌으로써 근로 의욕을 높이고 노동규율을 강화하려는 것이다." 바로 그 때문에 1960년대 말에 많은 나라에서 임금성 복지 혜택과 해고수당 제도가 도입된 것이다. 이것은 오래된 산업들에서 노동력을 '털어내는' 구조조정 과정의 다른 측면이었다.

이 모든 조치들은 자본이 노동력의 생산성을 향상시키려면 반드시 필요한 것으로 볼 수 있다. 그러나 이런 조치를 노동계급 운동의 정치적·경제적 요구에 자본이 양보한 결과로 보는 견해도 흔하다. 예컨대, 제2차세계대전이 끝났을 때 영국에서 '복지국가'[사회보장제도]가 도입된 데에 정치적 고려가 중요한 구실을 했다는 것은 분명하다. 그래서 장차 보수당 내각의 각료[법무부 장관]가 되는 퀸틴 호그(지금의 헤일셤 경)는 1943년 [국회의원들에게] 이렇게 말했다. "만약 여러분이 국민에게 개혁을 선사하지 않으면 국민이 여러분에게 혁명을 선사할 것입니다." 또, 1960년대 미국에서 대통령 린든 존슨의 '위대한 사회' 정책에 따라 복지가 확대된 것도 1964~1968년 빈민가에서 일어난 반란이 지배계급에게 충격을 준 것이 큰 요인이었다.

그러나 복지 서비스의 확대는 단지 노동계급의 압력에 대한 반응만은 아니었다. 1960년대 말쯤에는, 노동계급 운동이 강력한 나라들보다 노동계급이 비교적 허약하고 조용한 나라들의 복지 서비스 수준이 더 나은 경우가 흔했다. 예컨대, 일본은 1950년대와 1960년대 초에 복지 지출 수준이 낮은 나라였다(유럽과 미국의 3분의 1 수준에 불과했다). 그러나 1980년이 되면 일본의 복지 지출은 크게 늘어나서 공공부문의 재정 적자가 대폭 증가했다. 노동력 확대가 농촌인구의 이주보다는 도시 노동자들의 재생산에 의존하게 되자 국가가 여기에 개입해야 했던 것이다.

그러나 복지 확대에 관한 이 두 가지 설명이 꼭 서로 모순되는 것은 아니다. 오랫동안 자본은 복지 지출이 서로 다른 두 가지 필요, 즉 노동계급을 매수해서 묵종하게 만드는 것과 그렇게 하는 데 드는 비용이 축적에 부담을 주지 않도록 [노동]생산성을 높이는 것을 동시에 충족시킬 수 있다고 생각했다. 임금이 노동력을 재생산하는 동시에 노동자들에게는 노동의 고역을 정당화하는 것으로 보이듯이, 공공지출에서 '사회적 임금'이라는 요소도 노동력의 생산성을 높이는 동시에 노동자들로 하여금 사회가 자신을 돌봐 준다고 믿게끔 만들었다.

이 노동비용의 '사회화'는 체제 전체에 몇 가지 중요한 결과를 낳았다. 그것은 일국적 국가자본주의의 관점에서 보면 노동이 더는 전통적 의미에서 '자유롭지' 않다는 것을 의미했다. 고전적 자본주의 체제에서는 생산수단에서 분리된 노동자들은 노동력을 판매해야만 먹고살 수 있었다. 그리고 자본가들은 노동력의 대가만 지급하면 됐지 그 노동력의 소지자인 인간을 부양할 필요는 없었다. 이 점은 효율적 착취라는 관점에서 볼 때 자본주의가 노예제보다 크게 유리한 점이었다. 왜냐하면 노예제에서는 인간이 착취자의 재산이었으므로 (그 노예가 특별히 생산적이든 그렇지 않든 간에) 여느 재산과 마찬가지로 돌봐 줘야 했기 때문이다.

어떤 의미에서 복지국가는 노예제에 적합한 경제적 계산을 자본주의 경제학에 도입한 셈이었다. 노동력이 심각하게 부족한 상황에서 자본주의 국가는 자국의 노동계급을 재산으로 여겨야 했고, 생산성을 국제 수준에 맞게 유지하려면 노동계급을 착취할 뿐 아니라 보살피고 돌보기도 해야 했다. 이 점은 국가가 많은 돈을 들여 훈련한 노동자가 다른 나라로 도망가서 일하지 못하도록 국경선을 따라 장벽을 쌓은 사례[대표적으로 베를린장벽]에서 가장 분명히 드러났다. 그러나 임금이 노동자의 생활수준을 떠받치는 요소 중 일부에 불과하게 되면서 그런 현상은 어디서나 볼 수 있게 됐다. 바로 그 때문에 국가는 사람들을 생산적 노동자로 만들기 위해 고안된 조치들을 적용하라는 압력을 거듭거듭 받았다. 예컨대, 소련에서는 '기생 생활' 죄를 저지른 사람[실업자]에게 징역형을 선고했고, 영국에서는 부랑죄를 지은 사람[유랑민]과 사회보장제도를 '악용'한 사람을 처벌하는 법률이 있었으며, 복지국가의 사회 안전망에 의존해서 사는 것보다는 노동력을 판매하는 것이 항상 훨씬 득이 되도록 만드는 정교한 정책들이 있었다. 이것은 자유 노동의 성격을 부분적으로 부정하는 것이었지만, 부분적 부정이었을 뿐이다(이 점은 노동시장 밖에 있던 사람들, 즉 소련에서는 강제노동수용소 수용자들, 서방에서는 가정주부들이 노동시장으로 끌려 들어온 것에서도 드러난다).

그러나 자유 노동 시장의 이런 제한적 '부정'조차 개개 국가자본의 간접비용을 증가시키는 부담이었다. 이런 간접비용을 정확히 어떤 범주에 넣을지('사회적 자본'을 위한 지출로 할지, '간접적으로 생산적인 지출'로 할지, 아니면 '비생산적인 생산 비용'으로 할지)는 중요한 문제가 아니었다. 그 비용은 모두 국민국가가 국제 경쟁력을 높이고자 하면서 떠맡아야 하는 지출 수준을 높이는 데 기여했다. 그래서 그것은 국민경제 전체의 투자수익률[이윤율]을 떨어뜨리는 압력으로 작용했다.[79]

오랫동안 이것은 문제가 되지 않는 듯했다. 다른 요인들이 이윤율을 보호하는 작용을 하고 있었기 때문이다. 그러나 호황의 상승 동력이 약해지기 시작하자 복지 비용은 결정적 문제가 됐다. 두 가지 기능, 즉 생산성을 향상시키는 동시에 [노동계급을] 매수해서 동의를 얻어내는 기능이 더는 상호 보완적이지 않게 됐다. 자본은 생산성을 유지하고 향상시키는 데 드는 비용을 줄이려고 노력해야 했다. 비록 그렇게 하는 과정에서 노동계급을 통제하는 기존 메커니즘이 망가지더라도 말이다. 이제는 갈수록 복지 혜택을 그 수혜자의 잠재적 생산성과 연관시키는 것이 추세가 됐다. 고용된 사람들(이나 가까운 미래에 고용되거나 재고용될 것이라고 생각되는 사람들)은 일정 수준의 대우를 받을 수 있었지만, 고용에서 영원히 탈락한 사람들은 훨씬 낮은 수준의 대우를 받게 됐다.

그런 정책을 따르려 한 정부들은 노동자들이 '사회적 임금'을 당연한 것으로 여기게 됐다는 사실 때문에 문제에 부딪혔다. 개개 자본이 임금을 삭감하려 할 때 노동자들의 저항을 어떻게 억누를지를 걱정해야 하듯이 정부도 '사회적 임금'을 삭감하려 할 때 저항을 어떻게 최소화할지를 걱정해야 했다. 그 결과 [고용 여부에 따라 복지 혜택에 차등을 두는] '두 종류의 복지국가' 창출이 아주 무자비한 자본주의 경제학자들이 요구하는 것만큼 빠르게 진척되지 못했다.

그래서 영국의 대처 정부조차 철두철미하게 자본주의적 합리성에 따라 실업자들을 대우할 수는 없었던 것이다. 그러려면 얼마나 많은 실업자를 [산업]예비군으로 유지해서 미래의 생산 필요에 대비할지를 계산하고 그들이 언제든지 생산에 투입될 수 있도록 실업급여를 충분히 제공하는 한편으로(그러나 그들의 '근로 의욕을 파괴할' 정도로 너무 많이 줘서도 안 됐다) 나머지 실업자들은 구제를 포기하고 극빈층으로 전락하도록 만들어야 했을 것이다. 그러나 오히려 영국 정부는 '장기적' 사회보장 급여의 가치를 물가상승률 수준에 맞춰 조정할 수밖에 없다고 느꼈다. 이 때문에 대량 실업과 함께 사회복지 비용 총액도 증가해서, 정부의 온갖 노력에도 불구하고 공공부문 적자는 증가하기만 했다.

폴란드 지배계급도 1980년에 비슷한 문제에 직면했다. 식량 보조금을 축소하고 가장 생산적인 노동자들(과 물론 완전히 비생산적인 관료들, 경찰서장들, 군 장교들)에게만 충분한 식량을 공급하려다가 노동계급 전체의 저항을 불렀다.

세계 체제의 경쟁 압력 때문에 '사회적 임금'의 '합리화' 요구가 제기됐다고 해서 그것을 그냥 실행할 수 있는 것은 아니었다. 체제의 동역학 때문에 각국 지배계급이 어느 정도 압박을 받았다는 것은 사실이다. 그러나 압박을 받은 지배계급이 '사회적 임금'의 '합리화'를 강행할 수 있을지 아니면 그 과정에서 서로 물어뜯고 싸우게 될지는 계급투쟁에 달려 있었다.

자본의 집중과 국가의 구실

자본의 집중이 이뤄지는 고전적 방식은 경제 위기였다. 경제 위기로 인해 일부 자본이 파산하면 다른 자본이 그것을 헐값에 사들일 수 있었다. 그 과정에서 살아남은 자본들의 이윤율은 올라가고 체제 전체는 기술 진보에 따른 불변자본의 감가상각 비용을 털어 낼 수 있었다.

그러나 [제2차세계대전 이후] 30여 년 동안 심각한 경제 위기가 없었다. 물론 이런저런 파산은 있었지만, 소기업들의 파산이어서 체제 전체로 보면 별로 중요하지 않았다.

그러나 자본의 집중은 계속돼 자본 단위들의 수는 줄어들고 규모는 커졌다.

표 3-10. 미국 대기업이 보유한 총자산의 비율(단위: 퍼센트)[80]

	100대 기업	200대 기업
1925년	34.5	–
1929년	38.2	45.8
1933년	42.5	49.5
1939년	41.4	58.7
1954년	41.9	50.4
1958년	46.0	55.2
1962년	45.5	55.1
1965년	45.9	55.6
1968년	48.4	60.4

표 3-11. 영국의 제조업 순생산량에서 100대 기업이 차지하는 비율(단위: 퍼센트)[81]

1909년	1935년	1949년	1958년	1963년	1970년
16	24	21	32	37	46

이런 집중은 대체로 인수·합병을 통해 이뤄졌는데, 그 과정에서 인수·합병된 기업의 자본 가치가 떨어지지 않은 것이 일반적이었다. 영국에서는 "1966~1968년에 사라진 기업의 약 80퍼센트는 합병되면서 사라졌고, 1948~1972년에 전체 상장 기업의 절반이 합병 대상이 됐다."[82]

그래서 1950년대와 1960년대에는 경제 위기를 통한 자본 파괴가 이윤율 저하를 상쇄하는 데서 미미한 구실을 했다.

그러나 1960년대 말에는 체제를 이루는 대기업들이 1930년대보다 훨씬 더 크고 서로 밀접하게 연결돼 있었고, 그들은 생존을 위해 저마다 다른 기업들에 깊이 의존하고 있었다.

자본의 집중과 함께 국가에 대한 의존이 증대했다. 1960년대 말과 1970년대 초에 대호황이 흔들리는 첫 조짐이 보이자 어디서나 국가 통제 수준이 올라가는 경향이 나타났다. 각국 정부는 비효율적 기업들이 파산하면 (부채 [상환 불능] 때문이든 노동자들의 일자리 상실 때문이든) 다른 기업들도 손해를 입을까 봐 파산을 방치하지 않으려 했다. 예컨대, 1970년에 미국의 거대 철도 회사인 펜센트럴이 곤경에 빠지자 미국 정부가 지원하려고 달려들었다. [1971년에] 영국의 롤스로이스가 파산했을 때 우파인 보수당 정부가 그 회사를 국유화했다. 그래서 국유 기업 민영화를 공약으로 내건 정부가 집권 후에는 더 많은 산업을 국가 통제하에 두게 되는 역설이 생겨났다. [부동산 관련 대출을 중심으로 하는] 중소형 금융기관(이른바 '2차 은행')부터 거대 역외 뮤추얼 펀드인 IOS까지 세계 전역에서 의심스러운 수많은 금융업체가 무너졌을 때 각국 중앙은행은 다른 금융기관들에 압력을 가해서 그 파편들을 수습하게 만들었다. 실제로 1970년대 중반의 경제 위기에서 중요한 점 하나는 국가와 중앙은행의 개입 때문에 중대한 파산이 거의 없었다는 것이다.

파산을 막기 위한 국가 개입 증대와 자본의 집중 심화는 체제의 전반적 작동에 중요한 영향을 미쳤다. 과거에는 불황기에 가격 인하 압력이 작용했지만 이제 더는 그러지 않았다. 왜냐하면 거의 독점적 지위를 누리는 기업들은 이윤을 보호하기 위해 생산량을 줄여서 가격을 올릴 수 있다고 생각했기 때문이다.

미국의 급진적 경제학자 하워드 셔먼은 이런 독점화의 영향을 이렇게 설명했다. "1948년 경기후퇴 때까지 거의 모든 경기후퇴와 불황 때마다 경제가 수축하면 가격은 하락했다. 1948년 경기후퇴 때 비독점 산업들에서 가격은 7.8퍼센트 하락했다. 그러나 독점 산업들에서 가격은 겨우 1.9퍼센트만 하락했다. 그때 이래로 경쟁[비독점 — 지은이] 가격은 경기후퇴 때마다 계속 하락했다. 그러나 독점 가격은 경기후퇴 때마다 상승했다."[83] 그래서 경쟁 부문에서는 1953년, 1958년, 1969년 경기후퇴 시기에 가격이 각각 1.5퍼센트, 0.3퍼센트, 3퍼센트 하락했지만, 독점 부문에서는 같은 시기에 가격이 각각 1.9퍼센트, 0.5퍼센트, 5.9퍼센트 상승했다.

시간이 흐르자, 가격 인상이 독점 이윤을 실질적으로 보호하는 수단으로서 발휘하는 효과는 떨어졌다. 그 방법은 상당한 비독점 부문이 존재해서 그 부문의 가격 하락으로 독점 기업들의 비용은 절감되고 가격은 오를 때만 효과가 있었기 때문이다. 일단 경제의 대부분을 독점 기업들이 지배하게 되자, 그들이 구매하는 상품의 비용도 그들이 판매하는 상품의 가격과 마찬가지로 빠르게 상승하는 경향이 있었다. 독점 기업들의 가격 인상 노력은 헛수고에 지나지 않았다. 따라서 수익성을 회복할 수 있는 방법은 오직 임금 삭감뿐이었는데, 이것은 완전고용 때문에 어려웠다. 그래서 실제로는 '소득정책'으로 임금을 억제하는 국가 개입을 요구하는 것이 보통이었다.

모든 자본가들이 동시에 가격을 올리는 것은 완전히 헛수고였는데도 개개 자본가들은 여전히 가격을 올릴 수밖에 없다고 생각했다. 그 결과, 체제는 새로운 중요한 문제에 부딪혔다. 전에도 자본주의 호황기에는 항상 물가가 올랐지만, 불황기가 되면 다시 떨어졌다. 그런데 이제는 호황기뿐 아니라 불황기에도 물가가 올랐다. 자본의 집중 때문에 인플레이션, 즉 물가 오름세가 노화한 자본주의의 상시적 특징이 된 것이다.

낭비

극도의 자본집중은 또 다른 결과도 낳았다. 즉, 필연적으로 비효율과 낭비가 심해진 것이다.

자본주의 기업들은 항상 비효율적이고 낭비적인 방식으로 발전해 왔다. 생산은 시장의 요구에 반응해서 특정한 방향, 특정한 속도로 발전한다. 이에 따라 기업 내부의 '생산관계'(고위 경영진 내부의 자원 할당 체계, 경영진과 노동자들 사이의 관계)가 형성된다. 그러나 시장의 요구가 변한다고 해서 이 내부 구조가 자동으로 조정되지는 않는다. 한동안 기업은 똑같은 방식으로 (흔히 시대에 뒤떨어진 기술을 사용해서) 생산을 계속한다. 호황 때는 그렇게 하더라도 별 탈 없이 해 나갈 수 있을 것이다. 경제 위기가 닥쳐야 비로소 어쩔 수 없이 조정을 하게 된다. 효율적이지 못한 기업들은 더 혁신적인 기업들에 밀려서 파산할 처지로 내몰리기 때문이다.

경제 위기가 없는 시기가 오랫동안 지속되면서 필연적으로 비효율이 증가했다. 독점화는 이런 추세를 더 악화시켰다. 국내 시장 점유율이 높은 기업은 점차 시대에 뒤떨어진 기술을 사용하더라도 그 생산물을 계속 처분할 수 있었다. 1950년대와 1960년대에 그런 사례는 수없이 많았다. 그래서 세계 최대 제조업체인 GM은 오랫동안 사실상 신기술이 들어 있지 않은 신차 모델을 내놓는 것이 특징이었다.

> 1949년 개발된 자동변속기와 파워스티어링[엔진의 힘을 이용해 핸들 조작을 용이하게 하는 장치] 이래로 자동차 산업에서는 중요한 제품 혁신이 없었다. 기술은 거의 25년 동안 겨울잠을 잤다. 자동차 산업은 제품 혁신 대신에 20여 년간 마케팅에 몰두했다. 대체로 기존 제품과 똑같은 것을 내놓으면서도 뭔가 새롭고 유용한 제품인 양 포장했다.[84]

그 이유는 다음과 같은 경영 구조가 확고하게 형성돼 있었기 때문이다. "권한을 가진 사람들이 … 개인적으로 이 임원에게 충성했다저 임원에게 충성하고, 경영 능력보다 시스템 보호를 우선시하고, 건전한 경영 리더십 대신에 사내 정치를 이용했다. … GM에는 미래를 위한 이렇다 할 계획이 전혀 없었다."[85]

출시된 신차 모델들은 팔리지 않았고, 생산된 부품들이 '이익'을 낼 수 있었던 이유는 오직 기업 내 다른 부서나 거래처가 울며 겨자 먹기로 구매했기 때문이다. 이 모든 일이 수십 년 동안 가능했던 이유는 GM의 시장 지배력 때문이었다. 1970년대 말이 돼서야 비로소 GM은 이미 15~20년 전부터 나타난 막대한 낭비와 비효율을 어쩔 수 없이 인정하게 됐다.

호황이 흔들리기 시작했다고 해서 비효율이 저절로 줄어든 것은 아니었다. 앞서 봤듯이, 기업들은 가격을 올려서 이윤을 보호하려 들 수 있었다. 그리고 이런 노력이 실패하면, 대개는 순전히 기업의 규모 덕분에 파산을 피할 수 있었다. 국가가 개입해서 자금 지원에 나섰던 것이다. 낭비가 심하고 비효율적인 기업들이 깨끗이 정리되지 않았기 때문에 그들의 비효율성에 대한 대가는 세금과 은행 손실을 통해 효율적인 기업들이 치러야 했다.

그러나 낭비는 단지 신기술에 바탕을 둔 효율적 생산 방식을 채택하지 못한 데서 비롯한 것만은 아니었다. 그런 생산 방식을 추구하는 과정에서도 낭비가 나타났다.

가장 선진적인 기술을 이용하려면 점차 더 엄청난 수준의 자본 지출을 해야 했다. 국가는 흔히 그런 자원을 끌어모을 능력이 있는 유일한 조직이었고, 그래서 기술 발전은 국가적 과제가 됐다. 그러나 투자 규모 자체가 생산력 발전의 세계적 수준에 따라 결정돼야 했고,

따라서 국민경제에 걸맞지 않게 생산 능력이 지나치게 성장하면서 경제의 우선순위가 비틀어지고 균형 잡힌 발전은 불가능해졌다.

그래서 미국의 무기 개발 역사는 매우 값비싼 사업들이 시작됐다가 엄청난 비용을 낭비한 채 결국 포기된 역사이기도 하다. 1950년대 말과 1960년대에 "적어도 90억 달러어치 68개 무기 체계가 실행 불가능한 것으로 드러나 폐기됐다." 다른 어떤 것들은 "약속한 기한보다 2년 늦게 생산이 완료됐다."[86] "1955년 이후 공군과 해군을 위해 400억 달러의 비용을 들여 시작한, 정교한 전자 장비를 갖춘 주요 항공기·미사일 개발 사업 13건 가운데 50억 달러가 들어간 4건만이 그 사양仕樣의 75퍼센트 이상 성능 수준에 도달할 것이라고 기대할 수 있었다."[87]

마찬가지로 영국의 항공우주산업에도 (군수부문 민간부문 할 것 없이) 실패 기록이 허다하다. 1940년대의 대형 여객기 브라바존부터 1960년대의 준중거리 핵미사일 블루스트리크를 거쳐 1970년대의 [초음속 여객기] 콩코드에 이르기까지 실패가 계속 이어졌다.

선진 기술을 이용하는 다른 산업들의 상황도 크게 다르지 않다. 안전 조치 비용 때문에 포기해야 했던 민간 핵발전 산업의 기록이나 각국 정부가 앞다퉈 뛰어든 마이크로칩 기술 개발 같은 한심한 노력들을 보라.

대호황기에는 그런 낭비를 체제가 감당할 수 있었다. 그러나 호황이 시들해지자 그 비용을 흡수하기가 어려워졌다. 더 나쁜 것은 선진 기술에 대한 투자가 무용지물이 되면서 낭비가 엄청나게 증가했다는 것이다. 그래서, 예컨대 1970년대 초·중반에 영국 정부는 철강업 기술혁신에 막대한 돈을 쏟아부었다. 목표는 세계 어느 나라 못지않게 선진적인 공장들에서 연간 3200만 톤의 철강을 생산한다는 것이었다. 이 투자의 절반 이상은 낭비였다. 왜냐하면 1980년대 초가 되자 세계적 과잉생산 때문에 업계에서 처분할 수 없는 철강이 1200만~1600만 톤을 넘었기 때문이다. 철강업에 대한 투자는 전체 영국 자본을 부양하는 구실을 하기는커녕 국제 경쟁력을 약화시키는 또 다른 낭비가 됐을 뿐이다. 미국의 사정도 별로 다르지 않았는데, 심지어 기술 퇴보 사례들도 있었다. 기업들이 1970년대 초에 지어진 값비싸고 기술적으로 현대적인 대규모 공장들을 내버려 둔 채 규모가 더 작아서 더 낮은 단위 비용으로 더 적은 양을 생산할 수 있는 낡은 공장들에 생산을 집중했기 때문이다.[88]

국제적인 군사적 경쟁과 시장 경쟁을 위해 자원을 동원하려고 한 국민경제의 규모가 작을수록 불균형적 경제 발전과 순전한 낭비가 가하는 부담은 더 컸다. 바로 그래서 동구권의 중앙집권적 경제들에서 발생한 낭비 규모에 관한 언급이 그토록 많은 것이다.[89] 이런 [동구권에서의] 낭비 수준은 (일부 저자들의 주장처럼)[90] 동구권 경제가 서방 자본주의와 얼마나 다른지를 증명하는 것이 아니라, 실제로는 동구권과 서방의 공통점이 무엇인지를 증명한다. 동구권 국가들은 저마다 더 크고 더 강력한 적수들과 경쟁하느라 애를 썼다. 거대한 소련조차 2배나 더 큰 미국 경제의 군비 생산에 필적하려고 애썼다. 각국의 투자 사업에 들어가는 자원 규모에 관한 결정은 자국 경제가 지탱할 수 있는 수준이 아니라 국제 경쟁이 요구하는 수준에 따라 이뤄졌다. 이 때문에 5개년'계획'이 시작될 때마다 실제로 완수할 수 있는 것 이상의 투자 사업들이 추진된 것이다. 이 때문에 일부 사업들을 완수하려고 애쓰는 과정에서 다른 사업들은 동결되고(그래서 엄청나게 축적된 부가 미완의 유휴설비로 남게 됐다) [대중의] 생활수준은 떨어지고 국제수지는 감당할 수 없는 압박을 받게 됐다. 또, 이 때문에 1950년대에는 높았던 성장률이 1980년대에 거의 0에 가까워짐에 따라 낭비의 부담은 점점 감당할 수 없는 수준으로 커져 갔던 것이다.

지금까지 살펴본 요인들은 모두 각국 자본이 살아남기 위해 치러야 하는 비용을 더욱 늘렸다. 그 때문에 각국의 생산량 가운데 시장 경쟁이나 군사적 경쟁의 수단으로 직접 들어가지 않는 부분이 갈수록 늘어났다. 이 점은 모든 경제에서 국가 지출 수준이 상승한 것으로 (또 전체 국가 지출 내에서 군비 지출이 아닌 부분이 더 증가한 것으로) 나타났다. 예컨대, 미국에서는 연방 정부의 전체 지출에서 방위비가 차지하는 비율이 1955년 64.6퍼센트에서 1960년 47.6퍼센트, 1965년 40.8퍼센트, 1970년 39퍼센트, 1975년 25.6퍼센트로 낮아졌다.[91]

그러나 이런 요인들 가운데 어느 것도 그 자체로는 경제 위기를 일으키지 않았다. 대호황기에는 체제가 그 모든 것을 쉽게 감당할 수 있었다. 그러나 일단 이윤율이 떨어지면서 호황이 흔들리자 그 요인들 때문에 경제 위기는 더 악화했다. 그 요인들은 사실상 각국의 이윤율을 훨씬 더 큰 폭으로 떨어뜨리는 데 기여했다. 따라서 그 요인들을 상쇄하려는 노력이 국가자본들에는 결정적으로 중요해졌다. 그래서 '불필요한' 지출을 줄이고, 조세정책을 노동자들에게 해로운 방향으로 바꿨다.(이것은 사실상 노동자들을 이중으로 착취하는 것이었다. 한편으로는 노동력을 판매하게 해서, 다른 한편으로는 노동자들의 소득 가운데 국가에 넘겨주는 부분을 더 늘려서 착취하는 것이었다. 그리고 후자는 많은 자본주의 이전 사회의 전형적 착취 형태였다.)

새로운 금융 자본과 경제 위기

일국에 본거지를 둔 개개 자본들은 부진에 빠지자 생산의 국제화를 더 강화해서 부담을 완화하려 했다.

이 점을 잘 보여 주는 사실 하나는 국민국가의 통제를 벗어나서 영업하는 은행들이 폭발적으로 성장했다는 것이다. 그 결과 개개의 일국적 자본들은 국경을 뛰어넘는 수단을 얻었지만, 국민국가들은 자국 자본에 '계획'을 어느 정도 강요할 능력을 잃게 됐다.

1960년대 말에 은행들은 해외 영업을 엄청난 규모로 확대하기 시작했다. 서유럽 은행들의 외환 거래는 1968년 약 250억 달러에서 1974년 약 2000억 달러로 증가했다. 이것은 미국의 국제수지 적자에서 비롯했다. 미국에서 흘러 나간 달러는 해외 은행들(물론 미국 은행의 해외 지점도 포함된다)의 지급준비금으로 들어갔고, 그 은행들은 달러를 이용해 자국 정부의 통제를 받지 않는 대출을 할 수 있었다. 그런 시스템은 1973년 유가 폭등 이후 산유국들이 막대한 자금을 은행에 맡기자 다시 한 번 활력을 얻었다.

그러나 이 새로운 금융 현상에는 더 근본적 원인이 있었다. 일국적 자본들은 내부 자금을 초과하는 투자를 하려 할 때 은행에 의지할 수밖에 없었다. 은행은 많은 자본들이 획득한 잉여를 끌어모을 수 있었기 때문이다. 예컨대, 1950년대와 1960년대 초에는 미국 기업의 지출 가운데 외부 자금을 조달한 비율이 겨우 25퍼센트 남짓이었는데, 1974년 중반에는 이 비율이 65퍼센트까지 치솟았다.[92] 미국 기업의 주식 보유액 대비 장기부채 비율은 1955년 87퍼센트에서 1965년 130퍼센트, 1970년 181퍼센트로 높아졌다.[93]

제3세계와 동유럽 나라들이 빌린 돈도 미국 기업들이 빌린 돈만큼이나 많았다. 1965년부터 1974년 말까지 74개 저개발국의 부채 총액은 390억 달러에서 1190억 달러로 늘었다. 1973년부터 1975년까지 제3세계 나라들의 부채 총액은 2배 넘게 늘었고, 1976년 무렵 이 나라들이 미국·서유럽·일본의 민간은행들에 진 빚은 70억 달러였다.[94] 마찬가지로 1970년대에 동유럽 나라들의 부채도 급증해서 600억 달러를 넘어섰다. 그러나 은행에 대한 이런 의존은 대가를 치러야 했다. 개개 자본들은 갈수록 더 많은 몫의 잉여가치를 이자 상환으로 은행에 돌려줘야 했다. 그리고 이 때문에 신규투자 자금을 얻으려고 은행에 더욱 의존하게 됐다. 그래서 미국에서는 비금융 기업들이 은행에 상환한 순이자가 세금 공제 전 이윤에서 차지하는 비율이 1950~1959년 5.2퍼센트에서 1960~1969년 11.5퍼센트, 1970~1978년 33.3퍼센트로 치솟았다.[95]

동유럽 상황은 더 나빠서, 때로는 수출로 벌어들인 외화를 대부분 외채 상환에 써야 할 정도였다.

표 3-12. 동유럽의 외채 문제(1980년, 단위: 퍼센트)[96]

	국민총생산 대비 순외채 비율	비非코메콘* 수출액 대비 외채 상환액 비율
동독	9.2	54
불가리아	11.8	37
폴란드	17.7	92
루마니아	18.4	22
헝가리	20.2	37

이런 추세는 체제 전체의 동역학에 매우 중요한 영향을 미쳤다. 1930년대와 제2차세계대전 후에 등장한 자립경제적 국가자본주의들은 이윤율이 얼마로 예상되든 상관없이 투자가 이뤄지도록 할 수 있었다. 그저 국가가 군비 생산이나 생산적 축적에 투입할 수 있는 잉여가치, 즉 이윤량이 어느 정도 있기만 하면 됐다.

그런데 이제 이윤율이 다시 중요해진 것이다. 개개 국가자본들과 개개 다국적기업들은 적절한 이윤율이 보장돼야만 국제적으로 결정된 금리에 따라 은행에 진 빚을 갚을 수 있었기 때문이다. 일국적 축적은 국제적으로 결정된 수익성 기준에 부합하지 못하면 진행될 수 없었다.

이 최소한의 기준에 부합하지 못하는 일국적 자본이나 다국적기업은 이자를 갚고 나면 손해를 보게 돼 있었다. 그리고 국민경제가 손해를 보면서 운영된다는 것은 성장이 아니라 수축한다는 것이었다. 국

---

* 코메콘 미국 주도의 유럽경제협력기구에 대항해 생긴 동유럽경제상호원조회의.

제 금융 자본의 출현이 의미하는 바는 국가자본주의가 후퇴하는 시대가 시작됐다는 것이었다.

고전적 자본주의의 경제 위기 때와 마찬가지로 이제 국제적 일반금리와 국제적 평균이윤율이 반대 방향으로 움직이는 경향이 있었다. 이윤율이 떨어지면 은행들도 자금 조달 통로가 좁아지고, 그러면 더 많은 자본들이 어려움에 빠져서 추가 대출을 위해 은행에 더 의존했다. 즉, 자금 수요가 공급보다 빠르게 증가해서 금리가 치솟고, 그러면 개개 자본들은 훨씬 더 압박을 받았다.

자본주의 역사에서 일국적 자본들이 자국 내로 후퇴해서 낮은 이윤율을 무시할 수 있던 국면은 끝났다. 자본 시장의 오래된 구조(와 거기서 금융 자본이 하던 구실)가 다시 나타났는데, 이번에는 더 높은 국제적 수준에서 그랬다. 모든 나라가 엄청난 비용을 들여 반쯤 진척시킨 투자 사업들을 포기할 수밖에 없었다. 그 투자의 수익성이 은행 부채 상환에 필요한 수준에 이르지 못할까 봐 두려웠기 때문이다. 투자가 미적지근하게 확대되다가 발작적으로 수축하고, 짧고 제한적인 호황에 이어 장기 불황이 지속되는 단일한 리듬 속으로 전 세계가 빨려 들어갔다.

그래서 1970년대 초에 제3세계와 동유럽의 많은 국가는 외채에 의지해서 국내의 경기 부진 압력을 피하려 했다. 그 국가들(과 은행들)은 세계시장이 호황에 접어들면 상품을 수출해서 번 돈으로 외채를 상환할 수 있을 것이라고 기대했다. 그들의 투자 자체가 호황의 조건을 창출하는 데 기여했지만, 그 과정에서 원료(특히 석유) 가격과 금리를 상승시키는 데에도 기여했고, 그래서 결국 호황은 붕괴했다. 그들에게 남은 것은 완수할 수 없는 투자 사업과, 추가 대출을 해야만 갚을 수 있는 이자 부담이었다. 브라질·터키·루마니아와 특히 폴란드는 1970년대 초에 전례 없는 호황을 누렸고 1970년대 중반의 세계적 경기후퇴 때도 비교적 높은 경제성장률을 그럭저럭 유지했지만, 1970년대 말에는 와르르 무너지고 말았다.

은행들은 돈을 빌려 간 여러 나라 경제가 비슷하다는 점 정도는 알고 있었다. 그래서 어떤 국제 금융 월간지는 다음과 같이 썼다. "폴란드에 돈을 빌려준 시중은행들은 … [폴란드와 체결하는] 모든 협정이 (앞으로 몇 년간 구조조정을 해야 할) 폴란드 국내뿐 아니라 다른 나라들에도 선례가 될 것이라는 점을 날카롭게 의식하고 있다."[97]

그것은 마치 전쟁 전의 경제 위기가 재상영 영화처럼 되풀이되는 듯했지만, 차이도 있었다. 과거에는 일국 경제 내에서 서로 경쟁하는 개개 기업들이 국내 은행에서 돈을 빌렸다면, 이제는 국제 경제 내에서 국가자본주의들과 다국적기업들이 국제 은행들에서 돈을 빌리고 있었다.

1929~1931년에는 개개 기업들이 허약해서 어쩔 수 없이 점차 은행에 의존해야 했다. 그 결과 은행들은 일시적으로 활력을 얻었다. 그러나 기업들이 빚을 모두 갚을 수 없다는 것이 분명해지자 은행들도 허약해졌(고 일부 은행들은 치명타를 맞았)다. 산업의 위기가 금융 위기를 낳았고, 이것이 다시 산업의 위기를 악화시켰다.

1984년에 국제 은행들은 여러 국가와 기업이 갚지 못할 돈을 빌려 갔을까 봐 걱정했다. 은행들은 일부 채무자들을 파산시켜 버리겠다는 위협으로 채무자들에게 압력을 가할 수 있었다. 그러나 그 위협을 실행했다가는 일부 은행들 자체의 안정이 위험해질 수 있었다. 그렇다고 해서 압력을 가하지 않으면, 전 세계 은행이 낮은 이윤율을 받아들여야 하고 세계 규모의 새로운 축적에 투입될 수 있는 잉여가 훨씬 더 줄어들 터였다. 따라서 세계 체제는 한편으로 누적적 붕괴, 다른 한편으로 이윤율 저하와 경기 부진 사이에서 진퇴양난에 빠졌다.

그러나 그 패턴은 단지 과거로 돌아간 것이 아니었다. 1930년대에는 국민국가의 확고한 구조 안에서 서로 경쟁하는 기업들과 은행들의 상호작용이 이뤄질 수 있었다. 그래서 국가는 어느 정도 공통의 규율을 강요할 수 있었다. 무엇보다도 자국 경제의 화폐와 신용의 전반적 수준을 제한할 수 있었다.

지난 30여 년간 진행된 생산과 금융의 국제화 때문에 오늘날 국가가 그런 제한을 강요하는 능력은 많이 약화됐다. 날마다 이 나라에서 저 나라로 흘러 다니는 막대한 은행 자금은 국민국가들이 자국의 구매력 공급을 통제하기 매우 어렵게 만들었다. 가장 분명한 형태의 통화량(경제학자들이 M1이라고 부르는 것을 이루는 지폐 등)을 제한하는 것은 그보다 덜 분명한 형태를 포함하는 총통화량(M3)에 거의 영향을 미치지 못한다.

사실 각국 정부는 그런 엄격한 제한을 강요하려는 시도를 하지 않았다. 그랬다가는 은행들이 대규모 산업체들에 신용을 제공하지 않을 것이고 그러면 많은 산업체가 파산할 터였기 때문이다. 정부는 국민경제의 나머지 부분이 충격받을까 봐 두려워서 그런 요구를 자제했을 뿐 아니라, 실제로는 은행들에 신용을 더 확대하라고 촉구했다. 그래서 영국의 이른바 '통화주의' 정부가 은행들에게 [기업] 구조 활동에 참여하라고 독려하는 놀라운 광경이 펼쳐졌다. 예컨대, 캐나다에 본사가 있는 다국적기업 매시퍼거슨이 [파산 위험에 처했을 때] 영업을 계속할 수 있도록 은행들에 자금 지원을 종용했다. 그 결과 신용과 통화량이 확대될 수밖에 없었지만 말이다.

국가가 개입해서 생산과 고용 수준을 유지한다는 케인스주의 전망은 체제의 국제화 때문에 더는 유효하지 않았다. 그러나 그 점은 밀턴 프리드먼 교수 지지자들이 내놓은 [통화주의] 전망, 즉 통화량을 통제하고 물가 인상을 막기 위해 국가가 개입해야 한다는 전망도 마찬가지였다.

개개 국가의 지배자들이 공언한 이데올로기가 무엇이었든(케인스주의였든 스탈린주의였든 통화주의였든) 간에 국가는 실제로는 경제활동에 대한 중앙 통제를 점점 더 포기하고 단지 외부 압력에 대응하는 구실만 하게 됐다. 이것은 마치 기진맥진한 권투 선수가 온 힘을 다해 이쪽저쪽에서 날아오는 펀치를 막으며 필사적으로 버티지만 더는 아무 행동도 하지 못하는 것과 비슷했다.

밖에서 보면 국가와 국가 '계획'은 만능인 양 보인다. 그러나 안에서 보는 모습은 정반대다. 보이는 것이라고는 무능함, 전반적 계획 부재, 스스로 내린 명령이 만들어 낸 혼란을 극복하겠답시고 소리를 지르며 또 다른 명령을 내리는 사람들, 서로 싸우느라 정신없는 부서들, 스스로 결정을 내린다고 믿지만 실제로는 통제할 수 없는 힘에 의해 결정된 조치들을 집행하는 기관들뿐이다.

1979년에 폴란드를 연구한 비판적 지식인들은 다음과 같이 지적했다.

> 현실의 사회적·경제적 세계에서는 '중앙의 계획자' 같은 것은 결코 존재하지 않는다. 오히려 서로 다른 다양한 기준들을 사용해서 저마다 결정을 내리는 중앙 기관들의 이질적 집합이 존재할 뿐이다. 우리는 중앙이 어떻게 움직이는지, 어떻게 거시 경제 정책들을 입안하고 채택하는지 거의 알지 못한다. … 일반 시민뿐 아니라 많은 경제 전문가와 경제 정책 입안자들도 이런 물음에 대답할 수 없다.[98]

영국 재무부, 미국 다국적기업의 본사, 미국 국방부의 사령탑을 연구해도 거의 똑같은 이야기를 할 수 있을 것이다.

새로운 경제 위기 시대

1973년 이후 세계는 심각한 경제 위기가 잇따르는 새로운 시대를 맞이했다.

(1974~1975년의) 첫 번째 경기후퇴 때 모든 나라가 똑같이 타격을 입은 것은 아니었다. 몇 나라는 그 경기후퇴 동안에도 석유 판매 수익을 이용해(이란·멕시코·베네수엘라) 또는 막대한 해외 차입을 통해(폴란드·브라질) 계속 성장할 수 있었다. 그리고 다른 나라들도 1978년쯤에는 모종의 경제 회복을 경험했다. 그러나 그 회복은 제한적이고 불균등했다. 첫 번째 경기후퇴 동안에 성장한 나라들은 이제 나름의 문제들에 부딪혔고, 경기후퇴에서 가장 빨리 빠져나와 성장한 나라들(특히 미국)은 곧 물가상승과 국제수지 문제에 시달리다가

다시 경기후퇴에 직면했다.

머지않아 두 번째 세계적 경기 수축이 찾아왔다. 이번에는 대체로 1973~1975년만큼 극심한 수축은 아니었지만 (영국과 폴란드 같은) 특정 나라들에서는 수축이 훨씬 더 심각했다. 이 새로운 시대에 투자 수준은 거의 모든 나라에서 낮아졌고, 성장률은 미미하거나 때로는 마이너스였으며, 실업은 2배로 늘더니 또다시 2배로 늘었고, 물가상승률은 흔히 두 자릿수였고 5퍼센트 이하인 경우는 드물었다.

경제 위기는 저절로 해결되지 않았다. 첫 번째 경기후퇴가 시작된 후 10년이 지났어도 상황은 처음만큼이나 절망적이었다.

그러나 경제 위기는 아직 1930년대만큼 심각하지는 않았다. 심지어 전체 실업자가 1930년대 수준에 가까워지는 영국에서조차 1931~1932년에 비하면 전체 노동인구에서 차지하는 비율은 아직 더 낮다. 더 중요한 점은 1929~1931년의 특징이던 연쇄 기업 파산과 은행 붕괴가 아직은 없다는 사실이다.

경제 위기의 현재 국면이 오래 질질 끄는 성격이 있다는 것과 1930년대보다는 덜 심각하다는 것 사이에는 연관이 있다. 각국 지배자들이 겉으로 내세우는 이데올로기가 무엇이든 간에, 국가는 산업과 금융이 붕괴해서 가장 수익성 있는 기업들이 회복할 수 없는 타격을 입지 않도록 경제에 개입했다. 또, 가만 놔둘 경우 모든 국가가 무너지는 사태를 방지하기 위해 은행들도 마찬가지로 경제에 개입하게 만드는 경향이 있었다. 전에는 동구권에 대한 제재를 요구했던 미국 정부가 1982년 초에 미국 은행들에 돈을 건네주며 폴란드 외채에 대한 담보권 실행을 막은 놀라운 광경을 보라. 마찬가지로, 파산한

멕시코를 구제하려는 활동이 같은 해에 있었고, 1983년에는 국제통화기금이 마지못해 브라질에 원조를 제공했다.

그러나 경제 위기 때 체제의 구성 단위 일부가 강제로라도 청산되지 않는다면, 위기를 부른 자본의 유기적 구성 상승을 되돌릴 수 없다. 그러면 체제의 대규모 구성 단위 하나가 입은 손실이 다른 단위들로 확산된다. 그래서 세계의 이윤율은 더 떨어지고 경기 부진의 압력은 더 커진다.

그렇다고 해서 상쇄 요인들이 전혀 효과가 없다는 말은 아니다. 임금이 삭감되고, 생산성이 향상되고, 임금 수준이 높은 지역에서 낮은 지역으로 사업장이 이동하고, 노조 조직이 약해지는 일이 벌어질 때마다 착취율이 상승해서 개개 자본들은 더 많은 잉여가치를 차지하게 된다. 이 때문에 노동에 대한 자본의 투쟁이 격화하는 경향이 있는 것이다. 또, 이 때문에 노동집약적 산업들이 제3세계 지역으로 이동하는 경향이 있는 것이고, 그와 나란히 세계 모든 지역에서 저임금·혹사 노동이 어느 정도 부활하는 경향이 있는 것이다. 경제 위기 때 자본은 항상 노동력의 가치를 실제보다 낮게 지급해서 자신의 문제를 해결하려 했다.

그러나 전 세계에서 노동력 대비 투자의 비율(세계 수준의 자본의 유기적 구성)이 너무 높아서 착취율 상승도 이윤율에 미미한 영향을 미칠 뿐이고, 따라서 체제 전체의 문제를 완화할 수 없다. 물론 개개 자본들은 여전히 그런 방법들을 사용해서 대단한 성공을 거둘 수 있지만 말이다.

또, 파산을 통한 구조조정도 완전히 사라지지 않았다. 해마다 흔히 새로운 소기업들이 매우 높은 비율로 파산한다. 그러나 그들에게 일어나는 일은 각 나라에서 100~200대 기업이 총생산의 절반 이상을 통제하는 이 체제에는 아주 지엽적인 것일 뿐이다.

마지막으로, 경제 위기가 시작되자 새로운 군비 지출 증대 압력이 생겨났다. 초강대국들이 저마다 자기 세력권 안에서 완전한 헤게모니를 유지하는 데 필요한 경제적 영향력을 상실하자 군국주의적 방식이 되살아나는 경향이 있었다. 미국은 이른바 '자유세계'에서 과거의 '지도력'을 복원하는 유일한 방법은 원할 때면 언제든 군사개입에 나설 수 있다는 것과 소련과는 아무리 사소한 대결이라 해도 모두 대담하게 맞서 물리칠 수 있다는 것을 과시하는 것뿐이라고 보았다. 그래서 한편으로는 신속배치군RDF을 증강하고 그레나다에 직접 개입하고 중앙아메리카에 간접 개입했으며, 다른 한편으로는 크루즈·퍼싱·엠엑스MX 미사일 같은 전략무기에 대한 군비 지출을 급격하게 늘렸다. 전반적으로 미국은 자기 진영과 소련 진영 사이의 긴장을 고조시키는 것만이 '동맹국'들에 겁을 줘서 말을 잘 듣게 할 수 있는 방법이라고 생각했다.

소련의 처지에서는 자기 진영이 해체되지나 않을까 하는 두려움이 훨씬 더 크다. 이미 강력한 동맹국이 진영에서 이탈한 적이 있었다. 처음에는 1960년대에 중국이, 이어 1970년대에 이집트가 그랬다. 또, 경제 발전의 논리가 동유럽 위성국들을 자극해서 소련에서 멀어지게 만드는 것도 보고 있다. 그래서 소련은 새로운 군비 증강을 통해 미국과 경쟁해야 한다고 생각한다.

그러나 이 새로운 군비 지출은 전 세계적 경제 위기 압력을 피하는 데 거의 도움이 되지 못한다. [군수산업에서] 일부 실업자들은 새로운 일자리를 얻고 일부 자본은 국가가 보장하는 이윤을 얻는다. 그러나 현대 군수산업은 기술 수준이 높아서, 투입된 지출에 비해 고용 효과는 작다. 그리고 새로운 군비는 대부분 시장 경쟁을 하기에는 경쟁력이 떨어지는 자본들이 그 비용을 치러야 한다. 그런 자본들이 비용을 상쇄하는 유일한 방법은 [노동자들의] 생활수준과 '비생산적' 일자리를 더욱 압박하는 것뿐이다. 그래서 미국에서는 1981년에 군비 예산 증가와 동시에 사회복지를 삭감하는 정책이 도입됐고, 이것은 1960년대에 도입된 '위대한 사회' 정책들을 대부분 파괴할 것이다. 소련과 동유럽에서도 새로운 군비 지출은 생활수준 향상 약속을 모두 포기한다는 것을 의미한다.

1940년대와 1950년대의 군비 지출은 경제 성장을 불러와 각국 정부가 "지금 같은 호시절은 없었다"고 노동자들에게 말할 수 있게 됐던 반면, 1980년대의 군비 지출은 많은 노동자들이 지금처럼 나쁜 때는 없었다고 생각하기 시작하는 상황에서 이뤄지고 있다.

모든 '상쇄 요인'들이 결합해서 이윤율이 재앙적 수준까지 떨어지지 않고 경제가 1930년대처럼 깊이 가라앉지 않도록 막아 준다. 그러나 체제에 새로운 생명을 불어넣지는 못한다. '상쇄 요인'들은 체제를 부진하게 만들어서 모든 나라의 성장률을 떨어뜨리고 몇몇 나라는 심각한 쇠퇴에 빠뜨린다.

수치들을 보면, 미국의 자본-산출 비율(과 따라서 자본의 유기적 구성)이 지난 3~4년 사이에 더는 상승하지 않았다. 그러나 이것은 체제가 건강하다는 징후가 아니다. 그것은 투자가 빠르게 진척되지 않고 있어서 경기 부진에서 하강으로 바뀌는 일이 '상쇄 요인'들로 방지될 수 있음을 보여 줄 뿐이다. 이 책을 쓰고 있는 지금(1983년 말) 미국에서 그렇듯이 여전히 경기 부진 중간에 소비재와 군사 장비 산업에 바탕을 둔 짧고 제한적인 호황이 가끔 찾아올 수 있다. 그러나 장기 호황을 지속시킬 수 있는 유일한 요인인 투자의 대규모 부활을 위한 토대가 형성돼 있는 것처럼 보이지는 않는다.

1929~1933년에는 경제 위기를 일으키는 압력에서 벗어나는 유일한 수단으로 경제 위기를 이용하려는 마지막 시도가 있었다. 그러나 자본주의 체제의 문제를 해결하는 데 필요한 구조조정(자본들을 제거하는 것)의 규모가 너무 커서 체제가 그것을 감수할 수 없었다. 이 때문에 불황이 그토록 심각했다. 그때부터 줄곧 국가는 경제 위기의 효과를 상쇄하기 위해 개입해야 했다. 그러나 국가는 문제의 결과를 다뤘지 원인을 다루지 않았다. 그 원인은 군사적 경쟁의 격화 때문에 30여 년 동안 감춰져 있었다. 이제 군사적 경쟁의 필요가 국제적 시장 경쟁의 필요와 끊임없이 충돌하기 때문에, 경제 위기를 완화하려는 국가의 개입은 경제 위기를 한없이 연장하는 데 기여할 뿐이다.

그렇다고 해서 세계경제가 그저 쇠퇴하기만 할 운명이라는 말은 아니다. 전반적 부진 경향 속에서도 여전히 작은 호황들이 찾아와서 작지만 일시적인 고용 증가가 일어날 수 있다. 그러나 그럴 때마다 체제 전체의 문제들은 더 악화하기만 할 것이고, 그 결과는 또 다른 전반적 부진과 체제의 특정 부분의 대대적 파괴일 것이다.

레닌은 노동계급이 경제 위기의 고통을 참으면서 그 대가를 치르라는 강요를 받아들이는 한 자본주의 체제는 어떤 경제 위기에서도 살아남을 수 있다고 말한 적 있다. 그 말은 여전히 진실이다. 그러나 현재의 경제 위기 국면에서 벗어나려면 고통의 규모가 정말이지 엄청나게 커야 할 것이다. 선진국 2~3곳이 파산해서 그 나라의 산업들이 멈추고 노동자들이 말 그대로 굶주리게 된다면 다시 한 차례 급속한 축적을 이룰 기회를 붙잡을 수 있을 것이다. 이른바 '전역戰域 핵전쟁'이 가능하다면, 그것 또한 전쟁에서 살아남은 자본들에게 새로운 성장 국면을 열어 줄 수 있을 것이다.

그러나 체제의 서로 경쟁하는 부분들을 운영하는 자들은 결코 이 둘 중 어느 쪽도 선뜻 선택할 수 없다. 주요 경제 대국이 하나라도 파산하게 되면, 그 나라에서 사업하는 다국적기업들이나 그 나라에 돈을 빌려준 은행들도 함께 무너지기 십상이고, 그러면 다른 자본들도 잇따라 붕괴할 것이다. 그것은 또한, 자본주의 체제의 핵심에 있는 노동계급의 운동을 혁명적으로 일으킬 수 있다. 그리고 심지어 미군 장성들조차 '전역 핵전쟁'이 세계적 핵전쟁으로 비화해서 미국 지배계급의 자본이 거의 모두 파괴되는 사태를 피할 수 있으리라고 결코 확신하지 못한다.

현재의 경제 위기 국면은 세계의 많은 지역을 야만에 빠뜨려서 해소되거나 아니면 연속된 노동자 혁명으로 해소되기 전까지는 지속될 가능성이 크다.

부록:

다른 경제위기론들

이 책에서 편 내 주장, 곧 마르크스의 경제위기론을 수용하고 확장해 1940년대부터 1970년대까지 지속된 전례 없는 호황을 설명한 것은 영국 사회주의노동자당SWP의 전신인 국제사회주의자들IS이 20년 전에 다져 놓은 기초 위에 세운 것이다. 우리의 주장은 예측력이 상당했다. 이미 1960~1961년 우리는 "1970년대 초에" 세계경제가 1939년 이전과 비슷한 위기에 빠질 것이라고 예측할 수 있었다.

그러나 우리 말고는 우리의 주장을 귀담아듣는 사람이 없었다. 새 경제 위기가 닥쳤다는 것이 누가 봐도 뻔하게 됐을 때, 그리고 새 세대 지식인 전체가 마르크스주의에 관심을 갖게 됐을 때인 1960년대 말과 1970년대 초에도 우리의 이론은 대부분의 논의에서 주변적 신세였다. 각종 마르크스주의 출판물에는 그 경제 위기를 서로 다르게 설명하는 견해들이 많이 등장했다.

부록 1: 임금이 경제 위기의 원인이라는 주장

경제 위기를 가장 단순하게 설명하는 이론은 임금 인상이 이윤을 줄인 탓에 경제 위기가 발생했다고 주장한다. 영국에서 이런 이론의 가장 잘 알려진 버전을 내놓은 사람은 보수당 정치인이 아니었다. 1972년 옥스퍼드대학교의 좌파 경제학자들인 앤드루 글린과 밥 섯클리프가 바로 그런 주장을 내놓았다.[1] 그들은 주로 영국의 수치를 근거로 설명했지만 자신들의 주장이 더 광범하게, 국제적으로도 타당하다고 넌지시 말했다.

> 영국 자본주의는 이윤율이 너무 많이 떨어져 이제 말 그대로 생존 투쟁을 하고 있다. 이 위기는 노동계급이 생활수준의 더 빠른 향상을 요구한 바로 그때 자본주의 나라들 사이의 경쟁이 격화됐기 때문에 나타났다. 이 경쟁 때문에 영국 자본주의는 임금 인상 요구를 수용하면서 가격을 인상[해 그 부담을 도로 전가]하지는 못했다. … 그리고 다른 자본주의 부국들도 영국 자본주의처럼 노동계급의 임금 인상 압력을 받고 있었으므로 그 경쟁은 치열했다.[2]

케임브리지대학교 경제학자이자 영국 공산당원인 밥 로손도 임금 인상 압력이 미국 경제 위기의 원인 가운데 하나라고 지적하며 매우 비슷한 주장을 폈다. 이윤율 하락의 이유는 "전체 생산량 가운데 이윤으로 가는 몫이 줄었기 때문이다." 로손은 정말로 "1965년부터 1970년까지 미국의 이윤율 하락은 전적으로 그 때문"이라고 본다.[3]

노동과 자본의 세력균형이 극적으로 [노동에 유리하게] 역전되며 이윤이 줄어들었다는 생각은 벨기에 마르크스주의 경제학자 에르네스트 만델의 경제 위기 설명에서도 한몫한다. 만델의 주장인즉,

자본주의의 성장 때문에 1960년대 말에는 국제적으로 실업자(필요할 때는 언제든 생산에 투입될 수 있는 사람들이므로 마르크스는 실업자를 "산업예비군"이라고 불렀다) 저수지가 고갈되고, 그래서 희소한 노동을 구하려는 자본가들 사이에 경쟁이 벌어지고, 이 탓에 임금이 올라서 이윤이 줄었다는 것이다. "산업예비군이 한계"에 도달했고 "실질임금의 뚜렷한 상승이 잉여가치율을 떨어뜨리기 시작했다."[4]

그러나 임금이 경제 위기의 원인이라는 주장을 반박하는 결정적 반론이 있다.

첫째, 그 주장은 (거대한 미국 경제를 비롯한) 서방세계의 두 경제만 봐도 현실에 들어맞지 않는다.[5] 임금 인상이 경제 위기의 원인이라는 주장을 뒷받침하는 데 보통 제시되는 근거는 영국을 연구한 글린과 섯클리프의 자료와 미국을 연구한 윌리엄 노드하우스의 자료다.[6] 예컨대, 만델과 로손은 노드하우스가 제시한 수치들을 권위 있는 근거라며 인용했다. 그러나 그 수치들은 상당히 의심스럽다.[7]

급진적 경제학자 빅터 펄로는 노드하우스의 자료를 꽤나 다르게 해석했다. 펄로의 계산법은 십중팔구 이윤 수준을 과장하기는 해도[8] 그는 미국에서 "이윤 몫"이 1946년 19.5퍼센트에서 1974년 22.1퍼센트로 증가했다고 밝힌다.[9] 더 근래에 미국의 이윤을 분석한 펠드스타인과 서머스도 《브루킹스 페이퍼스》에 발표한 글에서 노드하우스가 제시한 수치에 커다란 의문을 제기한다. 그러면서 미국의 이윤은 노드하우스가 주장한 것보다 훨씬 덜 감소했다고 주장한다.[10]

표 4-1. 미국의 이윤율(단위: 퍼센트)

	순이윤율	총이윤율	경기 조정 순이윤율
1950~1959년	11.1	11.1	11.2
1956~1965년	10.9	11.3	11.9
1960~1969년	11.7	11.9	12.1
1970~1976년	7.9	9.6	10.4

어떻게 측정하더라도 이윤율은 1970년 이후에야 떨어졌음을 알 수 있다.

글린과 섯클리프는 영국에서 "임금과 봉급"의 몫이 1955년 73.3퍼센트에서 1970년 78.8퍼센트로 증가했고, 그만큼 이윤 몫은 감소했다고 주장한다. 그러나 그 수치에도 노드하우스에 가해진 비판이 똑같이 적용된다. 글린과 섯클리프는 기업이 임직원에게 스톡옵션(주식매수 선택권)을 부여한 시점의 주가보다 스톡옵션을 행사하는 시점의 주가가 올랐을 때 그 차액을 보상하는 비용[이하 '주가 상승 보상금']을 차입금으로 충당하는 일이 결코 없다고 가정한다. 그리고 그들은 세금 공제 전의 수치를 사용한다. 글린 자신도 나중에 쓴 논문에서 인정했듯이, 직접세와 간접세를 고려해 계산하면 임금과 봉급의 몫은 증가하는 게 아니라 1955년 55.6퍼센트에서 1970년 50.2퍼센트로 감소한다.[11]

C J 버제스와 A J 웨브는 영국의 국민소득 가운데 모든 기업이 차지하는 몫(세금 공제 후)은, 주가 상승 보상금과 자본 소모비를 공제하고 정부의 산업 지원금을 더하면, 1950년대와 1960년대에 전혀 감소하지 않았음을 보여 준다.[12]

그리고[둘째,] "임금으로 가는 몫의 증가"가 경제 위기를 촉발했다는 주장은 실증적 증거뿐 아니라 다른 이유들 때문에도 무너진다. 그 주장의 옹호자들은 국제적으로 어떻게 임금이 급등해서 이윤을 줄였는지 그 메커니즘을 제대로 설명하지 못한다는 것이다.

예컨대, 로손과 만델 그리고 미국인 보디와 크로티는[13] 다음과 같은 식으로 설명하려 한다. 비교적 낮은 임금으로도 취업할 태세가 돼 있는 '산업예비군'이 있는 한은 경제가 성장할 수 있지만, 1960년대에는 이 산업예비군이 고갈돼 임금이 상승했다(자본가들이 노동자를 구하는 호가를 높였기 때문일 수도 있고 노동조합의 교섭력이 증가했기 때문일 수도 있다).

이런 설명의 첫째 난점은 산업예비군이 '고갈됐다'는 주장에 있다. 생산이 확대되면 단지 노동자들이 생산으로 흡수되는 일만 일어나는 게 아니다. 생산성이 증가해, 노동자들이 어떤 생산 분야에서는 감소하고 다른 분야에서는 증가하는 일도 벌어진다.[14](1950년대와 1960년대에 미국에서 평균 실업 수준이 상승했다는 사실과 1960년대 말 영국에서 윌슨 정부의 구조조정을 통해 실업이 거의 갑절이 됐던 사실을 떠올려 보라.)

게다가 1950년대와 1960년대 자본주의의 성장은 세계 수준에서 산업예비군의 규모를 크게 늘리는 효과를 냈다. 선진국에서는 노동시장으로 진입할 준비가 돼 있는 기혼 여성의 수가 대폭 증가하는 조건이 조성됐다. 동시에, 세계 도처에서 엄청나게 많은 노동자가 농촌에서 도시로 이주했다. 마찬가지로, 거의 모든 '개발도상국'에는 '선진국'으로 가서 일자리를 얻기를 간절히 원하는 노동자가 엄청나게 많았다. 1960년대 말에 이런 노동자의 저수지가 고갈되고 있다는 징후는 전혀 없었다. 미국으로 대거 유입된 멕시코인 '불법' 노동자들을 보라. 독일에서 '외국인' 인구가 1968년 192만 명에서 1974년 413만 명으로 갑절 넘게 증가한 사실, 결국 1975년 경제 위기 때 독일 정부가 이주 노동자 약 100만 명을 추방해 '제3세계'로 돌려보낸 사실을 보라.

'산업예비군'이 고갈되기는커녕 사뭇 다른 일이 일어났다. 바로 경제 위기 때문에 산업예비군을 흡수하지 못하는 문제가 나타난 것이다. 실제로 경제 위기는 산업예비군을 확대하는 효과를 냈다. 경제 위기 때문에 OECD 나라들에서는 실업이 갑절로 늘었고 '개발도상국'들에서는 갑절 이상으로 늘었다. 만약 산업예비군의 '고갈'이 경제 위기의 원인이라면 경제 위기는 결코 일어날 수 없었을 것이고, 이제 예비군이 훨씬 더 증가했으니 경제 위기는 저절로 끝났어야 한다.

이 지점에서 우리는 '임금 몫 증가'가 경제 위기의 원인이라는 주장의 또 다른 난점을 쉽게 알아볼 수 있다. 바로 모든 서방 경제가 1970년대 중반이라는 똑같은 시점에 위기에 직면한 이유를 설명하지 못한다는 점이다. 이탈리아·영국·스페인·프랑스에서는 1960년대 말과 1970년대 초에 노동계급의 조직 수준이 크게 개선됐다. 그러나 다른 주요 경제들인 일본과 서독, 특히 미국에서는 그와 비슷한 개선이 전혀 없었다. 미국에서는 베트남전쟁이 끝나 가기 시작할 때부터 실업이 증가했고, 노동조합 조직률이 크게 낮아져 1965년 22.4퍼센트에서 1976년 20.1퍼센트로 떨어졌다.[15] 더구나 펄로가 지적했듯이, 1974~1975년 경기후퇴가 닥치기 전에 "1972년 말부터 1975년 봄까지 비非농업 노동자의 실질임금이 급격히 감소한 반면 생산성은 대체로 증가했다."[16]

마지막으로, '임금 몫 증가'가 경제 위기의 원인이라는 주장은 왜 그 시점에 경제가 확장에서 수축으로 바뀌었는지 설명하지 못한다. 1950년대 동안에 실질임금은 모든 주요 자본주의 나라에서 해마다 상승했다. 1950년대 중반에는 제2차세계대전으로 황폐해졌던 나라들에서조차 실질임금 수준이 전쟁 전보다 높았다. 그런데도 이윤율은 줄지 않았고, 투자는 증가했으며, 물가상승률은 비교적 낮은 수준에 머물렀고, 모든 곳에서 거의 완전고용이 이뤄졌다.

(백번 양보해서) 1960년대 말과 1970년대 초에 임금 인상 때문에 기업의 생산량과 국민소득 중 '이윤 몫'이 줄었다고 가정하더라도, 그 문제가 왜 호황 초기에는 발생하지 않다가 이때 발생했을까 하는 의문이 남는다. 체제가 그 전에는 실질임금 상승을 감당할 수 있었지만, 더는 그럴 수 없게 됐다는 것 말고 다른 설명은 불가능하다. 여기서 이끌어 낼 수 있는 결론은 실질임금 상승이 경제 위기를 낳은 것이 아니라, 오히려 경제 위기 때문에 실질임금 상승이 이윤을 감소시키게 됐다는 것이다. '이윤 몫 감소'는 경제 위기의 산물이지 원인이 아니다(물론 위기의 산물인 이윤 몫 감소가 경제에 반작용해 위기를 악화시킬 수는 있을 것이다).

'임금 몫 증가'나 '착취율 감소'로 경제 위기를 설명한다고 자처하는 이론들은 실제로는 경제 위기를 전혀 설명하지 못한다. 그래서 이런 이론의 지지자들은 자기 주장의 모순을 해결하기 위해 다른 요인들 — 정부 지출(글린과 부분적으로 로손), 국제적 구조 변화(로손) 또는 '장기 파동'(만델) 같은 요인들 — 에 기댈 수밖에 없다.

부록 2: 정부 지출이 경제 위기의 원인이라는 주장

과도한 정부 지출이 경제 위기의 원인이라는 생각이 매우 널리 퍼져 있다. 우파에서는 옥스퍼드대학교 경제학자들인 베이컨과 엘티스가 그렇게 주장했다.[17] 좌파에서는 예컨대 미셸 알리에타(아글리에타)가 베이컨과 엘티스의 결론을 받아들여 이렇게 쓴다. "이 분석은 우리와 용어는 다르지만 시각은 같다." 한편, 파울 마틱과 데이비드 야페는[18] 베이컨과 엘티스보다 먼저 '스태그플레이션'(스태그네이션과 인플레이션의 합성어로 [경기 부진 상황에서도 물가가 계속 오르는] 역사적으로 새로운 현상)이 경제 위기를 방지하기 위한 케인스주의 처방인 적자재정을 잇달아 실행한 결과라고 주장했다. 마틱에 따르면, 정부가 "노동과 유휴자본"을 한데 모아 "시장성 없는 재화를 생산하려" 애쓰면 "이윤을 낳지 않는 부문"이 "꾸준히" 성장해, "이윤을 낳는 부문보다 커질 뿐 아니라 심지어 그 존립조차 위태롭게 한다." "적자재정과 정부 주도 생산은 … 끝이 있기 마련이다. 케인스주의 해결책은 자본축적의 모순된 과정을 막을 수 없고 그저 늦출 수만 있는 사이비 해결책임이 드러날 것이다."[19]

그러나 '공공부문'이 '이윤 낳는 부문'을 수축시키고 있었는가? 1970년대 초에 세계경제 위기가 닥치기 전에 그런 수축이 있었는지 보여 주는 증거는 정말로 빈약하다.

베이컨과 엘티스는 공공부문과 '생산적'(민간이라는 의미) 부문의 고용 수치를 대략적으로 제시했다. 이 수치를 보면, 공공부문에서는 고용이 증가하고 있었고 '생산적' 부문에서는 감소하고 있었다. 그래서 그들은 한쪽이 증가한 것이 다른 쪽이 감소한 원인이라고 결론 내렸다.

그러나 그들은 공공부문의 고용 증가가 주로 전에는 노동인구에 속하지 않던 사람들(특히 기혼 여성)을 끌어들인 결과라는 사실을 거의 무시했다. 동시에, 기회만 있다면 기꺼이 '생산적' 부문에서 일하고 싶어 하는 실업 노동자가 증가하고 있었다. 1967년 3월부터 1975년 12월까지 영국의 취업 남성 수는 100만 명 이상 줄어들었다. 반면, 같은 기간 취업 여성 수는 90만 명 이상 증가했는데, 이 증가는 전부 '서비스' 부문에서 일어난 것이다.[20]

일부 친자본주의 경제학자들조차 자원이라는 개념을 사용해, 베이컨과 엘티스가 "공공부문의 자원 사용"과 "민간부문의 다양한 부분들 사이에서 이뤄지며 민간부문의 생산량에 직접적 영향을 미치지 않는, 국가에 의한 자원 이전(달리 말해, 국가가 민간부문의 개인과 기업에 지불하는 것)"을 적절히 구분하지 않는다고 지적했다.[21]

영국에서 "전후 기간에 공공부문 당국들이 직접 지출을 위해 차지한 자원은 실질적으로 증가하지 않았다."[22] 재화와 서비스에 대한 정부 지출은 1950년대 초에 국민총생산의 24퍼센트였고, 1973년에는 27퍼센트였다. 충족시키는 게 불가능하다는 정부 수요를 충족시키기 위한 '과도한' 세금 때문에 1974년 영국에서 경제 위기가 발생했다고 설명할 수 없음은 분명하다. "1964년부터 1973년까지 영국의 총 조세부담액은 아주 뚜렷하게 감소했"기 때문이다.[23] 따라서 '비생산적' 부문을 먹여 살리려고 '생산적' 부문에 '과세'한 것이 경제 위기의 원인이었다고 할 수 없다.

그래도 '생산적 부문'이 다른 식으로 타격을 입었을 가능성은 남는다. 즉, 정부가 시장에서 돈을 빌려 지출하는 케인스주의 '적자재정' 때문에, 민간 산업에 이용될 수도 있었을 자금이 시장에서 빠져나가는 바람에 경제 위기가 일어났을 가능성 말이다. 이것이 마틱과 야페의 핵심 주장이다. 이들은 정부 차입이 얼마간 경제 위기를 늦추지만, 마침내 경제 위기가 닥치면 상황을 더 악화시킬 뿐이라고 주장했다.

그러나 역시 실제 사실들을 보면 그런 설명이 맞는지 매우 의심스럽다. 적자재정이 실제로 구현된 사례는 전쟁 때 말고는 드물었다. 로빈 매슈스는 장기 호황기의 영국에 대해 다음과 같이 지적했다.

> 문제는 실제로 높은 수준의 수요가 생겨난 것이 정부 조치 때문인지 아니면 다른 요인들 때문인지(그 결과로 정부 조치가 필요 없게 된 것인지) 하는 점이다. … 그것이 재정 정책 때문이었다는 가설은 간단하고도 근본적인 반박에 직면한다. 사실 전후 기간 내내 정부는 체제로 수요를 주입하기는커녕 … 꾸준히 대규모 흑자를 유지했다.[24]

(1974년 경제 위기 전에) 정부가 '케인스주의' 경기부양책을 쓰려고 대규모 자본 지출 사업에 착수한 적이 실제로 두 번 있었다. 하나는 1962년의 모들링 호황이고(결국 1966년에 노동당이 끝냈다), 또 하나는 1972~1973년의 바버 호황이었다(1974년의 경제 위기가 뒤따랐다). 미국에서도 베트남전쟁 때문에 급증하는 정부 지출(인기가 없었다)에 자금을 조달하려고 적자예산에 의존한 중요한 시기가 있었다. 1965~1968년이 그때였다.

표 4-2. 국민총생산·국내총생산 대비 비율로 나타낸 정부 부문의 재정 수지 (단위: 퍼센트)[25]

	1971년	1972년	1973년	1974년	1975년
미국	−2	−0.5	−	−0.5	−4
일본	−1	−1.5	0.5	−2.5	−7
서독	−	−	1.5	−1	−6
프랑스	0.5	0.5	0.5	0.5	−3
이탈리아	−4.5	−6.5	−8	−5	−
영국	1.5	−1.5	−2.5	−4.5	−5

그러나 정부 지출 급증 자체가 경제 위기 대책이었기 때문에, 이것으로는 경제 위기의 원인을 설명하지 못한다. 그래서 1971년의 영국 경제 위기와 1973~1974년의 국제 경제 위기 모두 적자예산이 아닌 때 발생했다.

표 4-3. 국민총생산·국내총생산 대비 비율로 나타낸 중앙·지방 정부의 적자 (단위: 퍼센트)[26]

	1974년	1975년	1976년
이탈리아	−5.4	−11.1	−10
영국	−5.3	−5.7	−5.75
서독	−1.2	−6.3	−5.75
일본	0.2	−4.3	−4.25
미국	−0.3	−4.5	−3
프랑스	0.6	−2.2	−1.5

표 4-2와 4-3에서 알 수 있는 것은, 이탈리아와 그보다 정도가 덜

한 영국을 빼면 경제 위기가 발생한 1974년 이후에야 재정 적자가 진정으로 커졌다는 점이다. 그러나 각국 정부가 재정지출을 크게 줄여 의도적으로 경제 위기를 심화시키려는 것이 아닌 한은 당시에 정부의 적자는 피할 수 없었다.

이언 고프가 지적했듯이, "제2차세계대전 이래 대폭 증가한 국가지출이 정부 차입으로 조달됐다는 것은 사실이 아니다. 오히려 세금이 함께 증가했다." "최근의 공공부문 적자 증가는 국면적 현상으로, 이는 현재 불황의 원인이 아니라 그 결과"다.[27]

앞에서 봤듯이, 국가 부문이 민간부문을 수축시켰다고 말할 수 없다. 민간부문의 다양한 부분들 사이에서 자원이 이전되는 것을 민간부문이 수축되는 것으로 보지 않는다면 말이다. 또, 정부 차입이 체제의 성장 동력을 파괴했다고 말할 수도 없다. 그래도 한 가지 문제는 남는다. 즉, 국가를 통해 민간부문의 다양한 부분들 사이에 자원이 이전되며 경제 위기가 발생했다는 주장이 그것이다.[28]

마르크스주의의 틀 안에서 이런 주장을 끝까지 밀어붙인 사람은 미국 경제학자 제임스 오코너였다(뒤에서 살펴보겠지만, 그의 범주 구분은 마르크스와 아주 다른 경제위기론에 바탕을 두고 있다). 오코너는 공공지출을 두 부분으로 나눈다. 첫째 범주는 그가 "사회적 자본"이라고 부른 것으로, 도로를 놓거나 저렴한 전력을 산업에 공급하는 것처럼 민간 자본을 위한 "간접적으로" 생산적인 지출이다. 이 지출은 민간 자본이 잉여가치를 추출하는 것을 돕는다.

둘째, 완전히 비생산적인 지출이지만 체제의 사회적 안정을 위해서는 꼭 필요한 지출이다. 오코너는 이것을 "생산의 사회적 비용"이라고 불렀다. 그가 여기에 "복지제도"(노동을 통해 수급 자격을 얻어야 하는 국가보험* 급여가 아닌 사회보장** 급여 같은 것)를 포함시킨 이유는 그 기능이 "취업 노동자 속에서 사회적 평화를 유지하는 것"이기 때문이다.[29] 그는 군비 지출(이것의 목적은 부를 생산하는 것이 아니라 시장을 보호하고 확대하는 것이다)과 경찰이나 판사 같은 '비생산적' 집단에 지급하는 보수도 포함시킨다.

어떻게 상이한 종류의 지출이 서로 함께 증가했는가? 오코너는 미국에서 사회적 자본의 지출 부담을 주로 지방 정부와 주 정부(이들은 해당 지역 자본의 영향을 아주 크게 받는다)가 져 왔다고 주장한다. 반면에 체제의 사회적 비용은 국가 자본, 즉 연방 정부가 부담하는 경향이 있었다고 한다. "연방 정부가 '전쟁·복지 국가'라는 꼬리표를 얻었다면, 지방 정부와 주 정부는 '생산 국가'라는 명칭을 얻을 만하다."[30]

최근의 수치들을 보면 미국에서 두 부문이 어떻게 성장했는지 알 수 있다(표 4-4).[31]

국민총생산 중 연방 정부의 '비생산적' 지출로 들어가는 비율은 1952년 이후 거의 변화가 없었다. 정말이지, 1947~1949년이 제2차세계대전 이래 유일하게 군비 지출이 급격히 감소한 예외적 시기였음을

---

* 국가보험 영국에서 노동자들의 질병이나 실직에 대비해 노동자와 고용주가 의무적으로 가입하는 보험으로 한국의 건강보험이나 실업급여의 성격을 지니고 있다. 1911년에 도입됐고, 1948년 노동당 정부 때 확장됐다.

** 사회보장 국가가 질병·상해·실업·노령·출산 등의 위험에서 국민의 최저 생존권을 지키기 위해 제공하는 경제적 보장을 말한다.

표 4-4. 미국의 국민총생산 대비 정부 지출 비율(단위: 퍼센트)

	연방 정부	지방 정부와 주 정부
1947년	12.9	5.4
1952년	20.5	6.6
1956년	17.6	–
1971년	21.0	10.9(1972년 수치)

감안하면, '비생산적' 지출은 훨씬 더 오랫동안 그대로였던 듯하다. 한편, 지방 정부와 주 정부의 '간접적으로 생산적인' 지출은 꾸준히 증가했다.

그러나 '비생산적 지출' 중 '전쟁'에 지출된 비율이 그 기간에 서서히 감소(1965~1968년의 베트남전쟁 기간은 제외)하는 경향이 있었지만, '복지'에 지출된 비율은 증가하는 경향이 있었다는 점은 주목할 만하다.

오코너는 숙련 노동력에 대한 산업의 필요와 현대적 '사회기반시설'을 지을 필요가 점점 더 늘어나는 것을 충족시키기 위해 '생산적' 지출이 증가한다고 본다. 그런데 군비 외의 비생산적 지출도 증대하는 이유는 무엇인가?

두 가지 이유가 있는 것으로 본다. 첫째, 인구 구조의 변화로 노인이 늘어나 몸이 아파도 보험 혜택을 받지 못할 가능성이 큰 사람들이 많아졌다는 것이다. 둘째, 경제 위기 자체가 상시적 실업 상태에 있는 '하층 프롤레타리아'(1960년대 중반 빈민가 반란에서 극적으로 모습을 드러낸 부문)를 양산하는 효과를 낸다는 것이다.

오코너 자신은 이런 지출들이 증대해 경제 위기가 발생한다고 설명하지는 않는다. 그의 책 제목은 《국가의 재정 위기》이지, 《체제의 재정 위기》가 아니다. 그는 체제의 위기는 다르게 설명한다. 즉, 폴 버랜과 폴 스위지가 말한 "잉여 증대"(뒤에서 다룰 것이다)로 설명한다. 그러나 미국의 통계 수치들은 국가 지출 증대와 체제 위기 요인들의 상관관계가 단순하지 않음을 분명히 보여 준다.

1920년대와 1930년대에 정부 지출 수준은 매우 낮았고 체제는 매우 심각한 위기였다. 1950년대에 정부 지출은 전쟁 전보다 약 70퍼센트 많았지만, 체제는 호황을 누렸다. 1970년대에 정부 지출은 또다시 20퍼센트 많아졌지만 체제는 더는 호황을 누리지 못했고, 1950년대에 90퍼센트였던 산업 설비가동률은 1969~1973년에 80퍼센트까지 떨어졌다.[32] 정부 지출 중 '재화와 서비스'에 쓰인 것만 측정하고 민간부문 간 이전을 제외한다면, 1969~1973년 정부 지출은 1951~1957년보다 겨우 12퍼센트밖에 증가하지 않았다. 그리고 1974년 이후 국민총생산 대비 재화와 서비스로 들어간 지출의 비율은 감소했다.

더 중요한 점은 군사적 지출에서 비군사적(생산적이든 비생산적이든) 지출로의 이동인데, 이 문제는 다른 곳에서 다루겠다.

이언 고프는 오코너의 일부 주장을 영국과 여타 나라들에 적용해 다음과 같은 사실을 보여 준다. "(1960년대에 군비 지출로 경기가 부양된) 미국을 제외하면, 모든 OECD 국가들에서 1955~1969년 실질 국가 소비는 3.9퍼센트 상승했지만, 국민총생산은 5.7퍼센트 상승했다. 다시 말해, 국민총생산 가운데 실질 국가 소비 지출이 차지하는 비중은 지난 20년간 감소했다." 물론 "이는 주로 군비 지출 감소 때문이었고, 사회적 이전은 계속 증가했다."[33] 이것이 실질적 문제라 할 만한 것을 일으킨 곳은 영국처럼 국민총생산 성장률이 평균 이하인 나라들뿐이었다.

고프는 국가 지출 증가는 대부분 '간접적으로 생산적인' 영역에서 일어났다고 주장한다.

> 가장 중요한 결론 하나는 전체 지출 중 생산적 지출, 즉 자본가들을 위한 투입물을 생산하는 지출이 차지하는 비중이 증대하고 있다는 점이다. 사회복지, 사회기반시설, 축적 비용이 차지하는 몫은 증가하는 반면, 비생산적 사치품에 들어가는 지출의 몫은 감소하고 있다. 그러므로 국가의 성장을 자본가들에 대한 비생산적 '부담'으로 여기는 것은 잘못이다. 국가의 성장은 점점 더 민간 자본 축적을 위한 필수 전제조건이 되고 있다.[34]

그래서 1961년부터 1973년까지 영국의 공공지출 중 가장 크게 증가한 분야는 교육비였는데, 국민총생산 대비 비율이 2.6퍼센트 증가했다. 이 증가분은 16세 이후에도 학교에 다니는 소수 학생들을 위한 교육제도에 거의 다 쓰였다. 이는 영국 자본의 기술적 필요에 부응하려면 고등교육이 확대돼야 한다는 정부의 인식과 직접 관련이 있었다. 교육비 다음으로 많이 증가한 것은 산업에 대한 직접·간접 지원, 즉 환경·운송(주로 고속도로)·금융 보조금이었다. 복지와 사회보장 지출도 증가했다. 그러나 이는 실업자 수가 증가한 결과, 즉 체제 위기의 산물이지, 원인은 아니었다.

따라서 공공부문 지출 증가가 경제 위기의 요인 중 하나라고 결론

짓는다손 치더라도, 이 말을 곧 '공공부문이 민간부문을 수축시킨다'는 뜻으로 이해하면 안 된다. 오히려 자본의 성장을 유지하는 비용이 자본의 성장 자체를 제약한다는 뜻으로 이해해야 한다.

그러나 내가 앞에서 주장했듯이, 정부 지출을 경제 위기의 원인으로 보기는 어렵다. 왜냐하면 1940년대, 1950년대, 1960년대에는 정부 지출이 체제의 필요와 잘 부합했기 때문이다. 오늘날 정부 지출이 부담으로 여겨진다면 그 이유는 체제의 다른 어떤 것이 변했기 때문일 것이다. 바로 이 때문에 오코너와 고프처럼 그 문제를 면밀히 고찰한 사람들이 '국가의 재정 위기'를 더 광범한 위기의 산물로 보는 것이다. 오코너는 그것을 버랜과 스위지처럼 독점자본의 위기로 봤고, 고프는 임금을 둘러싼 '분배 투쟁'에서 비롯한 위기로 봤다. 우리의 설명은 이와 다르다. 그렇지만 공공지출을 경제 위기의 원인으로 여기지 않는 점에서는 고프와 오코너에게 동의할 수 있다.

부록 3: 장기파동론

최근에 다시 인기를 얻은 이론들은 이런저런 '장기 파동' 이론이다. 1920년대에 러시아의 멘셰비키* 니콜라이 콘드라티예프는 자본

* 콘드라티예프가 1931년 '멘셰비키 중앙' 재판이라는 조작 재판의 희생자가 된 탓에 한때 이렇게 여겨졌으나 지금은 그가 줄곧 사회혁명당 당원이었음이 알려져 있다.

주의 발전의 시기에 따라 경제 위기가 나타나거나 안 나타나는 이유를 설명하려고 '장기파동'론을 처음 개발했다. 그의 사상은 1930년대에 조지프 슘페터에게 수용됐고, 1973년 이래 세계경제 위기의 원인을 찾던 많은 친자본주의 경제학자들에 의해 '재발견'됐다. [미국의 우파 경제학자] 월트 로스토는 1975년 장기파동론을 높이 평가하는 글을 썼고, 유명한 케인스주의 경제학자 폴 새뮤얼슨은 이제는 장기파동론에 마음이 끌린다고 말했고, 좌파에서는 에르네스트 만델이 장기파동론의 부활에 한몫했다.

콘드라티예프는 가격, 이자율, 채권과 주식, 임금, 대외무역 수준, 국민생산 수준 등의 통계 자료를 바탕으로 단기적 호황·불황 주기뿐 아니라 경제 활동의 장기 '파동'이 있다는 것을 자신이 입증했다고 주장했다. 그의 말에 따르면, 호황 기간과 불황 기간의 평균을 내어 보면 20~25년 동안은 경제 활동 수준이 상승하는데, 이 기간에 이자율은 평균 이하이고, 물가는 오르고, 물질적 생산이 평균보다 빠르게 증가하고, 대외무역이 급속히 증가한다. 이런 상승기가 정점에 도달하고 나면 20~25년의 하강기가 뒤따르고, 그다음에는 다시 새로운 상승기가 찾아온다고 한다.

콘드라티예프는 과거 100~150년 동안 다양한 자료가 어떤 추세를 보였는지를 계산해, 그 추세의 편차들에 기초한 그래프를 그렸다. 그는 이 편차들이 주기적 패턴을 분명하게 보인다고 주장했다.[35] 체제는 한동안 평균보다 빠르게 성장하다가 다음에는 더 느리게, 또 그다음에는 더 빠르게 성장하는 식으로 '파동'을 그리며 변동했다는 것이다.

콘드라티예프가 강조한 점 하나는 올바른 듯하다. 즉, 자본주의 체제가 어떤 기간에는 다른 기간보다 더 빠르게 성장했다는 것이다. 오늘날 그의 사상을 옹호하는 에르네스트 만델은 이를 뒷받침하기 위해 표 4-5의 수치를 제시한다.[36]

표 4-5. 연평균 산업 생산 성장률(단위: 퍼센트)

독일		영국		미국	
		1827~1847년	3.2		
1850~1874년	4.5	1848~1875년	4.6	1849~1873년	5.4
1875~1892년	2.5	1876~1893년	1.2	1874~1893년	4.9
1893~1913년	4.3	1894~1913년	2.2	1894~1913년	3.9
1914~1938년	2.2	1914~1938년	2.0	1914~1938년	2.0
1939~1967년	3.9	1939~1967년	3.0	1939~1967년	5.2

그러나 과연 어떤 의미에서 이것들을 '파동'이라고 부를 수 있는지 매우 의심스럽다. 콘드라티예프보다 1년 전에 "자본주의 발전 곡선"에는 "상승기"와 "하강기"가 있다고 지적한 트로츠키는 콘드라티예프가 이런 기간들을 "파동"이라고 이름 붙이는 것에 매우 비판적이었다.[37] 그 시대의 다른 러시아 마르크스주의자들도 비판적이긴 마찬가지였는데, 그들은 통계적 근거뿐 아니라 이론적 근거로도 콘드라티예프를 비판했다.[38]

그들은 통계적 관점에서 볼 때 콘드라티예프의 방법이 매우 자의적이라고 주장했다. 오파린, 그라놉스키, 게르츠시테인, V 보그다노프는 콘드라티예프의 '파동'이 물가 수준의 영향을 받는 수치들에만 적용되고 실제 생산 수준 관련 수치에는 적용되지 않음을 보여 줬다.

그라놉스키는 이렇게 말했다. "콘드라티예프는 단지 물가 수준에서 장기간 변화가 일어났음을 증명했을 뿐이다. … 물가 변동을 제외하면 장기 파동이 존재한다는 증거는 전혀 없다. … 장기 파동은 콘드라티예프 교수가 상상으로 만든 것이다."[39] 실제로는 콘드라티예프가 말한 '하강기'에 생산이 급속히 증대하거나 '상승기'에 생산력 증가가 둔화하는 일이 흔했다.

그러나 이게 다가 아니다. 러시아 경제학자들은 콘드라티예프가 물가에 기초한 수치들에서 파동 비슷한 모양을 얻기 위해 사용한 통계 기법 자체도 잘못됐다고 주장했다. 예컨대, 오파린은 다른 기법을 사용하면 "콘드라티예프와 상당히 다른" 새로운 곡선을 얻을 수 있는데 "그 곡선은 주기와 진폭이 완전히 다르다"고 주장했다.[40]

콘드라티예프의 수치들을 반박하는 이런 주장들은 장기파동론을 발전시키려 한 후대의 여러 시도들에 대해서도 유효한 반론이 될 수 있다.

첫째, '파동'이 실제 생산의 변화를 보여 주는가 아니면 단순히 물가의 변화를 보여 주는가? 장기파동론자들마다 견해가 다르다. 각자 이끌어 내는 결론도 근본적으로 다르다. 예컨대, 만델은 실제 생산에 파동이 있다고 봤으며, 1970년대에 장기 '하강'이 시작됐다고 생각한다. 반면, 로스토는 콘드라티예프의 방법을 고수해 물가 변동을 강조했는데, 1972~1973년에 하강기가 끝났다고 보면서 이렇게 썼다. "세계경제는 식료품과 원료 가격의 급격한 전환점(1790년대, 1840년대, 1890년대, 1930년대만큼 급격한 전환점)을 경험했다. … 나는 다섯 번째 콘드라티예프 상승기가 다가와 있다고 믿고 싶다."[41]

둘째, 상이한 '파동'들의 주기와 진폭에 관한 반론도 마찬가지로 타당하다. 이를테면 콘드라티예프의 주장을 뒷받침하려고 만델이 재구성한 위의 산업 성장률(표 4-5)을 보자. 만델은 '상승기'와 '하강기'를 그릴 때 하나의 시기에 포함되는 경기순환 개수를 들쭉날쭉하게 묶었다. 영국의 첫 번째 '하강기'는 20년간, 첫 번째 '상승기'는 27년간, 두 번째 '하강기'는 17년간, 두 번째 '상승기'는 19년간, 세 번째 '하강기'는 24년간 지속됐다는 식이다. 독일에서는 '상승기'와 '하강기'의 길이가 각각 24년, 17년, 20년, 24년이다. 한 '상승기' 또는 '하강기' 내에서 3~4년간 지속된 단기 불황이나 호황을 하나 떼어 내어 그 전후의 다른 기간에 붙여놓으면, 경우에 따라서는 두 기간의 평균이 완전히 바뀌어 '하강기'가 '상승기'로, 또 그 반대로도 바뀔 수 있다.

이 반론들은 모두 장기 '순환'이나 '파동'에 대한 통계적 주장을 허물어 버린다. 프리먼, 클라크, 수터는 장기파동론을 옹호하기 위한 최근 연구에서 이 점을 사실상 인정했다.[42] "50년 주기"의 존재를 증명하기에는 "증거가 전혀 불충분하다"는 점을 시인한 것이다. 그들은 나중에 "그와 같은 주기 개념을 굳이 받아들이지" 않고도 "고정된 주기가 없는" 콘드라티예프의 '장기 파동' 개념을 이용할 수 있다고 주장한다. 사실 이 말은 콘드라티예프의 장기파동론을 비판한 트로츠키 등 러시아 마르크스주의자들이 옳았음을 인정하는 것이다!

콘드라티예프와 그의 계승자들에 대한 이론적 비판도 통계적 비판만큼 강력했다. 콘드라티예프가 장기 파동의 원인에 관한 이론을 다음과 같이 제시한 것은 자신이 장기 파동을 관찰했다고 주장한 지 몇 년 후인 1926년 2월이었다.

마르크스는 기계 형태의 대규모 생산수단이 평균 10년을 존속하면서 물리적으로 마모되고 교체되고 확장되는 것이 10년마다 반복되는 경제 위기나 평균적 순환의 물질적 근거라고 주장했다. 그러므로 장기 파동의 물질적 근거는 생산하는 데 오랜 시간과 막대한 비용이 드는 고정자본재의 마모·교체·확대라고 말할 수 있다. 이런 자본재의 교체와 확대는 순탄하게 진행되지 않고 불연속적으로 이뤄지며, 그것의 또 다른 표현은 국면의 큰 파동이다.[43]

리처드 B 데이는 다음과 같이 언급했다.

콘드라티예프가 염두에 둔 투자 형태들은 철도와 건설, 또 장기 파동의 상승기에 나타나는 산업의 주기적 기술혁신 등이었다. 상승기가 오려면 오랫동안 고정자본형성을 초과하는 저축이 이뤄지고, 이 저축이 결국 투자가들의 수중에 집중되고, 새로운 투자 물결을 일으키기에 충분할 만큼 매력적인 수익 창출 기회들이 생겨나야 한다.[44]

콘드라티예프는 이 새로운 투자 물결이 사회·정치 불안정과 투자 가능 자금의 고갈을 부르고, 그래서 이자율이 상승하고 투자가 감소해 새로운 하강기가 시작된다고 생각했다.

그러나 하강기에는 한편으로 대규모 자본 축적이 새로 시작될 때까지는 생산에 투입되지 못하는 기술혁신이 축적될 것이고, 다른 한편으로는 고정소득을 얻는 사람들이 물가 하락으로 자기 소득의 가치가 상승하는 것을 발견하고 저축을 늘림에 따라 투자 가능 자금이 축적될 것이다.

나중에 '장기파동'론자들은 이런 콘드라티예프의 설명에서 많은 부분을 받아들였다. 슘페터는 "다발적" 기술혁신의 구실을 강조했는데, 이것은 만델이 강조한 요소이기도 하다. 만델은 콘드라티예프를 약간 수정해, 대규모 투자를 보통의 10년 주기 자본 투자와 다른 일련의 장기적 자본 투자로 보지 않고 오히려 산업 전반에서 낡은 자본 설비를 완전히 교체하는 것으로 본다. 만델에 따르면, 이런 대규모 기술혁신으로 자본주의 체제는 마르크스주의자들이 말하는 이윤율 저하 위기에 직면하지 않고 25년 동안 성장할 수 있었다.

이런 이론적 주장들은 조금만 제대로 검토하기 시작하자마자 산산조각 난다.

첫째, '하강기'에 자본이 '저축'됐다가 수십 년 후 새로운 기술혁신 물결이 일면 투자될 수 있다는 생각이다. '하강기'는 단기 불황들이 평균보다 더 심각한 시기다. 그러나 그런 불황들의 매우 중요한 효과 하나는 자본의 전면적 파괴와 '평가절하'다. 파괴되거나 '평가절하'된 것은 저축될 수 없다.

게르츠시테인은 콘드라티예프를 비판하면서, 비록 일부 "소득 수령자들"은 불황 때 더 많이 저축하겠지만 "기업 경영인들이 그러지 않는다는 것은 확실하다"고 지적했다. 오파린은 콘드라티예프가 말한 '하강기'에 은행 저축이 실제로 증가했다는 흔적이 전혀 없다고 지적했다. 그리고 조지 가비는 1943년 그 점을 다시금 역설했다. "자유롭게 대출 가능한 자금이 25년 동안이나 재투자되기를 가만히 기다리며 연이은 경기순환의 확장과 수축의 영향을 받지 않을 수 있다는 콘드라티예프의 가정은 확실히 그의 주장에서 가장 취약한 부분의 하나이고 경험의 검증을 견뎌 낼 수 없다."[45]

콘드라티예프에 대한 비판은 최근에 그를 따르는 사람들에게도 마찬가지로 적용된다.[46]

마르크스주의자들이 콘드라티예프를 이론적으로 비판한 둘째 요점은 어쩌면 더 근본적이다. 장기파동론에 사람들이 매료되는 이유는 심각한 경제 위기 때 정상에서 벗어나는 자본주의 체제의 행태를 빈틈없는 수학적 모델과 부합하게 설명해 주는 듯하기 때문이다. 말이 안 되는 것을 말이 되는 것처럼 보이게 해 주는 것이다. 체제의 쇠퇴는 단지 장기적 평형을 회복하는 데 기여할 뿐이다. 장기 파동은 [진자의 진동 같은] 단순 조화 운동처럼 고정된 점 주위를 왕복한다. 아무리 심각한 경제 위기라도 단지 체제가 또 다른 성장기를 스스로 준비하는 메커니즘일 뿐이다.

콘드라티예프는 자신의 견해가 장기 균형 이론이라는 것을 결코 숨기지 않았다. 다른 모든 균형 이론처럼 콘드라티예프의 이론도, 상황이 아무리 나빠 보여도 언제나 보이지 않는 손이 상황을 바로잡아 줄 것이라고 가정한다.

반면에 마르크스는 자본주의가 경제 위기로 빠져들 뿐만 아니라 위기에서 벗어나기가 점점 더 어려워질 것이라고 생각했다. 트로츠키처럼, 우리도 자본주의 체제는 특정한 시기에 더 급속히 성장한다는 것에 동의하면서도 이것을 초역사적인 자기 교정 메커니즘의 일부로 보는 함정에 빠지지는 않는다. 수하노프는 1920년대에 이런 결론을 내렸다.

콘드라티예프는 마치 천문학자가 천체의 변치 않는 궤도를 연구하듯이 경제학을 연구한다. 더 합리적인 경제학 연구 방법은 자본주의의 발전·성숙·노화를, 그리고 심지어 죽음의 가능성을 고려하는 태도일 것이다.[47]

이 말은 슘페터·로스토·만델과 지난 10년 동안 장기파동론을 받아들인 많은 친자본주의 경제학자들의 방법에 대해서도 적절한 비판이다.

부록 4: 헤게모니 위기?

미국의 케인스주의 경제학자 찰스 킨들버거는 1930년대 경제 위기를 다음과 같이 묘사했다.

세계 체제는 1913년까지 영국이 하던 것처럼 어떤 나라가 안정시키지 않는 한 불안정했다. … 모든 나라가 자국의 사적 이익을 보호하는 데 몰두하자 세계의 공적 이익은 바닥을 드러냈고, 그와 함께 사적 이익도 모두 고갈돼 버렸다.

1873년부터 1913년까지

영국의 해외 대출과 국내 투자는 계속 반대로 움직였다. 국내 경기후되는 해외 대출을 자극했고, 국내 경기가 호황이면 해외 대출은 감소했다. 그러나 국내 호황은 수입을 늘려 외국의 수출을 부양해 주는 효과가 있었다. … 이처럼 대출이 경기순환을 조정해 준 덕분에 체제가 안정됐다.[48]

반면 1930년대 미국의 해외투자는 호황과 불황을 촉진했다. "미국의 해외 대출은 국내 투자와 반대 방향이 아니라 같은 방향으로 움직였다."[49]

그래서 미국에서 호황이 시작되면 동시에 유럽과 그 밖의 지역에서도 투자 붐이 일었다. 그리고 미국 국내 경기가 침체한 바로 그 시기에 해외투자도 감소했다. 50년 전 영국의 해외투자와 달리, 세계 한쪽 지역의 불황은 다른 지역의 호황으로 상쇄되지 않고 악화됐다.

킨들버거는 또한 이 주장을 1970년대로 연장해, 유일 강대국인 미국이 세계 체제의 나머지 부분을 짜임새 있게 조직하는 능력이 붕괴한 것이 [영국의 헤게모니가 붕괴한] 1920년대·1930년대와 매우 비슷한 점이라고 본다.

1940년대, 1950년대, 1960년대에 미국 경제는 막강했다. 미국은 세계의 경찰이었을 뿐 아니라 세계의 돈줄이기도 했다. 달러는 다른 통화의 폭락을 막는 커다란 안전망이었다. 그러나 미국의 그런 능력은 지난 10년간 쇠퇴했는데, 그것은 미국의 경제적 우위가 상대적으로 쇠퇴한 결과였다.[50]

많은 좌파 경제학자가 킨들버거의 주장을 수용해 개량했다. 예컨대, 미국의 급진적 경제학자 아서 매큐언은 다음과 같이 주장한다.

1970년대 미국 경제 위기의 근본적 측면 하나는 세계 자본주의 경제의 안정을 붕괴시켰다는 것이다. 제2차세계대전 후 25년간의 특징은 세계 자본주의 체제의 통합이 끊임없이 증대했다는 것이다. 그러나 그 기간 내내 안정을 파괴하는 힘이 비축되고 있었다. … 1970년대 초에 그 힘이 본격적으로 작용하자 안정의 기반(미국의 헤게모니)이 무너져 내렸다.[51]

1945년 이후의 장기 성장은 "다른 나라들이 영국의 우위에 만만찮게 도전하기 시작한 이래로 반세기 동안 무너져 있던 국제 질서를 재확립할" 미국의 능력에 의존했다.[52]

이 새로운 헤게모니의 양상 하나는 미국의 해외직접투자가 (1950년 110억 달러에서 1960년 300억 달러, 1970년 700억 달러, 1976년 1330억 달러로) 엄청나게 증대했다는 것이다.

그러나 미국 헤게모니에 기반을 둔 새로운 세계 체제의 성공 자체가 미국 헤게모니를 점점 약화시키기 시작했다.

경제적·정치적 이유로, 미국이 성공하기 위해서는 자본주의 체제에서 전쟁으로 파괴된 지역들을 재건하는 데 적극 나서야 했다. … 그 결과, 전후 기간을 거치며 다른 자본주의 나라들이 경제적으로도 정치적으로도 미국에 도전할 수 있는 위치로 올라설 수 있었다. 이미 1950년대 말과 1960년대 초에 일본과 유럽의 상품이 미국 생산물의 유력한 경쟁자가 되기 시작했다는 점이 명백해지고 있었다. 그리고 다른 나라들은 달러에 기반을 둔 국제통화제도를 지원하는 비용에 대해서 불평하기 시작했다.

이런 모순들은 베트남전쟁으로 악화됐다. 그 전쟁은 미국의 국내 경제를 과열시켰다. 그리고 (전쟁이 인기가 없었으므로) 증세가 아니라 적자재정으로 전쟁 자금을 조달했는데, 이 정책은 사태를 더 악화시켰다. 국제적으로 이 정책 때문에 미국의 무역수지 흑자가 상당히 감소했다. 그러나 미국의 해외투자 흐름은 계속 확대되다가 마침내 다른 경제 강국들이 달러가 과대평가됐고 자신들이 사실상 해마다 약 20억 달러나 되는 거금을 미국 경제에 보조금으로 지급하고 있다고 생각하게 됐다. 1971년 닉슨이 달러를 평가절하하고 제2차세계대전 말 브레턴우즈에서 확립된 안정적인 국제 통화 질서를 끝냈을 때 미국은 자업자득 처지가 됐다.

동시에, 미국의 군사적 헤게모니 붕괴(군사력을 뒷받침하던 경제적 헤게모니의 붕괴와 부분적으로 관련 있었다) 때문에, 1973~1974년 가장 중요한 중동 산유국들이 유가를 올리기로 했을 때 미국은 더는 그 국가들을 단속할 수 없었다.

전에 미국 헤게모니를 바탕으로 세계경제의 통합이 이뤄졌다는 바로 그 점 때문에 새로운 불안정은 미국 국내 경제에 반작용할 수밖에 없었다. 미국은 석유의 40퍼센트를 수입에 의존했다. 수출은 1970년대 중반에 국민총생산의 10퍼센트가 됐는데, 그보다 10년 전에는 겨우 5~6퍼센트에 불과했다. 해외직접투자에서 얻은 수익은 세금 공제 후 기업 이윤의 30퍼센트를 차지했고, 미국이 보증한 해외 대출은 1971~1975년에 3배로 늘어났다.[53]

1974~1975년의 경기후퇴 이후 자본주의의 지속적 성장은 기존의 국제적 틀 안에서는 불가능했다. 그 일은 미국의 수입 급증, 국제수

지 적자, 달러 가치의 추가 하락을 수반하고, 그러면 국제통화제도가 더 약화될 우려가 있었다. 그렇다고 해서 보호무역주의로 후퇴할 수도 없었다. 그러면 기존의 통합된 세계 체제가 붕괴할 터였기 때문이다. 그 결과 1977~1978년 미국의 호황은 단명으로 끝났다. 유럽 경제와 일본 경제는 그나마 기존의 경기후퇴에서 사실상 빠져나오지도 못했다.

'헤게모니 위기'론은 분명히 매력적이다. 그 이론은 확실히 경제 불안정이 심각한 시기에 나타나는 현상의 한 가지 매우 중요한 측면(국제적으로 낡은 제도적 틀이 해체되고 전에 우세하던 경제들의 안정화 능력이 감퇴하는 것)을 묘사한다. 그러나 그 이론들은 헤게모니 위기가 일반적 위기의 원인이라는 것을 증명하지 못한다. 오히려 패권을 쥔 강대국의 국내 경제 위기가 그 헤게모니를 약화시킨 것일 수도 있지 않을까? 아니면, 국내 경제 위기와 헤게모니 위기가 모두 어떤 제3의 요인 탓이 아닐까?

킨들버거 같은 '헤게모니 위기'론자들의 주장을 더 면밀히 살펴보면 의문은 더 뚜렷해진다.

19세기 말 영국의 투자에 대한 킨들버거의 설명을 살펴보자. 그는 영국의 저축이 국내에서든 해외로든 항상 투자됐기 때문에 영국의 투자가 세계경제의 안정을 유지할 수 있었다고 설명한다. 그렇지만 단순히 영국의 우세한 국제적 지위를 언급하는 것만으로는 영국의 저축이 항상 투자된 이유를 설명하지 못한다. 어떤 요인 때문에 19세기에 말 영국의 저축은 항상 투자된 반면 1920년대와 1930년대에 미국의 자금은 국내 호황기에만 해외에 투자됐는지를 킨들버거는 설명해야 한다. 그렇다면, 이 요인 또는 이 요인의 부재가 1920년대와 1930년대에 경제 위기를 심화시키고 헤게모니 위기도 유발했다고 봐야 할 것이다.

1970년대의 '헤게모니 위기'에 대해서도 같은 이야기를 할 수 있을 것이다. 물론 1960년대 초 이래 외환시장의 잇따른 위기는 미국 헤게모니의 쇠퇴에서 비롯했다. 그러나 이 위기들이 1973년 이후의 일반적 경제 위기를 일으킨 원인인가? 만약 그렇다면, 어떻게? 미국 자금의 해외 유출이 감소해서 그러지 않았다는 것은 분명하다. 유로달러 시장으로 유입된 미국 자금은, 예컨대 1950년대 말보다 1970년대 말에 훨씬 많았다. 경제 위기를 심화시킨 것은 미국에서든 국제적으로든 이용 가능 저축의 고갈이 아니었다. 저축은 있었다. 그러나 대체로 생산적으로 투자되지 않았다. 유로통화* 자금은 투기로 흘러 들어갔고, '제3세계'와 동유럽의 급증하는 외채에 자금으로 제공됐지만 대부분 직접투자로 들어가지는 않았다(이것이 미래의 어느 시점에 국제 신용이 붕괴할 가능성을 배제하지는 않는다. 그러나 그것은 더 폭넓은 경제 위기의 산물이지, 원인은 아니다).

경제 위기가 더 심화된 것을 설명하려면 투자 패턴을 설명해야 한다. 그런데 단순히 헤게모니 위기를 언급하는 것으로는 부족하다. 매큐언은 어느 정도 이 점을 인식한 듯하다. 그는 미국 "국내 경제 위기"

---

* 유로통화(유로커런시) 타국(과거에는 주로 유럽 나라들)에 있는 은행에 예치된 각국의 통화를 일컫는 말로, 투기 자금으로 많이 쓰인다. 예를 들어, 유럽의 은행에 예금된 달러를 유로달러라고 부른다(이 책 맨 끝의 '용어 해설' 참조). 유럽연합의 화폐단위인 유로와는 무관하다.

와 "자본주의 생산관계의 근본 모순"을 모두 언급한다. 그러나 이는 일반적 위기의 근본 원인을 헤게모니 위기가 아닌 다른 데서 찾아야 한다는 점을 시인하는 것이다. 그의 경우에 '다른 데'는 버랜과 스위지가 주장한 독점자본주의 이론을 의미하는데, 이 문제는 뒤에서 살펴볼 것이다.

부록 5: 원료 위기?

'헤게모니 위기'론의 하위 변종은 선진국들이 제3세계 나라들에서 나는 원료(특히 석유) 공급에 점점 더 의존하게 된 것이 경제 위기의 원인이라는 주장에서 찾아볼 수 있다.[54] 이런 설명의 극단적 형태는 에너지 자원의 부족이 경제 성장에 절대적 한계로 작용한다는 주장이다. 그러나 이런 설명이 설득력 없는 이유는 수많은 연구를 보면 인간이 지금까지 역사를 통틀어 사용한 총량보다 더 많은 석유가 매장돼 있고 석탄 매장량은 앞으로 200년은 더 쓸 만큼 충분히 많기 때문이다. 만약 이것들이 아직 개발되지 않았다면, 그 이유는 지난 10~15년 동안 수익률이 충분히 높지 않아서 기업과 국가가 투자할 필요를 못 느꼈기 때문일 것이다. 예컨대, 미국이나 일본의 기술을 이용해 러시아[소련]의 시베리아 유전을 개발하려는 논의가 1970년대 초에 허탕으로 끝난 주된 이유가 바로 그것이다.

세계가 직면한 유일한 문제가 석유 자원의 고갈이라면 모든 나라의 정부와 기업이 대체에너지를 개발하는 데 엄청난 돈을 쓸 것이므로 장차 호황이 찾아올 것이라고 예상할 수 있다. 이는 실제로 터무니없는 말이 아니다(따지고 보면, 콘드라티예프가 '장기 파동'의 상승 국면을 설명할 때 바로 그렇게 주기적으로 특별한 종류의 대규모 신규 투자가 이뤄져야 한다는 점을 근거로 들었다). 그렇다면, 국제 경제의 특징은 부진이 아니라 대단한 급성장일 것이다(아마 매우 불안정할 테지만).

덜 극단적인 설명은, 에너지 위기 때문에 경제 성장이 절대적 한계에 갇힌다고 보지는 않는다. 그보다는 석유를 구매할 때 석유수출국기구OPEC 나라들에 지불할 돈이 커지는 것이 서방 선진국들에 어떤 영향을 미치는지를 살펴본다. 흔히 이 때문에 선진국 자체의 경제 성장에 쓰일 수 있는 자금이 줄어든다고들 이야기한다(이것이 로손 설명의 핵심이다).

그러나 이 설명은 논리적 비약이나 다름없다. 서방 나라들에서 나온 자금이 OPEC 나라들의 정부와 지배 집단의 금고로 흘러 들어갈 텐데, OPEC 나라들의 정부와 지배 집단은 그 돈을 자국의 산업 기반을 확대하거나, 자신과 자국 국민이 쓸 소비재를 얻거나, 선진국에 투자하는 데 쓰지 않을 이유가 있는가? 만약 이 세 가지 일 중 어느 하나라도 일어난다면, 그 결과는 전반적 수요나 투자 가능 자금의 전반적 수준은 전혀 하락하지 않은 채 세계 체제 내에서 구매력이 재분배되는 것일 뿐이다. 자본을 소유한 일부 집단(선진국 자본가들)이 다른 집단(산유국 자본가들)에게 손해를 보고 밀려나더라도 체제 전체의 성장 가능성은 조금도 줄어들지 않을 것이다.

여기서 우리는 다시 한 번 투자 가능 자금이 왜 투자되지 않는지를 묻게 된다. 만약 석유 잉여가 '재사용'되지 않는다면, 그 이유는 분명히 서방 경제들 내부의 어떤 요인 때문일 것이다. 즉, OPEC 정부들이 석유를 서방 산업의 지분과 교환하기보다는 차라리 땅속에 그대로 놔두는 것이 자신들의 부富를 지키는 더 좋은 방법이라고 느끼게 하는 어떤 요인이 있기 때문이다.

부록 6: 제도적 위기 이론

헤게모니 위기 이론의 결함을 메우는 방법 하나는 그런 위기들을 자본주의적 생산이 이뤄지는 제도적 구조에서 발생한 더 광범한 위기의 한 표현일 뿐이라고 여기는 것이었다.

예컨대, 미국 마르크스주의자 데이비드 고든은 콘드라티예프의 장기파동론에서 파생된 사상들에서 출발해, 자본주의는 역사적으로 여러 발전 단계를 거쳐 왔고 각 단계는 상이한 구조에 바탕을 두고 있는데 어느 시점을 넘으면 수명을 다한다고 주장한다. 제도적 구조가 더는 축적의 필요에 맞지 않게 된다는 것이다. 이를테면 특정한 노동시장 구조에서 이용할 수 있는 노동이 모두 소진되거나, 분배 구조가 일부 신기술 제품과 부합하지 않거나, 어떤 원료의 재고가 바닥나지만 새로운 원료의 사용을 가능하게 할 제도적 구조가 확립되지 않는 경우다.

어떤 제도가 다른 제도로 전환되는 일은 쉽게 일어날 수 없다고 한다.

어느 특정 축적 단계와 관련된 많은 제도에는 사회기반시설을 계획하고 건설하는 막대한 비용이 들어간다. 또, 시장 진입(원료, 중간재, 최종 소비재 시장 진입) 제도들이 포함된다. 이 제도들은 콘크리트와 강철로 짓는 '건조 환경'의* 일부가 된다. 일단 이 제도들이 막대한 비용을 들여 건설되고 나면, 세계경제는 '이 특정 사회기반시설 형태들에 고착'되고 그사이에 그 비용은 회수된다.[55]

사실 이 비용이 다 회수돼도 "고착"은 계속된다. 이는 "많은 개별 자본가들이 기존의 제도적 구조들에서 강력한 기득권을 누리고" 있기 때문이다. 이 구조들을 뒤흔들어 개별 자본가들이 "낡고 점점 수익성이 떨어지는 방식을 포기하도록" 만들려면 대규모 경제 위기가 필요하다.[56]

고든에 따르면, 양차 세계대전 사이에 벌어진 대실패[즉, 대불황]는 제1차세계대전 전에는 "성공적으로 결합"돼 있던 다음과 같은 것들이 해체된 결과로 볼 수 있다.

합병으로 경쟁이 축소됐고, 제국주의 열강의 식민지 점령으로 새로운 시장이 개척되고 원료비가 감소했으며, 새로운 생산관계와 진보적 사회복지 정책과 공세적 노동조합 탄압이 맞물려 계급투쟁이 위축됐다. 국제 경쟁은 전쟁 전부터 이미 격렬해졌고, 평화는 불안정을 해결하지

---

* 건조 환경(built environment) 자연환경 외에 인공적으로 고안되고 건설된 모든 환경.

못했다. 세계 무역이 점차 위태로워지자 세계 상품 흐름도 부진해졌다. … 상품 흐름의 붕괴는 생산을 위협했다. … 일단 거품이 터지자, 새로운 확대재생산 단계의 제도적 기초가 마련될 때까지 번영은 다시 시작될 수 없었다.

제2차세계대전은 이런 제도의 재건에 도움이 됐다. 전쟁이 끝났을 때 미국은 국제적으로 엄청난 경제 강국으로 떠올랐다. 달러와 미국의 권력은 국제적 안정의 새 기반을 제공했다. 전시의 규율, 전후의 반공 이데올로기, 새로운 단체교섭 제도가 노동자들을 축적 과정으로 다시 통합하는 데 도움이 됐다. 기업의 집중도 증대는 더 안정된 경쟁 관계를 촉진했다.[57]

전후의 구조도 그에 속한 제도들이 저마다 문제에 봉착하면서 해체되기 시작했다. 고든은 다음과 같은 문제들을 특별히 열거한다. 자동화에 대한 과잉 투자, 수익 감소를 벌충하고자 기업이 정부한테서 빌린 돈 증가, 미국 제국주의에 맞선 제3세계 민중의 반란(특히 베트남에서)과 이에 대한 미국의 대응 비용, 미조직노동자들의 노동쟁의 증가, 금리 상승, 노동 패턴 변화로 교육제도를 노동력 재생산을 위해 이용하기가 점점 더 복잡해진 것, 노동강도 강화에 대한 노동자들의 저항 증대, 유럽 자본주의의 급격한 성공으로 미국 기업들이 점점 더 격해진 경쟁에 맞닥뜨린 것 … 등등.

고든 주장의 약점은 전후 '번영'을 붕괴시킨 요인들을 나열할 때 드러난다. 각각의 요인들은 경제 위기를 심화시킨 원인으로도 볼 수 있지만 더 광범한 경제 위기의 결과로도 볼 수 있다. '자동화에 대한 과잉 투자'를 요인으로 드는 주장을 보자. 고든은 왜 그런 일이 일어났는지, 또 왜 그 투자가 해당 상품의 시장을 창출하는 것으로 이어지지 않았는지 아무 설명도 하지 않는다. 그리고 무엇보다도, 왜 오랫동안 경제 위기를 만나지 않고 계속된 투자가 갑자기 1970년대에 경제 위기를 만난 것인지 아무 설명이 없다. 가장 그럴듯한 설명은 콘드라티예프의 대규모 고정투자 개념이다. 그러나 이것의 문제점은 [부록 3에서] 콘드라티예프의 주장을 살펴볼 때 이미 지적한 바 있다. 이와 마찬가지로, 노동시장의 위기에 대한 고든의 설명에서 드러나는 약점은 노동조합의 압력 증대가 경제 위기의 원인이라는 이론[부록 1 참조]의 약점과 똑같다.

프랑스 경제학자 알리에타는 또 다른 '구조적 위기' 이론을[58] 바탕으로 현재의 경제 위기(와 1930년대의 경제 위기)를 꽤나 정교하게 설명한다. 그의 기본적 주장은 지난 100년 동안 노동의 기계화가 세 단계를 거쳤는데, 각 단계는 서로 다른 자본 축적 단계를 위한 기초를 제공했다는 것이다.

1. **테일러주의**는 작업 속도를 빠르게 하고 작업 사이의 시간 공백을 줄여 노동생산성을 향상시켰다.

2. **포드주의**는 테일러주의에서 나온 것으로, 전체 생산 과정을 재설계해서 작업의 흐름이 끊이지 않도록 유지하고, 노동과정을 단순화·분해해서 노동자가 두세 가지 반복적 작업만 하게 만드는 것이었다. 이런 발전의 귀결은 '반半자동 조립라인'인데, 이것은 노동자들이 노동시간 중에 자신의 에너지를 '회복'할 시간을 거의 남겨 두지 않았다.

포드주의는 이전의 소비 형태를 대체해 시장을 통한 대량 소비가 이뤄지게 함으로써 노동자들의 소비를 자본주의 생산 과정에 흡수시켰다. 예컨대, 전에는 식재료를 다듬고 요리하는 일은 대부분 노동자들이 자기 집에서 스스로 했는데, 이제는 통조림과 냉동식품 사용이 증가해 음식 준비가 자본주의 생산 과정의 일부가 됐다. 공장에서 생산된 진공청소기 등을 쓰게 되면서 집안일에 들어가는 품이 줄어들었다. 교통수단이 대량으로 보급되며 생산이 생활 영역에서 한 자리를 차지하게 됐다.

그래서 "노동계급의 소비가 혁명적 변화"를 겪었다. "소비는 상품(특히 자동차와 개별 주택)의 개인적 소유에 바탕을 뒀다." 따라서 소비는 "공장에서 이뤄지는 생산을 증대하는 데 필요한 [노동자의] 기력을 회복"시켰다.[59]

이것은 모순을 일으켰다. 임금 제도에 내재하는 어느 정도의 불안정성은 사용자에게 꼭 필요한 것이었다. 상시적 실업 위협을 이용해 임금을 낮게 유지하고 생산을 통제하려면 말이다. 그러나 자본주의 체제가 이제는 노동자들의 소비자 역할에도 의존하게 됐으므로, 이 새로운 시장을 체계화하고 안정시켜야 했다. [그러려면] 노동자들이 실업 걱정을 아예 안 할 수는 없을지라도, 살 집과 출근할 때 탈 자동차를 구입할 형편은 돼야 했다. 알리에타가 쓰듯이 "소비 과정이 지속되게 하려면 자본주의의 불안정성이 개인들의 임금 형성에 미치는 영향을 제한하는 것이 필요해졌"다.

그래서 사회보험기금, 국가가 지급하는 실업급여, 병가 보상 법률 등이 확대됐다. "포드주의가 노동계급의 사적 소비의 발전을 조절할 수 있는 방법은 노동력 유지·보수 사이클을 보장하는 조건(실업과 질병에 대비하고, 가족의 생계비와 퇴직자의 생계 수단을 보장하는 것 등)으로 임금 관계를 확장하는 것뿐이었다."[60]

알리에타는 포드주의가 경제 발전의 전반적 양상에 분명한 영향을 미쳤다고 주장한다. 마르크스가 말한 경제의 제1부문, 즉 생산수단을 생산하는 부문의 생산 확대는 소비재를 생산하는 제2부문의 생산 증대에 의존하게 됐는데, 그 이유는 이제 자동차와 주택 등이 일터의 노동생산성을 향상시키기 위한 전제조건이 됐기 때문이라는 것이다.

그러나 이 말이 뜻하는 바는, 만약 제2부문이 수축되도록 내버려두면 체제가 잘못될 수 있다는 것이다. 한편으로 제1부문 생산물에 대한 수요가 감소할 것이고, 다른 한편으로 생활수준이 '사회적 소비 기준 아래로' 떨어져서 제1부문의 노동생산성도 하락할 것이기 때문이라는 것이다.

그래서 알리에타가 보기로, 어떤 의미에서는 케인스야말로 포드주의의 예언자였다. 케인스가 신고전학파 경제학을 비판하고 '유효수요' 개념을 주장한 것은 자본주의 발전의 특정 단계에서 생산과 소비가 통합될 필요를 부분적으로 인정한 것이었다.

3. 신neo포드주의는 알리에타가 말한 노동의 기계화에서 셋째 단계로, 이제 막 시작됐다. 포드주의 자체에는 세 가지 '내적 장애물'이 있었다. 즉, 지속 시간이 서로 다른 여러 생산 주기들 사이의 통합 결여, 끊임없는 작업 압력이 노동자 개인에게 가하는 스트레스와 그로 인한 무단결근과 노동쟁의, 노동자 개인의 노력과 보수 사이에 직접적

연관이 사라진 것이 그것이다.

신포드주의는 이 문제들을 해결하고자 컴퓨터 같은 전자 장비를 사용해 작고 분산된 생산 단위들을 중앙집권적으로 조정하려 한다. 경영 위계는 단순해지고, 노동자는 소집단들로 나뉘어 각자에게 할당된 전자 장비와 업무만 책임지고 중앙에서 정해진 기준을 달성하기만 하면 되는 것처럼 보인다. 하청 노동은, 그리고 심지어 노동조합조차, 경영진이 멀리서 중앙집권적으로 결정한 착취 기준을 노동자들이 자발적으로 따르게 되는 기초가 된다.

알리에타는 이 세 단계의 [노동의] 기계화라는 틀을 이용해, 지난 100년간 벌어진 중대한 경제 위기의 시기들이 한 단계에서 다음 단계로 넘어가는 과도기들이었다고 한다. 그런 심각한 경제 위기는 노동(과 착취)을 조직하는 하나의 방식이 수명을 다했지만 아직 다음 방식이 확립되지 않았을 때 발생한다는 것이다.

그래서 첫 번째 '기계제 생산'의 전형적 노동 조직 방식이 착취의 한계에 도달했을 때 1870년대의 대불황이 발생해 테일러주의가 확립될 때까지 지속됐다. 또, 테일러주의의 틀 안에서 착취가 한계에 도달했을 때 1920년대와 1930년대의 대불황이 발생해 포드주의가 확립될 때까지 지속됐다. 그리고 현재[1970년대]의 경제 위기는 포드주의가 가진 가능성이 고갈돼 일어났고 신포드주의 축적 구조가 조직될 때까지 지속될 것이다.

한 축적 구조의 가능성이 '고갈'되는 형태는 지출(직접적이든 간접적이든 '비생산적' 정부 지출) 증대로 얻을 수 있는 생산성 향상 수준의 하락이다. 그러나 이런 하락의 원인은 무엇인가?

이 지점에서 알리에타는 우리가 이미 살펴본 약점이 있는 주장으로 후퇴한다. 그는 축적 구조가 널리 퍼지면 장기적으로 계급투쟁 수준이 상승해, 착취율 증대 가능성을 줄인다고 본다.

> 포드주의의 위기는 무엇보다 노동 조직 방식의 위기다. 그 위기는 특히 생산 현장에서 계급투쟁이 격화되는 것으로 나타난다. 이런 투쟁들은 직무의 파편화나 노동강도 강화와 결부된 작업 조건에 도전해, 노동과정이 이런 식으로 조직된 생산관계에 내재하는 잉여가치율 증가의 한계를 보여 줬다. 이것이 경제 위기의 근원이었다. …
> 그것은 포드주의로 확립된 노동 규율에 도전하는 산발적 충돌과 고질적 모순의 분출과 동시에 실질임금 비용의 하락이 멈춘 것에서 볼 수 있다.[61]

경제 위기는 이 초기의 진앙지에서 경제 전반으로 확산된다. 경제의 제1부문의 성장이 지체되는 이유는 생산성을 높여 자본의 유기적 구성 증가 경향을 상쇄할 수 있는 신기술이 더는 생산되지 않기 때문이다. 그러면 투자가 감소하고 실업이 증가하며 일자리가 더 불안정해진다. 그와 동시에, 소비재를 생산하는 산업들의 생산성이 향상되지 않으며 경영진은 노동자들의 생활수준을 공격하게 된다. 이 공격은 "이른바 집단적 소비"(흔히 "사회적 임금"이라고 부르는 것)에 대한 공격을 동반하기 마련이다. "집단적 소비"의 대상을 생산하는 부문의 생산성이 다른 경제 부문에 비해서 훨씬 더 느리게 상승하기 때문이다.

이런 서비스[공공서비스]는 후진적 방법을 사용하는 자본가들이 생산(해서 사회적 수요가 증가하면 비용이 천문학적으로 증가)하거나 [아니면 — 지은이] 공공기관들이 생산한다. 그래서 그것은 잉여가치라는 관점에서 볼 때는 생산적이지 않은 노동을 흡수한다. … 자본가의 관점에서 볼 때, 이런 비생산적 노동이 사회적 가치에서 흡수하는 몫이 잉여가치 총량보다 빨리 증가하면 비생산적 노동은 잉여가치를 생산하는 노동[생산적 노동]을 보완하기는커녕 적대적이 된다.

자본주의 체제가 성장할 수 있게 해 준 '포드주의적' 조건들이 이제는 체제를 위기에 빠뜨리기 시작하는 때가 오는 것이다.

표준화된 상품을 생산하는 데에 일어난 중대한 변화와 그에 상응해 떠오른 소비 양식이 여전히 유력한 상황에서는, 임금노동을 재생산하는 데 들어가는 집단적 비용이 일정하게 유지되고 잉여가치율이 계속 증가할 수 있다. 그러나 이런 힘들 자체가 집단적 비용을 점점 더 급속히 증대시키는 동시에 임금노동의 기계화에 내재한 잠재적 가능성을 고갈시킨다. 그러므로 포드주의적 노동 조직 방식이 위기에 빠진 바로 그때 자본가 계급 일반이 사회적 지출을 줄이려고 달려든 것은 결코 놀라운 일이 아니다.[62]

알리에타는 설득력 있는 주장을 여럿 밝혔다. 그러나 심각한 경제위기의 발생에 대한 그의 설명에는 약점들이 있는데, 이는 앞서 살펴본 여러 이론들의 약점과 아주 비슷하다. 알리에타는 경제 성장에 기여하는 포드주의의 요소들이 왜 어떤 시점에서는 갑자기 작용을 멈추는지를 진정으로 설명하지 않는다. 예컨대, 노동생산성 향상의 가능성을 보자. 알리에타는 어떤 지점에 이르면 노동자가 더는 열심히 일할 수 없(거나 일하려 하지 않)게 된다고 암시하는 듯하다. 그러나 노동생산성은 노동자가 더 열심히 일하는 것만으로 향상되는 것이 아니다(사실 오늘날 노동자들이 100년 전의 노동자들보다 훨씬 더 열심히 일한다는 것은 입증해야 할 문제다). 생산 기술 수준의 상승도 노동생산성을 향상시킨다. 알리에타는 생산 기술 수준이 1960년대 중반에 상승을 멈췄다는 증거도 제시하지 않았고, 그것이 멈췄다면 왜 그랬는지도 설명하지 않는다.

서유럽과 북미의 오래된 산업 중심지들에서는 '포드주의' 방식으로 노동생산성을 향상시키는 힘이 고갈됐다 쳐도, '포드주의'가 거의 도입되지 않은 지역들은 어떻게 설명할 것인가? 알리에타의 주장대로라면 체제의 수명이 새롭게 연장돼야 하는 것 아닌가? '포드주의'가 기존의 생산 과정 조직 방식을 대체할 수 있는 지역으로 성장하는 생산 부문들이 이동할 테니 말이다. 알리에타의 용어를 공유하는 몇몇 사상가들은 바로 그런 결론을 내린다. 그런데 왜 알리에타 자신은 다르게 주장할까? 왜 그는 세계의 생산성이 이제 '포드주의적' 토대 위에서는 향상될 수 없다고 주장할까?

알리에타가 주장하는 핵심 요지는 베이컨과 엘티스가 주장한 '비생산적' 정부 지출의 증가, '임금 인상 압박' 이론가들이 주장한 계급 투쟁 수준의 국제적 상승이라는 의심스러운 일반화에 의존하고 있다는 점을 덧붙여야겠다. 이런 주장들은 앞에서 봤듯이 결코 받아들일 수 없는 것들이다.

알리에타의 주장에서 보이는 허점은, 만약 그의 시기구분법에 따른 경제 위기들이 시작되기 전에 투자가 하락했다는 것을 입증하면 사라질 수 있을 것이다. 그러면 그는 다른 많은 것들을 또 설명해야 할 것이다. 그러나 알리에타 자신의 전제들에 입각해 투자의 감소를 설명할 수는 없다. 실제로 그는 왜 포드주의의 첫 번째 절정기인 1929년에 자본주의의 성장이 갑자기 붕괴했는지, 또는 왜 '포드주의적' 성장의 새 물결이 오늘날 갑자기 멈춘 것인지 설명하지 못한다. 그래서 다른 설명들을 찾아야 한다. 그의 설명 자체만 놓고 보면, 단순히 '기술혁신 물결'이나 '장기 파동'이나 임금 인상 압력이나 공공지출 증가를 이야기하는 주장들만큼이나 설득력이 없다.

부록 7: 독점과 경기 부진 이론들

한편에서는 미국 마르크스주의자들인 버랜과 스위지,[63] 다른 한편에서는 신neo케인스주의자인 요제프 슈타인들이[64] 일반적 위기의 시작을 생산의 독점화 탓으로 돌리는 이론들을 개발했다. 이 이론들은 원래 1970년대 경제 위기가 아니라 1930년대 대불황을 설명하려는 의도에서 나온 것이었다. 그렇지만 1973년 이후 세계경제가 새로 위기로 빠져드는 것을 설명하는 데에도 이용됐다.

버랜과 스위지든 슈타인들이든 모두 경제가 부진하게 되는 경향을 독점이 이윤에 미친 영향의 필연적 결과로 본다.

슈타인들이 보기에 1890년대 이후 독점 추세의 심화는, 이윤을 보호하려고 의도적으로 과잉 설비를 발전시키는 정책과 결합돼 이윤을 증대시켰다. 그 결과로 축적률이 하락해, 미국 경제의 성장률은 1899년 이전 10년 동안에는 5퍼센트였다가, 1920년대에는 3퍼센트, 1930년대에는 0이 됐다.[65] "독점으로 이행移行한 결과인 과잉 설비에 대한 두려움의 증가는 항상 성장률의 한계치[슈타인들은 이 말을 가능한 최대 성장률의 의미로 사용했다 — 지은이]를 낮출 것이다. … 나는 이것이 사실상 미국의 성장률이 지난 세기말부터 계속 하락한 주된 이유라고 생각한다."[66]

그러나 투자를 줄이고 성장률을 낮춘다고 해서 설비가동률이 완전 가동 수준으로 회복하거나 이윤이 보장되지는 않는다. 오히려 유효수요가 감소해 과잉 설비가 훨씬 늘어나게 된다. "일정한 수준의 설비가동률을 충분히 회복하려면 가격을 인하해 생산 능력을 줄이는 방법밖에 없다. 투자를 줄이는 방법으로는 그렇게 할 수 없다. 투자를 줄이면 과잉 설비만 훨씬 늘어나기 때문이다."[67]

그 결과는 일반적 경제 위기다. 다른 요인들 때문에 위기가 은폐되지 않는다면 말이다.

> 경기 부진은 하룻밤 새 찾아온 것이 아니고, 그 전에 거의 주목받지 않은 채 지나간 장기적 변화의 오랜 과정이 있었다. … '신시대'[1920년대] 동안에 기업 자본의 연간 증가율이 30년 전의 절반에 불과하다는 사실을 어느 누구도 의식하지 못했다.[68]

슈타인들이 볼 때, 제2차세계대전 이후 경제 위기를 은폐한 요인은 전보다 훨씬 증가한 정부 지출이었다. "전후 경제의 탈바꿈은 정부의 공공정책과 정치가 전례 없이 큰 구실을 한 덕분이었다."[69] 한편으로 냉전의 긴장이 완화되고 다른 한편으로 정부가 물가상승과 국가채무 대응에 골몰하다 보니 정부의 지출 의지가 줄어들었다. 그러나 정부 지출의 감소가 결코 산업의 투자 의지를 높이는 것으로 이어지지는 않았다. 그래서 슈타인들에 따르면, 정부는 지출이 줄어들었음에도 적자 예산으로만 자금을 조달할 수 있었다.

버랜과 스위지의 주장도 근본적으로 이것과 다르지 않다. 비록 그들은 케인스주의 언어가 아니라 마르크스주의 언어로 설명하지만 말이다. 그들은 독점 상황에서는 가격 결정이 시장력의 자유로운 작용에 달려 있지 않다고 주장한다. 기업들은 이윤을 증가시키려고 하고, 사회의 총 '잉여', 즉 노동자들의 소비와 감가상각을 빼고 남는 것은 증가하는 경향이 있다. 독점 기업들은 이 잉여를 주주들에게 넘겨줘 사적으로 소비되도록 놔두려 하지 않는다. 그래서 "잉여뿐 아니라 잉여 가운데 투자 추구적 부분도 총소득에 비례해서 증가하는 경향이 있다."[70]

그러나 사적으로 소비되지 않는 이 많은 잉여를 흡수할 만큼 투자가 빠르게 증가할 수는 없다.

> 총소득이 점점 더 빠르게 증대한다면, 점점 더 많은 몫이 투자돼야 한다. 역으로, 점점 더 많은 몫이 투자된다면 총소득은 틀림없이 점점 더 빠르게 증가할 것이다. 그러나 이것이 의미하는 바는 경제적 관점에서

보면 터무니없다. 그것은 장래에 훨씬 많은 생산재를 생산한다는 단 하나의 목적을 위해 점점 더 많은 생산재가 생산돼야 한다는 것을 뜻하기 때문이다. …

[점점 더 빠른 성장을 비현실적인 것으로 여겨 배제한다면] 다음과 같은 불가피한 결론이 남는다. 즉, 소득에 비례해서 증가하는 잉여가 실제로 투자된다면 경제의 생산 능력이 소득보다* 더 빨리 증대해야 한다. … 조만간 과잉 설비가 너무 증대해서 장래의 투자를 저해한다. 투자가 감소하면 소득과 고용도 감소하고, 그로 말미암아 잉여 자체도 감소한다.

달리 말하면, 이런 투자 패턴은 자기제한적이어서 경기하강 국면으로 끝이 나고 그러면 경기후퇴나 불황이 시작된다.[71]

다시 그들은 다음과 같이 주장한다.

이 메커니즘은 투자 추구적 잉여를 꾸준히 증대시키는 경향이 있지만, 본질적으로 … 이에 상응하게 투자처의 규모를 증대시킬 수는 없다. 따라서 만약 이 투자처들이 유일하게 이용 가능한 투자처라면, 독점자본주의는 상시적 불황의 수렁에 빠질 수밖에 없다.

재고의 증감과 관련된 변동은 있겠지만 비교적 좁은 범위 내에서만 벌어질 것이고, 변동의 상한은 경제의 잠재력에 훨씬 못 미칠 것이다.[72]

---

* 이 인용문의 출처인 《독점자본》의 다른 판본에는 소득(income)이 아니라 생산량(output)으로 돼 있다. 버랜·스위지에게 총소득과 총생산량은 같은 개념이다.

이 인용문은 1930년대를 설명한 것이다. 그러나 그들은 예외적 투자 형태들이 1940년대, 1950년대, 1960년대에 이런 부진 압력을 한동안 상쇄할 수 있었다고 주장한다. 기술혁신으로 대규모 신규투자가 이뤄졌을 때(19세기의 철도 보급, 1920년대와 1940년대, 1950년대의 자동차 보급처럼)의 상황이 바로 그랬다고 그들은 주장한다. 그들은 또, 상품 광고와 홍보를 통한 판촉 활동 자체에 대한 지출도 '잉여'의 일부를 처분하는 것으로 본다. 해외투자 역시 마찬가지로 본다.

그러나 그들은 최근의 가장 중요한 '잉여 흡수' 형태가 사실은 정부의 활동, 특히 정부의 군사 활동이었다고 결론 내린다. 그들은 1929년 이전과 비교해 제2차세계대전 이후의 [정부] 지출 패턴이 크게 달라졌음을 보여 준다.

표 4-6. 1929년과 1957년 미국의 국민총생산에서 정부 지출이 차지하는 비율 (단위: 퍼센트)[73]

	1929년	1957년
국방비 외의 지출	7.5	9.2
이전(移轉) 지출*	1.6	5.9
국방비 지출	0.7	10.3
합계	9.8	25.4

다른 말로 하면,

---

* 이전 지출 정부가 지급하는 실업급여, 노령연금, 군인연금, 국채 이자, 기업 보조금 등을 일컫는다.

이제 노동인구의 9퍼센트가 넘는 600만~700만 명의 노동자가 일자리를 군비 예산에 의존하고 있다. 만약 군사비 지출이 감소해 제2차세계대전 이전 비율로 돌아간다면, 미국 경제는 1930년대처럼 실업률이 15퍼센트가 넘는 심각한 불황 상태로 되돌아갈 것이다.[74]

버랜과 스위지는 지나가는 말로, 군비 지출이 아닌 다른 것을 바탕으로 1930년대 경제 위기를 종식시키려던 시도들은 성공하지 못했다고 지적한다.

현재 달러 가치로 측정하면 정부 지출은 1929년부터 1939년까지 70퍼센트 이상 증가했다. 동시에 국민총생산은 … 12.7퍼센트 감소하고, 실업률은 3.2퍼센트에서 17.2퍼센트로 상승했다. … 미국 경제 구조 작전이라 할 수 있는 뉴딜 정책은 명백한 실패였다. …

복지 지출이 이루지 못한 것을 전쟁 지출이 이뤄 냈다. 실업률은 노동인구의 17.2퍼센트에서 1944년 1.2퍼센트라는 최소치로 떨어졌다.[75]

지난 80년간 세계경제의 부침에 대한 버랜과 스위지의 설명은 언뜻 현실과 일치하는 것처럼 보인다는 장점이 있다. 이것은 지금까지 살펴본 이론가들 대다수에 견줘 — 또한 버랜과 스위지의 이론을 '과소소비론적'이라고 간단히 일축해 버리는 여러 저술가들(야페부터 블리니까지)에 견줘서도 마찬가지로 — 커다란 장점이다. 뒤에서 보겠지만, 버랜과 스위지의 이론이 자본주의 경제 위기에 대한 마르크스의 설명에서 벗어나 '케인스주의'나 '과소소비론' 쪽으로 기울었다는 점은 사실이지만, 그들을 비판하는 사람들 대다수가 보지 못한 자본주의 동역학의 주요 변화 일부를 경험적으로 포착했다는 것도 사실이다.

버랜과 스위지가 자신들의 분석으로부터 내린 결론은 19세기 말경 독점자본이 처음 발전한 이래로 세계경제는 계속 부진으로 향하는 추세를 보였다는 것이다.

> 경제를 침체시키는 독점 증대의 효과가 전혀 억제되지 않았다면, 미국 경제는 19세기 말보다 훨씬 전에 경기 부진 시기에 돌입했을 것이고, 자본주의는 20세기 후반까지 살아남지 못했을 것이다.[76]

그러나 1880년대와 1890년대에 미국에서는 철도에 막대한 지출이 계속됐기 때문에 부진을 피할 수 있었다고 그들은 주장한다. "1850년부터 1900년까지 [10년 단위] 전수조사 자료를 보면 철도에 대한 투자액이 제조업 전체에 대한 투자 총액보다 많았다." 그러다가 "1907년의 경제 위기를 계기로 철도 투자가 급감했고 이후 계속 낮은 수준에 머물렀다."[77]

그들은 이것이 경제의 동역학 전반에 직접 영향을 미쳤다고 주장한다. 1908년 이후 불황은 전보다 더 오래 지속되고 호황은 더 짧아지는 경향이 있었다. 실업률은 1909~1910년과 1912~1913년의 '호황'기에조차 1900년과 1904년의 '불황'기만큼이나 높았다.

제1차세계대전으로 경제는 이런 부진에서 벗어날 수 있었고, 최초의 자동차 붐과 관련된 산업 구조조정은 1920년대 내내 부진을 막았다. 그러나 이 최초의 붐은 곧 기력을 다했고, 1923년 이후 과잉 설비가 급속히 축적돼 1920년에* 생산을 강타하면서 1930년대 대불황이 시작됐다.

앞에서 봤듯이, 버랜과 스위지는 제2차세계대전이 1930년대 대불황을 끝냈다고 생각한다. 전후에는 1920년대처럼 다시 부진을 막을 수 있었는데, 2차 자동차 붐도 한몫했지만, 더 중요한 것은 과거의 어느 평화 시기보다 높은 수준의 군비 지출이었다.

> 전후 호황으로 수많은 사람의 생활양식이 대격변을 겪고, 군비 지출이 거의 5배로 증가하면서, 철도 시대의 절정 이후 미국 경제가 평화 시기에 그렇게 강력한 자극을 받은 적은 결코 없었다고 해도 틀린 말은 아닐 것이다.
>
> 그러나 이 추세는 이미 1950년대 중반에 운명을 다하고 있었다.
>
> 놀라운 사실은, 이런 자극이 강력하고 지속적이었는데도 잉여 흡수가 충분하지 않아 생기는 낯익은 징후들(고실업과 낮은 설비가동률)이 일찍부터 나타나기 시작했고, 그 문제가 주기적 변동과 별개로 갈수록 심각해지고 있었다는 것이다.[78]

버랜과 스위지의 상황 묘사는 뛰어나지만, 그들의 설명은 실증적

---

* 1929년의 오타인 듯하다.

으로든 이론적으로든 강력한 반론에 부딪힌다.

첫째, 버랜과 스위지의 말과 달리, '잉여'가 장기적으로 증가했는지는 결코 확실하지 않다. 그들과 함께 연구한 조지프 필립스는 잉여가 증가했다는 사실적 증거를 제시했다고 주장한다. 그러나 그것은 정부 지출이 모두 잉여의 일부라는 가정에 의존한다. 만약 정부 지출 가운데 일부는 잉여가 아니라면(예컨대, 일부가 간접적으로 임금의 일부라면 또는 국유 산업의 투자처럼 직접적으로 생산적이라면), 필립스의 수치는 잉여의 증가가 아니라 감소를 보여 주는 것일 수 있다.[79]

버랜과 스위지는 자신들이 말하는 잉여는 '잠재적 잉여'(산업 생산 설비가 최대로 가동될 때 생기는 잉여)라고 주장함으로써, 그런 반론을 미리 차단하려 했다. 그러나 그들의 이런 반박은 산업 생산 능력이 실제로 거의 완전히 가동되다시피 한 1942~1945년이나 1950년대 초 같은 시기에는 분명히 들어맞지 않는다.

둘째, 성장기에서 경기 부진 시기로 바뀌는 시기 구분이 매우 자의적인 듯하다. 이를테면, 자동차 붐이 대규모 신규투자를 낳은 시기가 왜 1920년대 말이 아니라 1920년대 초여야 하는가?

버랜과 스위지는 당시 미국 정부가 체제의 필요를 이해하지 못했고 전쟁 덕분에 그것을 깨달았다는 정설 케인스주의적 설명 말고는 어떤 유의미한 설명을 하지 않는다. 전후 25년 동안 호황이 부진으로 바뀐 것에 대한 그들의 설명에서도 똑같은 결함이 나타난다. 그들은 그것이 우연한 사건에서 비롯한 것이라고 주장하는 듯하다.[80]

만약 우연적 요인들이 부진을 낳았다면, 다른 우연적 요인들(이나 정부 정책의 변화)이 다시 추세를 되돌릴 수도 있을 것이다. 실제로

'전쟁 국가'에서 '전쟁-복지 국가'로 전환하면 자본주의의 새 성장기가 시작될 수 있다는 것이 오코너의 주장이었다.

앞에서 살펴본, 1950년대와 1960년대에 대한 슈타인들의 설명도 똑같은 근거들로 비판받을 수 있다. '성숙과 부진'의 '이론'은* '우연한' 상쇄 요인들에 의해 다뤄지고 있어, 장래에 일어날 수 있는 일을 이해하는 데 아무 지침도 제공하지 못한다.

셋째, 버랜과 스위지(와 슈타인들)의 전체 논거, 즉 '독점 이윤'이 '잉여 증가'의 원인이라는 생각은 실증적 비판을 면할 수 없다(이 점은 아르헨티나 마르크스주의자 알레한드로 다바트가 보여 줬다). 다바트가 제시한 수치를 보면 미국 독점 기업들이 얻은 이윤은 평균이윤을 넘지 않았다.

> 평균이윤율이 일반적 기업 평균보다 3분의 1 이상 높은 사업 영역들은 담배와 양조 산업, 석유 유통·판매 부문을 제외하면 대체로 독점적 집중도가 높은 영역이 아니다.
>
> 동시에, 기업의 이윤율이 평균보다 3분의 1 이상 낮은 영역은 독점적 집중도가 높은 영역이다.
>
> 북미 경제의 가장 중요한 산업들(자동차·항공우주·전기·식품·전기통신·탄광 산업, 석유 추출 산업)은 거의 다 극소수 독점 기업이 완전히 지배하고 있는데, 이 산업들은 평균이윤율에 가까운 중간 위치에 있다는 것이 드러났다.[81]

---

* 슈타인들의 책 제목이 《미국 자본주의의 성숙과 부진》이다.

버랜과 스위지에 대한 이런 실증적 비판은 이론적 비판으로 보강된다.

넷째, 마르크스의 이윤 이론을 바탕으로 보면 독점 기업들에 누적되는 '잉여'의 증가에는 분명한 한계가 있다. 다바트는 일단 독점화가 어떤 지점을 넘어서면, 독점 이윤이 평균이윤율 이상을 유지하기는 매우 어렵다고 주장했다. 왜냐하면 독점 이윤은 공중에서 생겨나는 것이 아니라, 일부 기업이 독점 가격을 통해 더 작은 기업들로 하여금 총잉여가치 중 지나치게 많은 몫을 자신들에게 넘겨주도록 강제하는 능력의 결과이기 때문이다.

그러나 독점화한 산업의 비중이 커지고, 이에 따라 비독점 부문이 줄어들면서, 잉여가치 창조가 주로 독점 영역 자체에서 일어나게 된다. 독점 기업들이 가격정책을 통해 지배하는 비독점 부문의 잉여가치가 점점 줄어든다는 의미다. 결국 독점화 외의 요인들이(특히 가장 역동적이고 급성장하는 경제 부문에 다양한 기업들이 얼마나 존재하는지가) 초과이윤의 향방을 결정하는 시점에 도달할 것이다. 그러나 많은 독점 기업은 기존 산업들에 쏟아 놓은 고정투자의 규모가 너무 커, 더 새롭고 더 역동적인 산업으로 옮아가기 어렵다. 독점 기업들처럼 비독점 기업들도 그런 산업에 존재할 가능성이 있다.[82]

이런 식으로 다바트는 버랜과 스위지의 이론 체계를 논파한다. 그러면서 그들의 지지자들, 예컨대 오코너가 끌어낸 특정 결론들도 분쇄한다(오코너는 독점 기업이 자기 이윤을 지키는 능력이 있어서 거의 자동으로 임금 인상을 허용하기 때문에 독점 기업 노동자들이 특권을 누린다고 주장한다).

다섯째, 버랜과 스위지와 슈타인들의 주장의 근저에 있는 가정은 독점 기업들 간 가격 경쟁이 완화되면 그들이 마음대로 쓸 수 있는 잉여를 축적에 투입하게 만드는 압력도 줄어든다는 것이다. 오히려 그들은 투자를 하지 않고 과잉 설비를 유지해 자신들의 이윤을 보호하려 들 수 있다는 것이다. 그러나 가격 경쟁 완화가 다른 형태의 경쟁 격화를 수반한다는 증거가 많다. 즉, 생산물을 혁신하라는 압박, 상품 가격을 그대로 둔 채로 비용을 줄이고 이윤을 늘리기 위해 생산 규모를 확대하라는 압박, 국제적 시장 쟁탈전에서 독점 기업들을 뒷받침할 군사적 수단을 제공하기 위해 국가가 군수산업에 더 많이 투자하라는 압박 등이 있다. 이와 동시에, 생산의 국제화 증대로 말미암아 흔히 각국 시장은 서로 다른 국가의 독점 기업들이 만나서 경쟁하는 장소가 된다.

(부진으로 향하는 추세가 커진) 지난 10년 동안 국제 항공우주산업, 자동차 산업, 화학 산업을 보라. 이 산업의 기업들이 국내 시장은 거의 독점하고 있을지라도 그들이 투자하도록 만드는 경쟁 압박이 감소했다고 주장하기는 어렵다. 만약 그들이 '잉여'를 모두 투자하지 않았더라도 그것은 그들에게 가해지는 (국제적) 경쟁 압박이 감소했기 때문은 아닐 것이다. 어떤 다른 요인 때문에 그들이 그런 압박에 대응하는 데 필요한 막대한 자금을 지출하기를 꺼렸을 수 있다.[83]

버랜과 스위지를 비판하는 마지막 이론적 논점은 다음과 같다. 다른 모든 '과소소비론자들'과 마찬가지로 그들도 자본주의에는 틀림없이 합리적 목적이 있다고 가정하는 실수를 저지른다는 것이다. 자본주의가 생산수단을 생산하는 목적은 단지 생산수단을 더 많이 생산하기 위한 것은 아니라는 그들의 주장이 이런 의미가 아니면 무엇이겠는가.

그렇게 하는[생산수단을 더 많이 생산하기 위해 생산수단을 생산하는] 것이 수익성 있다는 것을 알게 된다면 자본주의는 분명히 그렇게 할 것이다. 버랜과 스위지는 '잉여'가 무한정 증가하므로 생산수단의 생산도 무한정 증가할 수 있어야 [하지만 이것은 말이 안 된다고 생각]한다. 이것에서 소비 향상의 이득을 얻는 사람이 아무도 없다는 사실이 곧 자본주의는 반드시 붕괴할 것이라는 점을 증명하지는 않는다. 단지 자본주의는 비인간적 체제라는 것, 마르크스가 《공산당 선언》에서 썼듯이 "부르주아 사회에서 산 노동은 축적된 노동을 늘리는 수단에 불과하다"는 것을 증명할 뿐이다.

버랜과 스위지가 범한 오류는 새로운 것이 아니다. 로자 룩셈부르크도 자본주의는 결국 붕괴하고 말 것이라는 자신의 견해가 옳음을 입증하려다가 동일한 오류를 범했다.[84] 그러나 스위지가 이런 오류를 범한 것이 놀라운 이유는, 그가 자신의 초기 저작에서는 자본주의 사회의 "모든 경제적 행위"는 "인간의 필요 충족을 지향한다"는 관념을 분명히 비판했기 때문이다.[85]

그러나 이렇게 버랜과 스위지를 비판할 때 우리는 그들의 잘못된 분석에서 합리적 핵심을 발견할 수 있다. 만약 시간이 지나면서 자본주의 성장의 동력, 즉 이윤 창출이 어떤 식으로든 느려진다는 것을 알 수 있다면, '잉여'가 증가하든 감소하든 관계없이 투자 조건이 점점 더 불리해질 것이라고 예상할 수 있다. 그러면, 버랜과 스위지가 묘사한 바로 그 부진에 빠지게 될 것이다.

그러므로 여기서 우리의 비판은, 다른 경제위기론들을 다룰 때도 마찬가지였지만, 이 책의 주요 논지들로 되돌아간다.

후주

1장 마르크스의 경제위기론과 그에 대한 비판

1 Karl Marx, *Grundrisse* (London 1973), pp 623, 637[국역: 《정치경제학 비판 요강》, 그린비, 2007].

2 Marx, *Capital: One*, p 645. 이하의 《자본론》 인용문은 모두 모스크바판에서 인용한 것이다.

3 그렇다고 해서 취업 노동자들이 갈수록 더 빈곤해질 것이라는 결론이 나오는 것은 아니다. 이 문제에 관한 마르크스의 견해를 알고 싶으면 로스돌스키의 설명을 보라. *The Making of Marx's Capital* (London 1977), pp 300~303[국역: 《마르크스의 자본론의 형성》, 백의, 2003].

4 *Grundrisse*, p 749. 《정치경제학 비판 요강》과 《자본론》 사이에는 어느 정도 논조의 차이가 있다. 《정치경제학 비판 요강》은 경제 위기가 한창일 때 급히 저술한(마르크스는 당시 경제 위기가 체제 전복으로 이어질 수 있다고 봤다) 미출간 저작인 반면, 세 권으로 이뤄진 《자본론》은 그 초고를 다시 고쳐 쓰고 편집 체제를 재구성하고 자료와 논지를 더 신중하게 다듬은 (미완성) 저작이다. Rosdolsky, *The Making of Marx's Capital*을 보라.

5 Marx, *Capital: One*, p 6.

6 예를 들어, *Cambridge Journal of Economics* (December 1979)에 실린 토머스 와이스의 논문을 보라.

7 예를 들어, 폴 버랜과 폴 스위지가 주장한 독점 이론을 받아들인 사람들, 존 해리슨,

이언 스티드먼, 제프 호지슨, 앤드루 글린 등 피에로 스라파의 영향을 받은 신(新)리카도 학파, 그리고 이 스라파 추종자들을 비판한 밥 로손 같은 사람들도 그렇다.

8 Ben Fine and Lawrence Harris, *Rereading Capital* (London 1979), p 64[국역: 《현대 정치경제학 입문》, 한울, 1985].

9 Marx, *Capital: Three*, pp 236~237.

10 Marx, *Capital: Three*, p 237.

11 Marx, *Capital: Three*, p 245.

12 Marx, *Capital: Three*, p 248.

13 Marx, *Capital: Three*, p 208.

14 Marx, *Capital: One*, p 622.

15 마르크스는 유기적 구성을 c/v(c=불변자본, v=가변자본)라는 대수적(代數的) 공식으로 나타냈다. 벤 파인과 로런스 해리스는 이와 관련해 마르크스에게는 더 뚜렷한 개념인 '자본의 가치 구성'이라는 개념(소비된 생산수단과 생산 재료의 현재 가치 대 소비된 노동력의 현재 가치의 비율)이 있었다고 주장한다. 요점은 소비된 자본의 현재 가치가 최초의 투하 가치와 반드시 같지는 않다는 것이다. 사실, 이 문제는 뒤에서 다시 다루겠지만, 소비된 자본의 가치는 투자된 자본의 가치보다 작아지는 경향이 있을 것이다. 자본이 증가할수록 자본 한 단위를 생산하는 데 드는 사회적 필요노동이 감소하기 때문이다. Fine and Harris, pp 58~60을 보라.

16 Marx, *Capital: One*, p 622.

17 이것이 노동가치론의 귀결이다. 여기서 노동가치론의 타당성을 놓고 논쟁하고 싶은 생각은 없다. 독자들은 힐퍼딩이 재출간된 Böhm-Bawerk, *Karl Marx and the Close of his System*[국역: 《노동가치론 논쟁》, 학민사, 1985] 영어판에서, 그리고 부하린이 *The Economic Theory of the Leisure Classes*에서 한계효용학파에게 응답한 내용과 *International Socialism*, 2nd series, 3 and 4에서 벤 파인과 로런스 해리스, 그리고 피트 그린이 스라파 학파에게 응답한 내용을 참조하라.

18 착취율은 변하지 않는다고 가정하자. 착취율이 변할 때 어떻게 되는지는 뒤에서 볼 것이다.

19 "Alternative perspectives in Marxist theories of accumulation and crisis", in *The Subtle Anatomy of Capitalism*, ed Jesse Schwartz (San Diego 1977), pp

207~208. 또한 Phillippe van Parijs, "The Falling Rate of Profit Theory of the Crisis, a rational reconstruction by way of an obituary", in *Review of Radical Political Economy* 12:1 (Spring 1980), pp 3~4를 비교해 보라. 나는 파레이스가 명백히 [이윤율 저하 경향의 법칙의 종말을 선언하는] 성급한 매장 사건의 방조자나 마찬가지라고 생각한다.

20 Marx, *Capital: Three*, p 222.

21 예를 들어 에르네스트 만델은 그의 저서 *Late Capitalism* (London 1975), p 11[국역: 《후기 자본주의》, 한마당, 1985]에서 경제 위기를 겪고 나서 갱신된 고정자본은 "기술 수준이 더 높고", 따라서 "유기적 구성이 상승한다"고 단언한다.

22 Marx, *Capital: One*, p 624.

23 Marx,*Grundrisse*, pp 750~751.

24 Michael Kidron, *Western Capitalism since the War* (London 1968), p 46.

25 Marx, *Capital: Three*, p 231.

26 이 주장은 보통 "마르크스를 넘어서야 한다"는 말로, 그리고 생산 과정의 투입물의 가치를 산출물뿐 아니라 가격으로도 전형시킬 필요를 고려해야(마르크스는 그러지 않았으므로) 한다는 말로 표현된다. 흔히들 20세기 초 폴란드 경제학자 보르트키에비치가 이 '전형(轉形) 문제'를 해결했다고 한다. 그래서 예를 들어 앤드루 글린은 보르트키에비치의 "생산가격과 이윤율에 대한 연립방정식 해법은 자본가들이 비용 절감을 위해 기술을 도입하면 실질임금이 변하지 않는 한 이윤율은 사실상 상승할 것임을 입증한다"고 주장한다(*Bulletin of CSE*, Autumn 1973).

27 이 점은 앤드루 글린이 '곡물 모델'을 사용해 이윤율 저하를 반박하려 했을 때 로빈 머리가 글린을 비판하면서 지적한 바 있다(*CSE Bulletin*, 1973).

28 Fine and Harris, p 59. 내가 "그들은 … 주장한다"고 말한 이유는 마르크스가 그들만큼 명료하게 구별하고 있지 않다는 것이 자명하기 때문이다(*Capital: One*, p 612를 보라). 그러나 그렇다고 해서 그들의 구별이 유용하지 않은 것은 아니다. 불행히도 그들 자신은 그 구별에서 얻을 수 있는 이점을 모두 끌어내는 것 같지는 않다. 그들은 나중에 "유기적 구성이 현재 가치로 평가돼야 하는지 아니면 역사적 가치로 평가돼야 하는지에 대한 글린과 머리 사이의 논쟁은 본질적으로 무의미하다"(p 61)고 말하면서 뒷걸음치는 듯하다.

29 최초 투자 비용을 사용해 계산한 이윤율 공식은 r=s/(c+v)다.
불변자본의 평가절하가 이 비율에 미치는 효과는 이중적이다. 첫째, 불변자본의 평가절하는 이 평가절하에 해당하는 총액, 예컨대 k만큼 이윤의 양을 삭감한다. 둘째, 이 이윤을 나눠야 하는 자본의 양을 감소시킨다.
따라서 '수정된' 이윤율을 얻으려면 위 공식에서 분자와 분모를 모두 동일한 총액 k만큼 줄여야 할 것이다.
만약 c+v가 s보다 더 크다면, 불변자본의 평가절하는 이윤율을 감소시키는 효과를 낼 것이다. 그 반대라면, 이윤율을 증가시키는 효과를 낼 것이다. 따라서 후자의 경우는 s가 c+v보다 더 클 때, 즉 이윤율이 100퍼센트를 초과할 때만 일어날 수 있다! 물론 이런 경우는 일반적으로 있을 수 없다.

30 물론 불변자본의 감가상각을 간신히 충당하고 잉여가치는 전혀 생산되지 않는 극단적인 경우도 있다. 또, 소량의 잉여가치가 생산돼 자본가 계급과 그 측근들의 소비를 충당하는 데는 사용되지만 투자에는 쓰이지 않는 더 구체적인 경우(뒤에서 살펴보겠다)도 있다.

31 여기서 오키시오와 히멀웨이트의 수학적 논증에 대한 반증 하나, 즉 안와르 셰이크의 주장(Anwar Shaikh, "Political Economy and Capitalism: Notes on Dobbs' Theory of Crisis", *Cambridge Journal of Economics*, vol 2, no 2 (June 1978))을 살펴볼 만하다. 셰이크는 다른 반증들이 고정자본의 존재를 무시한다고 주장한다. 이 점에서 그는 전적으로 옳다. 그러나 셰이크의 수학적 반증은 그것의 가치를 크게 떨어뜨리는 가정을 내포하고 있다. 셰이크는 한 생산 주기로 회전하는 자본이 신기술 도입으로 몇 번의 생산 주기를 가진 자본으로 바뀌는(즉, 생산 주기가 1에서 n으로 바뀌는) 경우를 예로 든다. 이런 상황에서 고정자본에 대한 이윤율은 틀림없이 하락하겠지만, 그렇다고 해서 회전 기간이 같은 더 큰 고정자본이 있을 때 이윤율이 반드시 하락하는 것은 아니다.
그런 상황에서 오키시오와 히멀웨이트의 가정(고정자본의 평가절하로 이윤율 계산에 사용되는 자본이 감소한다는 것)을 계속 받아들이면(셰이크가 그런다) 이윤율은 상승할 것이다. 셰이크의 잘못은 그들의 가정에 이의를 제기할 때 자신의 논리를 충분히 밀어붙이지 않는다는 것이다.

32 Marx, *Capital: Three*, p 227 이하를 보라.

33 Marx, *Capital: Three*, p 234. 이 점에 대한 마르크스의 주장을 온전히 설명한 것으

로는 Rosdolsky, p 398 이하를 보라.

34 Sweezy, *Theory of Capitalist Development* (London 1946), pp 101~102[국역: 《자본주의 발전의 이론》, 필맥, 2009].

35 이를테면, Okishio, "A Formal Proof of Marx's Two Theorems", *Kobe University Review*, no 18 (1972)를 보라. 또한 Ian Steedman, *Marx After Sraffa* (London 1977)과도 비교해 보라.

36 I Steedman, *Marx After Sraffa*, p 64. 또한 pp 128~129를 비교하라.

37 *Bulletin of the Conference of Socialist Economists* (Autumn 1973), p 103.

38 Harrison, *Marxist Economics for Socialist* (London 1978), p 103.

39 "Technical change and the rate of profit" in *Kobe University Economic Review* (1961), p 85 이하.

40 *Bulletin of CSE* (Autumn 1974).

41 "만약 1노동시간이 6펜스로 표시된다면, 12시간의 1노동일에는 6실링[1실링은 12펜스]의 가치가 생산될 것이다. 현재의 유력한 노동생산성으로 이 12노동시간에 12개의 상품이 생산된다고 가정하고, 이 상품 1개에 소비되는 원료와 기타 생산수단의 가치가 6펜스라고 하자. 이런 상황에서 상품 1개의 가치는 1실링이다. 즉, 6펜스는 생산수단의 가치이고 6펜스는 이 생산수단을 가공할 때 새로 부가된 가치다. 이제 어떤 자본가가 노동생산성을 갑절로 높이는 데 성공했다고 … 가정하자. 만약 생산수단의 가치가 변하지 않았다면 상품 1개의 가치는 이제 9펜스로 떨어질 것이다. … 노동생산성이 갑절로 됐는데도 1노동일은 전과 마찬가지로 6실링의 새로운 가치를 창조한다. 다만 이 새로운 가치가 이제는 갑절의 생산물에 분배될 뿐이다. … 이 상품의 개별 가치는 이제 그 사회적 가치보다 낮다. 즉, 이 상품에는 사회적 평균 조건 아래에서 생산된 대다수의 같은 상품들보다 더 적은 노동시간이 들어 있다. … 그러나 상품의 현실적 가치는 그 상품의 개별적 가치가 아니라 사회적 가치다. 다시 말하면, 상품의 현실적 가치는 생산자가 개별 상품에 실제로 소비하는 노동시간이 아니라 그 상품의 생산에 사회적으로 필요한 노동시간으로 측정된다. 따라서 새로운 방법을 사용하는 자본가가 자기 상품을 그 사회적 가치인 1실링으로 판매한다면, 그는 그 상품을 개별적 가치보다 3펜스 더 비싸게 판매하는 것이고, 따라서 3펜스의 특별잉여가치를 실현하게 된다"(*Capital: One*, pp 316~317).

42 이 사례의 3단계를 보면, 글린, 해리슨, 오키시오, 히멀웨이트의 주장이 얼핏 그럴듯하게 들린다. 만약 어떤 종류의 재화를 생산하는 기업이 전 세계에서 단 하나뿐이어서 대체할 기업이 없다면, 그 기업은 신기술을 도입하려 하지 않을 것이다. 그 기술 도입으로 자본의 유기적 구성이 상승하고 이윤율이 저하한다면 말이다. 그 기업이 자본의 유기적 구성을 상승시키도록 자극하는 유일한 요인은 노동비용의 상승일 것이다. 노동비용이 상승하면 이윤율은 떨어질 테니까 말이다.

스티드먼, 글린, 해리슨, 히멀웨이트, 오키시오의 주장은 모두 이 암묵적 가정에 의존한다. 왜냐하면 그들의 주장은 기업들이 아니라 "산업들"에서 무슨 일이 일어나느냐에 관한 것이기 때문이다. 그래서 스티드먼은 "각 산업별로 생산 기술을 선택"하는 것을 거론했다. 오키시오와 히멀웨이트는 행렬대수를 사용해 수학적으로 논증하면서 "n차 산업"의 기술 변화 효과를 언급한다.

자본주의에서 생산 단위는 '산업들'이 아니라 같은 산업 내에서 서로 경쟁하고 여러 산업에 다리를 걸치고 있는 기업들이다. 그리고 마르크스가 보여 주듯이, 개개의 자본주의 기업은 산업 전체의 비용 구조와 이윤율에 해로운 결과를 낳는 일들을 할 수 있다. 위의 저자들이 마르크스에 대해 제기하는 '반증'은 자본주의적으로 편제되지 않은 사회에서는 이윤율이 저하할 수 없다는 주장이다. 왜냐하면 그들의 행렬에는 자본주의의 가장 기본 단위인 개별 기업이 들어설 여지가 전혀 없기 때문이다.

이윤율에 대해 이런 견해를 가진 몇몇 사람들이 노동가치론은 필요 없다고 생각하는 것도 바로 이 때문이다. 경제가 기업들이 아니라 산업들로 편제돼 있다고 보는 그들의 견해는 신리카도 학파인 스라파 학파의 경제 모형과 잘 조화될 수 있다. 스라파 학파의 모형은 기업 간 상호 관계가 가치법칙(상이한 구체 노동이 추상 노동으로 끊임없이 환원된다는 것)에 근거한다는 마르크스의 주장을 불필요한 것으로 여기기 때문이다. 이 점을 더 자세히 설명한 것으로는 Pete Green, "The Necessity of Value", *International Socialism*, 2nd series, 3 and 4를 보라.

43 이 점은 Fine and Harris, pp 84, 60~61에서 잘 다루고 있다.

44 Marx, *Capital: Three*, p 244.

45 Marx, *Capital: Three*, p 244.

46 이것이 이 책의 부록에서 다루는 '장기 파동', '구조적 위기', '헤게모니 위기' 이론가들이 제시한 주장의 함의다. 그것은 또, 파인과 해리스가 발전시킨 견해의 함의이기

도 한 것 같다. 비록 그들의 견해는 많은 부분에서 지금까지의 내 주장들과 대체로 비슷하지만 말이다.

47 이것은 복잡한 과정을 매우 개략적으로 요약한 것이다. 몇 가지 세부 사항을 더 자세히 다룬 것으로는 Nigel Harris, "World Crisis and the Systems", *IS*, old series, 100, 그리고 "Asian Boom Economies", *IS*, 2nd series, 3을 보라. 또한 Chris Harman, "Poland and the Crisis of State Capitalism", *IS*, old series, 93~94를 보라. 그리고 Nagel Harris, *Of Bread and Guns* (Penguin 1983)도 보라.

48 체제의 노화에 대한 이런 통찰은 마이클 키드런이 발전시킨 것이다. 예를 들어, "The Wall Street Seizure", *IS*, old series, 44를 보라.

49 Marx, *Capital: Three*, ch 14, pp 232~233의 대외무역을 다룬 절을 보라.

50 Lenin, *Imperialism, the Highest Stage of Capitalism*[국역: 《제국주의론》, 백산서당, 1986]을 보라. 이에 대해 브라운(Barratt Brown, *Essays in Imperialism*, p 35)과 키어넌(Kiernan, *Marxism and Imperialism*, p 29)은 반론을 제기하면서, 이 해외투자로 영국에서 빠져나간 자금보다 더 많은 돈이 이자로 되돌아왔으며, 따라서 이 자금 유출은 투자 추구적 잉여가치를 흡수하는 방법이 될 수 없었다고 주장한다. 이런 반론은 받아들일 수 없다. 처음에 해외투자가 일어나지 않았다면, 영국에는 투자 추구적 자금의 풀이 훨씬 더 컸을 것이다. 그래서 투자 수준도 더 높았을 것이고, 따라서 유기적 구성도 올라갔을 것이다. 이 추가 투자는 해외투자와 마찬가지로 영국에 소득을 가져다줬을 것이다. 그랬다면, 실제 유기적 구성(전에 투자처를 찾던 많은 잉여가치가 유출된 상황에서 형성됐다)보다 더 높은 유기적 구성이 형성된 상황에서 자금이 영국 내에서 추가적 투자처를 찾았을 것이다. 결국 해외투자로 빠져나간 자금보다 더 많은 자금이 유입됐다는 사실에도 불구하고, 해외투자는 영국의 축적 문제를 완화했다.

51 이 점과, 제국주의가 자본주의 체제를 안정화하는 데서 역사적으로 일시적 구실을 할 수 있다는 점을 파악한 것이 로자 룩셈부르크의 저작 《자본축적론》의 커다란 장점이다[국역: 《자본의 축적 1, 2》, 지식을만드는지식, 2013]. 그러나 그녀는 제국주의가 이윤율에 미치는 효과라는 측면에서 제국주의의 구실을 보지 않았다. 룩셈부르크의 견해에 대한 비판은 Rosa Luxemburg and Nikolai Bukharin, *Imperialism and the Accumulation of Capital* (London 1972)에서 부하린 편과, Tony Cliff, *Rosa Luxemburg* (London 1980)[국역: 《로자 룩셈부르크의 사상》, 책갈피,

2014]을 보라.

52 Lenin, *Imperialism, the highest state of capitalism* 그리고 Nicolai Bukharin, *Imperialism* (London 1972)[국역: 《세계경제와 제국주의》, 책갈피, 2018].

53 레닌과 부하린은 군비 지출이 마르크스의 법칙에 미치는 효과를 주목하지는 않은 듯하다.

54 Shane Mage, *The 'Law of the Falling Rate of Profit', its place in the Marxian theoretical system and its relevance for the US Economy* (PhD thesis, Columbia University 1963), p 228.

55 Marx, *Grundrisse*, pp 750~751.

56 "Rejoinder to Left Reformism", *IS*, old series, 7 (Winter 1961-62)를 보라.

57 *IS*, old series, 27, p 10.

58 Kidron, *Capitalism and Theory* (London 1974), p 16.

59 Kidron, *Capitalism and Theory*, pp 16~17. 처음에 키드런은 '누출'이 자본 집약적 재화의 누출이어야 한다고 주장하고, 노동 집약적 재화의 누출은 반대 효과를 낼 것이라고 주장했다. 그러나 그가 나중에 인정했듯이, 두 형태의 누출 모두 추가 투자에 쓰일 수 있는 잉여가치의 양을 감소시킬 것이고, 따라서 자본의 유기적 구성 상승과 이윤율 저하를 상쇄할 것이다.

60 Ernest Mandel, *The Inconsistencies of State Capitalism* (London 1969), pp 4, 6.

61 Ernest Mandel, *Late Capitalism*, p 288.

62 Ernest Mandel, *Late Capitalism*, p 289. 그가 언급한 논문은 "The Inconsistencies of Ernest Mandel", in *IS*, old series, 41이다.

63 키드런 자신도 문제를 약간 혼동한다. 그는 비생산적으로 소비되는 상품을 창조하는 노동 자체는 '비생산적'이라고 규정한다. 나는 이 정의가 도움이 되지 않는다고 생각한다(*IS*, old series, 76의 *Capitalism and Theory*에 대한 내 서평을 보라).
대규모 '제3부문'이 자본의 유기적 구성 추세에 미치는 독특한 효과를 알아챈 사람은 키드런만이 아니었다. 마리오 코고이("Teoria del Valore e Capitalismo Contemporaneo", in *Stato e accumulazione de capitale*, ed Alberto Martinelli)는 두 부문 경제에서는 각각의 자본에 생산적인 것은 재생산을 통해 자본 전체에도 재생산적이라고 지적했다. 그러나 세 부문 경제에서는 그렇지 않다. 잉여가치의 일부는 제3부문의 수입(收入)이 되지만, 그 대가로 제3부문이 돌려주는 것은 아무것도 없다.

"총자본의 축적은 더는 각 개별 자본이 생산한 잉여가치 총액과 동일하지 않고, 총잉여가치에서 제3부문의 총생산물 가치를 뺀 액수다. 제3부문의 자본은 자본축적에 기여하지 않는 한, 자본주의적 견지에서 비생산적이다"(p 112).

코고이는 키드런이 범한 오류, 즉 제3부문의 불변자본만을 누출로 간주하는 오류를 범하지 않는다. "제3부문의 축적뿐 아니라 제3부문 전체가 총축적을 감소시킨다"(p 112).

그러나 키드런(적어도 초기의 키드런)과 비교해 코고이의 견해에는 약점이 있다. 즉, 이 '수입'이 이윤율에 미치는 효과를 철저하게 분석하지 않고, 오히려 그 수입이 이윤율을 감소시키는 것으로 보는 경향이 있다는 점이다. 이 논점은 몇 쪽 뒤에서 다시 살펴보겠다.

64 이것은 데이비드 야페의 지지자들이 영국 국제사회주의자들(International Socialists) 내에 있을 때, 보르트키에비치를 원용하는 주장을 송두리째 비판한 논거였다. 예를 들어 Dan Siquerra, "Marx, Bortkiewicz and IS", *IS Internal Bulletin* (April 1972).

65 보르트키에비치의 공식은 결국 체제의 총이윤은 총잉여가치와 같지 않다거나 총가격은 총가치와 같지 않다고 시사했다. 보르트키에비치와 그를 따르는 사람들은 노동가치론이나 이윤율 추세와 관련해 노동가치론에서 끌어낸 결론은 대체로 쓸모없음이 입증됐다고 주장하기까지 했다.

66 특히, 연립방정식의 사용은 사람들로 하여금 생산이 '연립적으로'(동시적으로) 일어나는 것이 아니라 시간을 두고 일어난다는 사실을 망각하게 만들 수 있다

67 Anwar Shaikh, in ed Jesse Schwartz, *The Subtle Anatomy of Capitalism*, p 106 이하. Miguel Angel Garcia, "Karl Marx and the formation of the average rate of profit", *International Socialism*, 2nd series, 5. 두 글 모두에서 총가치와 총가격의 괴리, 총이윤과 총잉여가치의 괴리가 나온다.

이런 괴리의 이유는 전혀 신비할 게 없다. 평균 가격은 유기적 구성이 상이한 서로 다른 자본들 사이에서 이윤율이 균등화할 때 형성된다. 높은 유기적 구성으로 생산된 생산물들의 가격은 그 가치보다 높고, 낮은 유기적 구성으로 생산된 생산물들의 가격은 그 가치 이하로 떨어진다. 노동자들의 소비재가 높은 유기적 구성으로

생산된다면, 그 가격은 가치 이상으로 상승하겠지만, (사치재나 생산수단처럼) 자본가들에게 가는 상품은 가치 이하로 떨어질 것이다.

이런 일이 일어나면, 사회적 생산물의 계급 간 분배는 약간 달라질 것이고, 총이윤도 달라질 것이다. 방정식에서 이 점을 고려하지 않으면 총가격은 총가치와 차이가 나는 것처럼 보일 것이고 마르크스는 '논박당한' 것처럼 여겨질 것이다.

그러나 총잉여가치와 총이윤의 차이는 임의적이지 않다. 후자는 전자에 의존하며, 이론상 후자는 전자로부터 계산될 수 있다. 셰이크는 ("Marx's theory of value and the transformation problem", in J Schwartz, *The Subtle Anatomy of Capitalism*, p 125에서) 다음과 같이 주장했다.

"먼저 가격이 가치에 비례한다면, 한 부문의 총가격은 그 부문의 유기적 구성도가 사회적 평균보다 더 낮은지(또는 더 높은지)에 따라 그 부문의 화폐[로 표현된] 비용가격에 비해 하락(또는 상승)하기 마련이다. 그 부문의 특정한 화폐 이윤율[화폐로 표현된 이윤율]이 일반 이윤율과 일치한다면 말이다."

"그렇다고 해서, 가격이 가치와의 엄격한 비례에서 벗어나면 일반적 **화폐** 이윤율이 일반적 **가치** 이윤율과 계속 동일할 것이라는 결론이 나오는 것은 아니다. … 상품의 가격 총계는 사회적 생산물을 형성하는 상품들의 총가격이다. 반대로 비용가격의 총계는 전체 생산 과정에 투입되는 상품들(생산수단과 노동력)의 총가격이다. … 비용가격의 총계는 사실상 생산수단과 생계수단의 총가격이다."

그 경우에는 상대가격이 조금만 변해도 총 화폐 이윤이 변할 것이다. 왜냐하면 총 화폐 이윤은 화폐로 환산한 생산물의 총비용에 달려 있는데, 이 비용은 가치로 환산한 생산물의 총비용과는 편차가 있기 때문이다. 그러나 셰이크는 그 편차가 마르크스가 주장한 노동가치론과 자본주의 동역학의 전반적 타당성에는 영향을 미치지 않는다고 주장한다.

"생산에서 유래하는 가치와 유통 과정에서 가치가 취하는 형태인 화폐가격을 신중하게 구별"하기만 하면 된다. "이렇게 구별하고 나면, 화폐 크기가 양적으로나 질적으로 가치 크기와 항상 다르다는 것을 알 수 있다"(p 125).

왜냐하면 "직접가격[가치에 비례하는 가격]과 생산가격의 편차처럼, 가치 이윤율과 화폐 이윤율의 편차는 체계적이고 확정적이기 때문이다. … 화폐 이윤율이 가치 이윤율과 함께 변할 것이라는 점은 증명할 수 있다"(p 134). 마르크스의 자본주의 분석에서 가치 이윤율의 추세를 파악할 수 있는데, 이 가치 이윤율은 다시 화폐 이윤율의 추세에 직접 영향을 미칠 것이다.

바로 이것이 마르크스 자신이 다음과 같이 주장한 이유였다. "가격이 가치와 일치하지 않는다고 해도 그것은 사회적 자본의 운동에 아무 영향을 미치지 않는다. 즉, 개별 자본가들에게 돌아가는 가치의 몫이 그들 각각의 투자나 그들 각각이 생산한 잉여가치와 비례하지 않는다 하더라도 교환되는 총생산물의 양에는 변화가 없다" (Marx, *Capital: Two*, p 393).

그러나 셰이크는 다음과 같이 덧붙였다. "개별 자본의 관점에서는 상황이 사뭇 다르다. … 상이한 가치 형태들은 개별 자본에 상이한 효과를 미치며, 이 상이한 효과는 축적과 재생산의 역동적 과정에 대해 상이한 함의를 지니게 된다. 체제는 화폐가격의 실제 움직임을 통해 조절된다. 따라서 생산가격 및 생산가격과 가치의 관계를 분석하는 것이 구체적 분석에서 가장 중요하다. 이 길을 따라가는 첫 단계('전형문제'에 관한 대부분의 논의에서 유일한 단계)는 직접가격에서 생산가격을 도출하는 것이다"(Shaikh, p 127).

오키시오도 1974년 논문에서 셰이크와 동일한 주장을 했다("Value and production price", *Kobe University Review* (1974), p 1 이하). 오키시오는 마르크스의 표식을 확장해서 다음을 보여 준다. "비용가격의 생산가격으로의 전형을 고려할 때는 마르크스의 둘째 명제, 즉 모든 부문의 총잉여가치는 총이윤과 동일하다는 명제가 대체로 유효하지 않다는 것은 분명하다." 그러면서 총잉여가치는 120이지만 총이윤은 114인 경우를 예로 든다. 이런 차이가 나는 이유는 이윤율이 균등화하면 생산가격으로 환산한 비용가격이 가치로 환산한 비용가격보다 높아지기 때문이라고 오키시오는 말한다.

그리고 이것은 다음과 같은 이유 때문이다. "사례에서, 제2부문은 임금재 부문이고, 제1부문은 생산재 부문이다. 제2부문 자본의 유기적 구성은 평균보다 낮고, 제1부문 자본의 유기적 구성은 평균보다 높다고 가정하면, 제2부문의 생산가격은 그 가치보다 낮고, 제1부문의 생산가격은 그 가치보다 높다. 따라서 각 부문에서 생산가격으로 환산한 불변자본 부분의 평가액은 그 가치보다 높고 가변자본 부분의 평가액은 그 가치보다 낮다."

"우리의 사례처럼, 불변자본이 가변자본 전체보다 더 크다면, 비용가격을 생산가격으로 평가할 때 비용가격 전체의 총계는 증가한다."

그러나 "가치로 측정된 잉여생산물의 양을 생산가격으로 다시 계산하면 … 이것은 생산가격으로 이미 계산된 총이윤과 동일하다. … 120과 114라는 양이 다른 이유는 동일한 잉여생산물을 다르게 계산했기 때문이다. 즉, 전자는 가치로 그리고 후자는 생산가격으로 계산했기 때문에 다를 뿐이다. 따라서 노동자들의 잉여노동이 이윤의 유일한 원천이라는 사실은 전혀 달라지지 않는다"(p 6).

가치의 가격으로의 전형 문제를 셰이크와 매우 비슷하게 설명한(비록 출발점은 달랐지만) 가르시아가 총잉여가치와 총이윤의 '편차'라는 문제를 피하는 방법은 두 가지다. 첫째, 그는 전형 과정에서 착취율(더 정확히 말하면 그것의 측정 단위, 즉 잉여가치율)이 변한다고 가정한다. 이것은 현실적 가정이다. 가치의 가격으로의 전형은 노동자들이 실질임금으로서 소비하는 사용가치에 영향을 미치지 않기 때문이다. 그러나 이 재화들의 가격에는 영향을 미치고, 따라서 사회 전체의 부에서 노동력에 지출돼야 하는 비율에도 영향을 미친다. 가르시아의 계산과 셰이크·오키시오의 계산이 다른 것은 사실은 설명 방식의 차이일 뿐이다. 그러나 가르시아의 방법은 이윤율을 좌우하는 것이 기본적 가치 관계라는 사실을 더 분명하게 보여 준다.

가르시아의 둘째 논점은 생산수단 생산 부문과 임금재 생산 부문의 자본의 유기적 구성이 실제로는 크게 다르지 않을 듯하다는 것이다. 생산수단 중에는 아주 높은 자본의 유기적 구성으로 생산된 몇몇 품목(예를 들어 강철 제품)도 있지만, 원료와 반제품(노동 집약적으로 생산되는)도 있다. 그리고 모든 종류의 생산물은 생산수단으로 쓰일 수도 있고 임금재로 쓰일 수도 있다(전기, 석유, 식료품 — 동물을 사육하거나 공장에서 가공 처리될 때는 생산수단이고, 노동자들이 직접 구매할 때는 임금재다 — 건물, 자동차 등등).

그러나 한 가지 중요한 점에서 가르시아의 주장은 지나치다. 그는 사치재 부문의 유기적 구성이 평균보다 높은 상황에서 이윤율을 분석할 때는 자신의 방법에서 결론을 끌어내지 못한다. 이 점은 뒤에서 다시 살펴보겠다.

68 제3부문에서 자본의 유기적 구성 상승이 미치는 이 독특한 효과는 보르트키에비치가 파악한 것이다. 그러나 연립방정식 해법 때문에 보르트키에비치는 평균 이윤율이 먼저 하락했다가 상승하는 것으로 보지 않고 하락과 상승이 동시에 일어나서 서로 상쇄한다고 보게 됐다. 그러나 그렇다고 그가 발견한 제3부문의 효과를 간단히 일축해 버린 여러 마르크스주의 경제학자들의 실수가 면제되는 것은 아니다.

69 Marx, *Capital: One*, p 544.

70 Marx, *Capital: Three*, p 293.

71 Marx, *Capital: Three*, p 296.

72 일국적 수준에서 자본주의에 조언하는 사람들이 특정한 국가 지출의 '수익률'을 산

출할 수 있었던 것은 그 때문이었다. 예를 들어 "고등교육에 대한 로빈스 보고서"를 보라.

73 Mike Kidron, *Western Capitalism since the War* (London 1968), p 40.

74 N Bukharin, "Address to the Fourth Congress of the Comintern", in *Bulletin of The Fourth Congress*, vol 1 (Moscow, 24 November 1922), p 7.

75 내가 '새로운' 차원의 경쟁을 말한 것은 전에는 그런 경쟁이 존재하지 않았다는 뜻이 아니다. 자본주의 초기의 '중상주의' 시대에 자본주의는 국가의 활동에 긴밀하게 의존했다. 그러나 마르크스는 고전학파 정치경제학자들을 따라, 자본주의가 자립적 체제가 되면 이런 의존이 쇠퇴할 것이라고 봤다. 요점은, 자본주의가 '제국주의' 단계에 들어서자, 국가에 의존하는 현상은 마르크스가 예견하지 못한 방식으로 다시 한 번 증대했다는 것이다.

76 Marx, *Capital: Three*, pp 292~294.

77 예를 들어, Mandel, *Late Capitalism*, pp 292~293을 보라.

78 *Western Capitalism since the War* (London 1968)과 *Capitalism and Theory* (London 1974)에서 마이클 키드런이 한 주장과 내가 "Better a Valid Insight than a Wrong Theory", *IS*, old series, 100에서 응답한 것을 보라.

79 1943~1944년에 독일과 영국 모두 그랬다. 또, 스탈린 치하 소련도 마찬가지였다. 소련과 관련해 이 주장을 정교하게 발전시킨 것으로는 Tony Cliff, *State Capitalism in Russia* (London 1974)[국역: 《소련은 과연 사회주의였는가: 국가자본주의론의 분석》, 책갈피, 2011]를 보라.

2장 1930년대의 대불황

1 David M Gordon, "Up and Down the Long Roller Coaster", *US Capitalism in Crisis*, URPE (New York 1978), p 23에서 재인용.

2 Lewis Corey, *The Decline of American Capitalism* (London 1935), p 27.

3 Eric Hobsbawm, *Industry and Empire* (London 1969), p 129[국역: 《산업과 제국》, 한벗, 1988].

4 Hobsbawm, pp 130~131.

5 Corey, p 30.

6 이하에서 자본의 유기적 구성, 그와 관련된 자본-산출 비율, 이윤율 등의 수치들은 서로 다른 여러 자료에서 인용했다. 미국 경제를 연구한 주요 자료 두 편은 Joseph Gillman, *The Falling Rate of Profit* (London 1956)과 Shane Mage, *The 'Law of the Falling Tendency of the Rate of Profit': Its Place in the Marxian Theoretical System and Relevance to the US Economy* (PhD thesis, Columbia University 1963, released through University Microfilms, Ann Arbor, Michigan)이다.
이 두 자료는 마르크스 이론의 몇 가지 논점을 개념적으로 서로 다르게 해석하고 평가한다. 길먼은 제조업만을 취급하고 대체로 세금 공제 전의 이윤 수준을 다룬다. 메이지는 자신이 말한 "자본주의적 부문에서 상품을 생산하는 산업들(농업, 임업, 어업, 제조업, 운송업, 통신업, 건설업, 공공 설비·서비스 …)"을 다루는데, 이윤은 모두 세금 공제 후의 수치다. 그러나 길먼과 메이지가 제시한 1919년까지의 모습은 서로 비슷하다.
다른 계산 결과들도 제조업의 자본-산출 비율에 관해서는 비슷한 결론에 도달했다. 예를 들어 *The Theory of Economic Dynamics* (London 1954), p 70에서 칼레츠키는 1899~1914년에 미국 제조업의 산출 대비 고정자본 비율이 31퍼센트 상승했음을 보여 주고, *Capital in the American Economy* (Princeton 1961), p 199에서 쿠즈네츠는 1880~1922년에 제조업의 순생산 대비 고정자본 스톡 비율이 100퍼센트 증가했음을 보여 준다. *NLR* 98, p 65에서 로손은 쿠즈네츠의 자료를 보면 이런 증가가 공공 설비의 자본-산출 비율 하락으로 충분히 상쇄된다는 사실을 알 수 있다고 주장한다. 그러나 흔히 철도 회사들의 초기 출자 규모가 부풀려졌다는 점을 감안할 때(예를 들어, Corey, p 28을 보라), 그리고 1884년과 1892년 경제 위기 때 철도 회사들이 평균보다 더 심하게 타격받았(고 더 크게 가치 하락을 겪었)음을 감안할 때, 로손의 주장이 얼마나 옳은지는 의심스럽다.

7 Gillman, p 36.

8 M Flamand and J Singer-Kerel, *Modern Economic Crises* (London 1970).

9 Hobsbawm, p 131.

10 Flamand and Singer-kerel, p 38.

11 H Feis, *Europe, the World's Banker 1879-1914* (Yale 1931)에 나오는 수치를 Kidron, "Imperialism, the highest stage but one", *IS*, first series, 9, p 18에서 인

용했다.

12 Colin Clarke, *Oxford Economic Papers* (November 1978), p 401에 나오는 수치들이다. 자기 나름의 이유로 클라크는 자신의 방정식에서 설비의 가치를 50퍼센트 증가시키지만, 그렇다고 해서 추세가 바뀌지는 않을 것이다.

13 Clarke, p 401.

14 Fritz Sternberg,*Capitalism and Socialism on Trial* (London 1951), p 178.

15 Clarke.

16 Gillman.

17 Mage.

18 Corey.

19 둘 다 Fritz Sternberg, *The Coming Crisis* (London 1947)에서 인용.

20 Fritz Sternberg, *The Coming Crisis*, p 23.

21 Paul Baran and Paul Sweezy, *Monopoly Capital* (London 1973), ch 8[국역: 《독점자본》, 한울, 1984], Gillman, ch 9, Sternberg, 위의 두 책.

22 Corey, pp 181~183.

23 Marx, *Capital: Three* (Moscow 1962), pp 472~473.

24 Gillman, p 58. Mage, p 208. 낮은 이윤율을 경제 위기의 결정적 요인으로 파악한(따라서 1930년대 경제 위기를 다룬 대다수 이론가들보다 마르크스에 가까운) 코리가 제시한 수치들도 1923년부터 1929년 초까지 이윤율이 하락했음을 실제로 증명하지는 못했다(Corey, p 125를 보라).

25 Joseph Steindl, *Maturity and Stagnation in the American Economy* (London 1953), p 155 이하.

26 Kuznets, p 126에 제시된 결과에 근거한 것.

27 Kuznets, p 228.

28 Corey, p 157.

29 Corey, p 170.

30 Corey, p 170.

31 Corey, p 163.

32 Corey, p 97.

33 Corey, p 172. 또한 Gillman, pp 129~130와 비교해 보라.

34 Baran and Sweezy, p 232의 수치들.

35 Corey, p 163.

36 이것은 '임금 상승'과 '과잉 축적'을 마르크스주의 경제위기론의 핵심으로 파악한 사람들, 예를 들어 Glyn and Harrison, *The British Economic Disaster* (London 1980)이 틀릴 수밖에 없는 이유 중 하나다. 그 이론은 가장 중요한 시험대를 통과하지 못한다.

37 A D H Kaplan, *The Liquidation of War Production* (New York 1944), pp 90~91에 나오는 경상 달러 수치들. **불변** 달러를 바탕으로 계산한 로버트 켈러는 투자의 정점이 1926년이었고 1928년은 그보다 약간 낮았다고 주장한다(*Review of Radical Political Economy*, vol 7, no 4 (winter 1975)를 보라). 그러나 그렇다고 해서, 과잉 설비가 이미 존재할 때 투자 수준이 높으면 불균형이 나타날 수밖에 없다는 주장이 훼손되는 것은 아니다.

38 물론 다른 사람들도 대출과 차입에 관여할 수 있지만, 그렇다고 해서 주장의 핵심이 바뀌지는 않는다.

39 Marx, *Capital: Three*, ch 30. 마르크스의 견해를 조리 있게 설명한 것은 Makoto Itoh, *Value and Crisis* (London 1981), p 109를 보라.

40 이런 식의 설명은 예를 들어, Flamand and Singer-Kerel, p 61을 보라.

41 Charles P Kindleberger, *The World in Depression 1929-39* (London 1973), p 117[국역: 《대공황의 세계》, 부키, 1998].

42 Kindleberger, p 117.

43 Corey, p 184에 나오는 수치들.

44 Kindleberger, p 117.

45 Alvin H Hansen, *Economic Stagnation* (New York 1971), p 81.

46 Kindleberger, p 117.

47 Sternberg, *Capitalism and Socialism*, p 28.

48 예를 들어 Lenin, "The Tax in Kind", *Collected Works,* vol 32, p 334 이하를 보라.

49 이것은 부하린이 1915년에 쓴 *Imperialism and the World Economy* (London 1972)[국역: 《세계경제와 제국주의》, 책갈피, 2018]에서 사용한 용어다.

50 Lenin, *Collected Works*; Bukharin, *Economics of the Transformation Period* (New York 1971)[국역: 《과도기 경제학》, 백의, 1994].

51 상세한 것은 Corey and Sternberg.

52 Kindleberger, p 233.

53 Kindleberger, p 232.

54 Kindleberger, p 272.

55 Baran and Sweezy, p 237에서 인용한 수치.

56 Daniel Guerin, *Fascism and Big Business* (New York 1972), p 236.

57 Sternberg, *Capitalism and Socialism*, p 353에 나오는 수치.

58 Arthur Schweitzer, *Big Business in the Third Reich*, p 336.

59 Schweitzer, p 335.

60 Schweitzer, p 329.

61 Schweitzer, p 342.

62 Schweitzer, p 306.

63 Schweitzer, p 443.

64 Schweitzer, pp 442~443.

65 Sternberg, *Capitalism and Socialism*, p 232.

66 Sternberg, p 365.

67 예를 들어, Chris Harman, "How the revolution was lost", *IS*, first series 30[국역: "러시아 혁명은 어떻게 패배했나", 《크리스 하먼 선집》, 책갈피, 2016]; 또한 Alan Gibbons, *Russia: How the Revolution was Lost* (London 1980)를 보라.

68 Alec Nove, *An Economic History of the USSR* (London 1969), pp 191, 225[국역: 《소련 경제사》, 창비, 1998]에 나오는 수치.

69 Sternberg, p 373에 나오는 수치.

70 이 주장의 증거는 Tony Cliff, *Russia: A Marxist Analysis* (London 1963), pp 33~44를 보라.

71 Cliff, p 42. 1928~1933년의 상황을 보여 주는 서로 다른 수치들은 E H Carr and R W Davies, *Foundations of the Planned Economy*, vol 1 (London 1969), p 342.

72 V Voitinisky, *The Social Consequences of the Great Depression* (Geneva 1956), p 66.

73 Bukharin, *Economics of the Transformation Period*, p 45.

74 전면전이 진행되면 군비 지출이 기존 가치들을 잠식할 수도 있다. 즉, 무기 등의 비용을 치르기 위해 공장 가동이 중단되는 것이다. 이런 일이 일어나면, 전투원들의 운명은 이윤율뿐 아니라 교전국 양측이 무기로 전환할 수 있는 가치 총액에 의해서도 결정된다.

75 Sternberg, pp 494~495.

76 A D H Kaplan, p 91.

77 Kaplan, p 3.

78 Kaplan, p 3.

79 Kenneth Galbraith, *American Capitalism*, p 65.

3장 국가자본주의, 군비 경제, 오늘날 경제 위기

1 H Marcuse, *One Dimensional Man*[국역: 《일차원적 인간》, 한마음사, 2009].

2 C Wright Mills "Letter to the New Left", *New Left Review* 1960 and *The Causes of World War Three* (New York 1960)[국역: 《역사와 책임: 제3차세계대전의 원인》, 인간, 1982].

3 P Baran and P Sweezy, *Monopoly Capital* (Harmondsworth 1973).

4 그의 논문 "The Economics of Neo-capitalism", *Socialist Register* 1964를 보라.

5 WT Oakes, "Towards a Permanent War Economy", *Politics*, (New York February 1944). 또 "Reconstruction to what?", *Politics* (November 1944)와 *Politics* (1944-5)에 실린 여러 서평을 비교해 보라.

6 오크스의 일부 공식은 '비(非)마르크스주의적'이고 '초역사적'이라고 비판받았다(예컨대, 만델이 《후기 자본주의》에서 그렇게 비판했다). 그렇게 비판하는 사람들은 그 공식들이 처음 나타난 1944년 논문을 모두 읽지는 않은 듯하다. 오크스가 '초역사적'이고 '과소소비론적'이라고 비난받은 이유는 다음과 같이 말했기 때문이다. 모든 "계급사회에서 … 모든 경제적 어려움의 뿌리는 노동계급이나 일하는 계급(들)의 노동 일부를 지배계급이 무보수 노동의 형태로 독차지한다는 사실에 있다. 이 무보수 노동의 수탈은 그 자체의 문제들을 낳는다. 그렇지만 일반적으로 그 문제들은 노동의 축적물들을 축적할 필요가 있을 때까지는 [지배계급에게] 결정적으로 중요하지 않다. 이 축적물들이 새로운 축적물들을 낳을 때 … 사회의 안정은 위협받는다. … 이런 축적물들의 성장을 허용하는 것은 사회의 토대 자체를 약화시킨다는 것을 의미한다." 오크스는 예컨대 이집트의 피라미드가 '잉여노동'을 파괴한다는 점에서 노화하는 자본주의의 전쟁 준비와 같다고 말한다.

그런데 오크스의 공식은 확실히 모호하다. 그 공식은 자본주의 경제 위기에 자본주의만의 독특한 특징은 전혀 없다는 인상을 주는 경향이 있다. 그러나 오크스 공식의 의미를 이렇게 해석하는 것은 그 논문의 다른 부분에서 그가 제시한 공식들과 맞지 않는 해석인데, 거기서는 자본주의에서 경제 위기를 유발하는 특징적 원인(이윤율 저하) 문제를 길게 다루고 있기 때문이다. 이 구절을 더 너그럽게 해석하면, 마르크스와 마찬가지로 오크스도 다음과 같이 주장했다고 볼 수 있다. 즉, 모든 계급사회는 어느 지점까지는 생산력을 발전시켜서(자본주의에서는 '축적'이라고 부른다) 진보적 구실을 한다. 그러나 생산력 발전이 그 지점을 넘어서면 새로운 생산관계가 생겨나서 지배계급을 위협한다. 그러므로 지배계급은 생산력 발전을 '동결'할 방법을 찾아내야 한다. 즉, '잉여노동을 파괴'해야 한다.

확실히 오크스의 공식에는 결함이 있지만, 그 결함은 '과소소비론적'인 것도 아니고 '초역사적'인 것도 아니다.

그보다, 오크스의 분석에는 더 심각한 오류가 있다. 오크스는 전쟁경제 때문에 노동자들의 생활수준이 하락할 것이라고 생각한다. 그러나 대호황기의 대부분 동안 그런 일이 일어나지 않았다는 것은 확실하다. 여기서 오크스의 잘못은 군수생산 덕분에 민간부문의 축적이 이뤄질 수 있다는 자신의 통찰을 충분히 밀어붙이지 않는다는 것이다.

7 오크스의 글들은 핼 드레이퍼가 모아서 편집한 책 *The Permanent Arms Economy* (Berkeley 1970)에 재수록됐다.

8 Tony Cliff, "Perspectives on the Permanent Arms Economy", *Socialist Review* May 1957. 이 글은 *A Socialist Review* (London 1965)에 재수록됐다.

9 "Reform or Revolution: Rejoinder to Left Reformism", *International Socialism*, old series, 7, (winter 1961-2)와 *Western Capitalism Since the War* (London 1968)을 보라.

10 밴스는 (오크스라는 가명으로 발표한) 자신의 초기 분석을 발전시켜서 군비 지출 수준이 "어쨌든 단기적으로 평균이윤율을 1929년이나 심지어 1940년 수준보다 더 높게 유지하기에 충분"(총생산량의 약 10퍼센트)하지만, 만약 군비 지출 수준이 그보다 훨씬 높아지면 강력한 물가상승 압력을 낳아서 분배와 생산에 대한 물리적 통제가 필요해질 것이라고 지적한다.

클리프는 그 주장을 조금 더 진척시킨다(비록 — 대중적 출판물에서 간결한 설명을 위해 — '이윤율' 이론보다는 '과소소비론적' 용어로 그 주장을 표현하지만 말이다). 그는 군비 지출 수준을 너무 높이거나 낮출 수 있는 요인들을 지적하고, 어떻게 점점 더 높은 수준의 군비 지출이 (비록 체제에 다른 문제들을 일으키기는 하지만) 완전고용을 유지하는 데 필요하게 되는지를 자세히 설명한다.

키드런은 이 서로 다른 논점들을 완전히 통합해서 처음으로 종합적 분석을 제시한다. 그는 완전고용을 위해 군비 지출 증대가 필요했듯이 시간이 흐르면서 미국이 총생산량에서 군비로 들어가는 비중을 낮출 수밖에 없었던 것은 바로 시장 경쟁의 심화 때문이었다고 지적하고, 이런 모순이 이윤율에 미친 영향을 강조한다. 1961년에 키드런이 제시한 분석의 유일한 결함은 시장 경쟁이 심화하는 원인이 일본과 서독에서 비롯한 것이 아니라 소련에서 비롯한다고 잘못 봤다는 점이다.

11 *The Permanent Arms Economy*에 재수록된 T N Vance, "The Permanent War Economy", *New International* (Jan-Feb 1951)에 나오는 수치들이다.

12 Vance, p 32.

13 Gillman, *The Falling Rate of Profit* (London 1956), p 54.

14 Shane Mage, *The 'Law of the falling tendency of the rate of profit', its place in the Marxian theoretical system and its relevance to the US economy* (PhD thesis, Columbia University 1963, distributed by University Microfilms, Ann Arbor, Michigan), pp 174~175.

15 이 문제에 관한 논의는 2장의 후주 6을 보라.

16 Vance and Mage.

17 메이지의 글과 Mandel, *Late Capitalism* (London 1975), p 276에 나오는 수치들이다.

18 예컨대, Mandel, p 213을 보라.

19 William Nordhaus, "The falling share of profits", *Brookings Papers on Economic Activity* (1974:1), p 180.

20 *Brookings Papers* (1977:1), p 216. 비슷한 추세를 보여 주는 수치들을 연구한 H I Liebling, *US Corporate Profitability and Capital Formation* (New York 1980), pp 57~60을 보라.

21 Andrew Glyn and Bob Sutcliffe, *British capitalism, workers and the profits squeeze* (Harmondsworth 1972), p 248에는 다양한 계산이 나온다.

22 Andrew Glyn and Bob Sutcliffe.

23 Altvater and others, "On the analysis of imperialism in the metropolitan countries", *Bulletin of the Conference of Socialist Economists* (Spring 1974), p 13.

24 최대한 간단히 설명하면 다음과 같다. 만약 자본-노동 비율이 높은 군수부문에서 평균이윤율이 얻어(지거나 정해)진다면, (임금재와 자본재를 생산하는) 다른 부문들에서 창조된 잉여가치의 일부가 군수부문으로 옮겨 갈 것이다. 그러면 이 부문들에서 자본가들이 자기 생산물에 매기는 가격이 하락할 것이고, 그래서 처음에는 이윤율이 낮아질 것이다. 그러나 임금재와 자본재는 이 부문들에서 판매하는 상품일 뿐 아니라, 그 부문들로 들어가는 투입물이기도 하다. 만약 그것들의 가격이 떨어진다면, 생산비도 하락할 것이(고, 그러면 이윤율은 다시 올라가는 경향이 있)다. 한 편에서 잃은 것을 다른 편에서 만회하는 것이다. 이 주장에 관한 더 완전한 논의와 그 주장이 마르크스의 자본주의 경제위기론에 어떤 의의가 있는지는 이 책의 1장을 보라.

25 전전과 전후의 경기변동을 비교한 R A Gordon, *Business Fluctuations* (New York 1961), p 272를 보라.

26 M Kidron, p 11.

27 Vance, *The Permanent Arms Economy*.

28 R Matthews, "Why has Britain had full employment since the war?", *Economic Journal* (September 1968).

29 *Testing Monetarism* (London 1981), p 76.

30 이렇게 이해하지 못한 사람들의 주장은 D Yaffe, "State Expenditure and the Marxian theory of crisis", *IS Internal Bulletin* (1972)와 E Mandel, Marxist Economic Theory (London 1968)을 보라.

31 이 문제를 더 길게 논의한 것은 C Harman, "Poland and the Crisis of State Capitalism", *IS*, old series, 93 and 94를 보라. 또, 자세한 실증은 Goldman and Korba, *Economic Growth in Czechoslovakia* (Prague 1969), p 41; Branko Horvat, "Business Cycles in Yugoslavia", *East European Economics*, vol X, no 3~4를 보라.

32 이 과정을 자세히 살펴본 C Harman, *Class Struggles in Eastern Europe* (London 1983)[국역: 《동유럽에서의 계급투쟁》, 갈무리, 1994] ch 2를 보라.

33 소련이 중국을 이용해 먹으려 한 것에 관한 설명은 Y Gluckstein, *Mao's China* (London 1957), pp 64~75; C Harman, "Prospects for the Seventies, The Stalinist States", *IS*, old series, 42, p 17을 보라.

34 사실 1944~1945년에 세계 분할을 논의할 때 미국은 처음에는 공식적 세력권 분할을 강력히 반대했다. 그런 분할이 없어야 전 세계가 미국의 헤게모니 아래 들어올 것이라고 생각했기 때문이다. 이 문제에 관한 자세한 논의는 G Kolko, *The Politics of War*를 보라.

35 F Sternberg, *Capitalism and Socialism on Trial* (London 1950), p 508.

36 O G Wichel, *Survey of Current Business* (August 1980), p 18에 나오는 수치들이다.

37 이것이 제국주의 이론에 미친 영향에 관한 초기 설명은 M Kidron, "Imperialism, the Highest State But One", *IS*, old series, 9 (Summer 1962)를 보라. 더 나중의 설명은 N Harris, "Imperialism Today" in *World Crisis*, ed Harris and Palmer (London 1971)을 보라.

38 *New York Times* (July 5th 1951). Vance, p 37에서 인용.

39 예컨대, Mike Kidron, "Two insights do not make a theory", *IS*, old series, 100을 보라.

40 Altvater and others, p 10.

41 Altvater and others, p 20.

42 G C Allen, *A Short Economic History of Japan* (London 1971), pp 174~175.

43 Allen, p 179.

44 Kirame and Sekiguchi, in ed Patrick and Rosowsky, *Asia's New Giant*, pp 418~419.

45 Altvater.

46 Shonoharu, *Structural Changes in Japan's Economic Development* (Tokyo 1970), p 2.

47 Shonoharu.

48 K Hartani, *The Japanese Economic System* (Lexington 1976), p 135.

49 Hartani.

50 Allen, p 191을 보라.

51 Shonaharu, p 22.

52 Hartani, p 92.

53 Trezise and Suzulei, in Patrick and Rosowsky, p 793에서 인용.

54 Patrick and Rosowsky, p 112에 나오는 비상주 기업 자본의 수치들이다.

55 Patrick and Rosowsky, pp 11~12, 55에 나오는 수치들이다.

56 OECD 수치들.

57 OECD 수치들.

58 Steindl, "Stagnation Theory and Policy", *Cambridge Journal of Economics*, vol 3 (March 1979)에 나오는 미국 상무부 수치다.

59 이 책 부록의 논의를 보라.

60 수치들은 C Harman, "Poland and the Crisis of State Capitalism"을 보라.

61 Kidron, p 62.

62 Patrick and Rosowsky, p 8.

63 Altvater.

64 바로 이 때문에 일본의 자본-산출 수치가 오해를 자아낼 수 있는 것이다. [일본의] 산출은 국제적 가격 기준에 따라 측정되므로, 그 가격은 자립경제에서 국내 노동 생산성에 따라 결정된 생산물 가격보다 더 높다.

65 이 문제에 관한 자세한 설명은 이 책의 1장을 보라.

66 N M Bailey, "Productivity and the Services of Labor and Capital", *Brooking Papers* (1981:1), p 22에 나오는 수치들.

67 N M 베일리는 미국의 구체 노동이 국제적 수준에서 정해지는 추상 노동 차원의 가치로 어떻게 바뀌는지에 관해 주장했다(물론 그의 주장은 마르크스주의 용어로 표현된 것은 아니다).

68 자본-노동 비율의 측정을 어렵게 만드는 두 가지 요인이 있다.
첫째, 발표된 수치들은 세계 통계에 대부분 군수생산을 포함한다. 그러나 군수생산은 생산적 소비를 위한 생산물(임금재와 자본재)이 이윤율에 미치는 영향과는 사뭇 다른 영향을 미친다. 군수부문의 자본-노동 비율이 다른 부문들의 평균적 자본-노동 비율보다 더 높다면, 민간 경제의 실제 모습을 왜곡할 수 있다.
둘째, 처음에 거의 자립경제이던 것이 더 효율적 기술을 가진 경제들과 경쟁하게 되면, 기존 자본의 가치는 떨어져야 한다. 바로 이것이 1970년대 미국에서 일어난 일이다. 그래서 자본-산출 비율이 전보다 느리게 상승하는 것처럼 보일 수 있었지만, 실제로는 측정 방식이 바뀐 것이었다. 즉, 순전히 국내 기준이 아니라 세계 기준에 따라 측정되고 있었다. 이 때문에 1974년 이후 미국의 자본-노동 비율이 성장하는 속도가 둔화하는 것처럼 보인 것이다.

69 설비와 건축물 총량 대 총노동시간의 비율은 베일리의 글에 나오는 수치들을 보라. 또 P K Clarke, "Issues in the Analysis of Capital Formation and Labour Productivity", *Brookings Papers* (1979:2)에 나오는 수치들도 보라.

70 Colin Clarke, *Oxford Economic Papers* (Nov 1978), p 40.

71 *Bank of England Quarterly Bulletin* (1978), p 517.

72 *Financial Times* (3 March 1977).

73 물론 어느 정도까지만 그랬다. 이 문제에 관한 논의는 이 책의 1장을 보라.

74 Castells, *The Economic Crisis and American Society*, p 157에 나오는 수치들이다.

75 Ruth Milkman, "Women's work and economic crisis: some lessons of the

great depression", *Review of Radical Political Economy*, vol 8, no 1 (Spring 1976)을 보라.

76 이것은 브레이버먼이 《노동과 독점자본》에서 제시한 인상적 탈숙련화(신기술 때문에 특정 직업에 필요한 숙련도가 낮아지는 것) 증거와 모순되지 않는다. 왜냐하면 개개 직업이 탈숙련화하는 반면에, 교육 수준이 전반적으로 상승해 새로운(그러나 그다지 높은 숙련도가 필요하지 않은) 직업을 빠르게 훈련할 수 있었기 때문이다.

77 영국의 경우는 예컨대, *Social Trends* (1970)을 보라. 이것을 보면, 늘어난 교육비 지출이 대부분 이 분야에 집중된 반면 초등교육 분야에서는 지출이 거의 늘지 않았음을 알 수 있다.

78 J O'Connor, *The Fiscal Crisis of the State*[국역: 《현대 국가의 재정 위기》, 이론과 실천, 1990].

79 그래서 이윤율 공식(s/(c+v))에서 분모는 더 커지는 경향이 있다(여기서 지출이 불변자본(c)에 포함되는지 가변자본(v)에 포함되는지는 중요하지 않다). 이런 지출 자체는 잉여가치(s)를 증가시킬 수 없었다. 그 지출에 따른 생산성 향상으로 전반적 노동력 비용이 감소해서 착취율이 높아질 때만 잉여가치는 증가할 수 있었다. 그러나 1장에서 봤듯이, 그것은 이윤율 저하를 어느 정도까지만 상쇄할 수 있었다.

80 Michel Aglietta, p 222에 나오는 수치들.

81 S Aaronovitch and M Sawyer, "The concentration of British manufacturing", *Lloyds Bank Review* (1975), p 117.

82 M Campbell, *Capitalism in the UK* (London 1981).

83 Howard Sherman, "Class conflict and macropolicy", *Review of Radical Political Economy* (Summer 1976), p 56.

84 J Patrick Wright, *On a Clear Day You Can See General Motors*, p 4.

85 Wright, pp 7~8.

86 Sidney Lens, *The Military Industrial Complex* (Philadelphia 1970), p 6[국역: 《군산복합체론》, 지양사, 1984].

87 Promine. Lens, p 6에서 인용.

88 R J 고든은 미국 발전 산업에 대한 연구를 바탕으로 이렇게 주장했다. *Brooking Papers*, p 54에서 고든이 베일리에 관해 논평한 내용을 보라.

89 이런 낭비 규모에 관한 설명은 Tony Cliff, *Russia: a Marxist Analysis* (London 1963), part II. Hillel Ticktin, *Critique,* no 1 (1973); C Harman, *Bureaucracy and Revolution*, pp 258~260을 보라.

90 특히 틱틴이 그랬지만, 동유럽의 많은 '개혁파 공산주의자'들도 그렇게 주장했다.

91 Aglietta, p 240.

92 Castells, p 117에 나오는 수치들.

93 Monthly Review (February 1975)에 나오는 수치들.

94 J Hill, "Financial Instability, Debt and the Third World", US Capitalism in crisis (New York 1978), pp 138~139에 나오는 수치들.

95 Liebling, p 78.

96 Shirrel.

97 Sarah Martin, "The secrets of the Polish memorandum", *Euromoney* (April 1981).

98 *Poland, The state of the republic, by the Experiences and Future Discussion Group of Warsaw,* ed Michael Wade (London 1981).

부록: 다른 경제위기론들

1 Glyn and Sutcliffe, *British Capitalism, Workers and the Profits Squeeze* (Harmondsworth, 1972).

2 Glyn and Sutcliffe, p 10.

3 *New Left Review* 98, p 67.

4 Ernest Mandel, *Late Capitalism* (London 1975), p 179.

5 National Institute for Social and Economic Research, 1978, no 4 보고서를 보라.

6 *Brookings Papers on Economic Activity* (1977)에 있는 그의 논문들을 보라.

7 그 수치들은 주가 상승 보상금과 자본 소모비는 공제했지만 세금은 공제하기 전의 "미국 산업·상업 기업들" 수치다.

그러나 (1) 세금 공제 후의 수치는 아주 다른 추세를 보여 줄 가능성이 큰데, 이는

"미국에서 이윤에 대한 세율이 전후 기간 내내 계속 하락해서 1961년에 48.5퍼센트였다가 1970년에는 겨우 26.9퍼센트"였기 때문이다.(이것은 빅터 펄로가 *Review of Radical Economics* (Fall 1976)에서 제시한 수치다. 본문에서 나는 펄로가 노드하우스의 수치를 비판한 것을 인용했지만, 어떤 지점들에서는 펄로가 틀렸을 수 있다고 생각한다.)

(2) 기업들이 자본 소모비를 과장하려 드는 이유는 세금 공제가 가능하기 때문이다. "제2차세계대전 후 첫 5년 동안 기업의 세금 공제 후 이윤은 자본 소모 충당금의 약 3배였다. 그러나 1970년대에는 기업의 자본 소모 충당금이 세금 공제 후 이윤보다 훨씬 더 많았다. 이것은 설비와 건축물의 실제 마모율에 그대로 반영되지 않았다"(펄로).

(3) 그 수치들은 산업 자본에서 금융 자본으로 이전된 이자와 지대를 제외한 것이다.

(4) 그 수치들은 모든 기업의 주가 상승 보상금 상각(償却)분을 이윤에서 제외한다. 물가가 급등하는 시기에는 증가하는 자금 조달 비용의 상당 부분을 사실상 마이너스 금리(즉, 물가상승률보다 낮은 금리)로 빌린 돈으로 치를 텐데도 말이다. 그 결과는 실제 이윤 수준을 과소평가하는 "이중 계산"이다(덧붙여 말하면, *Cambridge Economic Policy Review* (1978), p 65에서 [1975년] 산달런즈가 이끈 영국 정부 인플레이션 위원회의 물가상승률 계산 방식을 그렇게 비판했다).

8 그는 주가 상승 보상금과 자본 소모비를 모두 이윤에 포함한다.

9 Victor Perlo, *Review of Radical Economics* (Fall 1976).

10 출처: *Brookings Papers* (1977), no 1, p 216. 그 수치는 주가 상승 보상금을 공제한 후의 순자본스톡에 기초한 비금융 자본의 세금 공제 전 총수익(이윤 더하기 이자 지급액)이다.

11 Conference of Socialist Economists, *Bulletin* (February 1975), p 8.

12 *Lloyds Bank Review* (1974), no 112, p 11. 그렇지만 *Bank of England Quarterly Bulletin* 최근 호에는 (제조업·서비스업·유통업에서) 주가 상승 보상금과 자본 소모비를 공제한 후의 부가 이윤 몫이 여러 해 동안 하락하고 있었음을 보여 주는 수치가 나온다는 것은 사실이다. "그 수치들은 이윤율이 1960년대 내내 상당히 하락하다가 1973년 이후 급락하는 추세를 보여 준다"(*Bank of England Bulletin*, 1978, p 517). 그러나 이 미국의 수치는 *Cambridge Economic Policy Review*가 영국

의 수치를 "이중 계산"이라고 비판한 것과 동일한 비판을 받을 수밖에 없다. 어쨌든 *Bank of England Quarterly*는 기업의 부가가치에서 "이윤 몫"의 이런 하락만으로는 최근의 이윤율 하락 규모를 설명하기에 불충분하다고 지적한다. 이른바 임금 몫의 "상승" 외에 다른 어떤 요인이 있음이 분명하다(p 517).

13 *Review of Radical Political Economy* (Spring 1975).

14 이 점은 *Science and Society* (Fall 1979)에 실린 존 위크스의 논문에서 정교화된다.

15 US Department of Commerce, *1978 Statistical Abstract of the United States*, p 429.

16 Perlo, p 62. 이것은 노동자들의 "세력이 커진" 것이 "이윤을 압박하는" 메커니즘이었다는 견해와 결코 부합하지 않는 듯하다. 더구나 미국의 노동생산성 연구에 대한 논평에서 하버드대학교 경영대학원의 C 버든은 "조직노동자들의 세력이 지난 10년 동안 실제로 약해졌음을 보여 주는 증거를 제시한다"(*Financial Times* 21 November 1979).

17 그들은 처음에 자신들의 견해를 맨 먼저 〈선데이 타임스〉에 선정적 기사로 연재했다. 이 글들이 나중에 책으로 출간됐다. R Bacon and W Eltis, *Britain's Economic Problem: Too few producers* (London 1976).

18 Paul Mattick, *Marx and Keynes* (London, 1971); D Yaffe and R Schmiede, "State expenditure and the Marxist theory of crisis", (IS internal publications, London 1972).

19 Mattick, pp 161~163.

20 출처: *British Labour Statistics Year Book and Economic Trends*.

21 F T Blackaby in ed F T Blackaby, *British Economic Policy 1960~74*, p 649.

22 Blackaby, p 649.

23 Blackaby, p 650.

24 R Matthews in *The Economic Journal* (September 1968).

25 출처: D Glynn in *Lloyds Bank Review* (October 1976), p 23.

26 출처: *The Economist* 31 (July 1976).

27 *New Left Review* 92, pp 57, 83.

28 이것은 사실상 1975년에 글린이 경제 위기의 원인은 이윤 몫 "감소"라는 자신의 주장을 입증하려고 내놓은 주장이다. 그는 세금 공제 후 임금 몫이 설령 감소했더라도 (노동자들의 "사회적 임금" 상승 때문에) 세금 공제 후 이윤 몫도 감소했다고 주장했다.

그는 공공지출 가운데 "노동자들의 몫"이 "주택·보건·교육 등 사회 서비스에 대한 현재 비용의 92퍼센트에 이른다. 그 절반은 소방 업무 비용이고 4분의 1은 도로 [건설·관리] 비용이며 그 밖에 개인들에 대한 현행 보조금(세금 공제 후 순액)과 사회 서비스 생산수단의 소비가 있다"고 가정한다.

이 비율을 사용해 그는 "노동으로 가는 사회적 순생산의 비율이 하락하기는커녕, 1955년 69.3퍼센트에서 1972년 73.7퍼센트로 상승했다"는 것을 발견했다.

글린 자신의 논리에 입각하더라도 그의 수치는 반론에 속수무책이다. 내가 다른 곳(*Socialist Review*, no 10, London 1979)에서 주장했듯이, 그가 작성한 서비스 목록 중 많은 부분이 그가 주장한 것 이상으로 지배계급과 (신·구) 프티부르주아지에게 이익이 된다. 대강 계산해 봐도 조정된 수치상으로는 국민소득에서 노동자들이 차지하는 "몫"이 20년 동안 2퍼센트 이상 증가할 수 없었다(이것은 경제 위기의 규모를 설명하기에는 아주 불충분한 수치다).

29 James O'Conner, *The Fiscal Crisis of the State* (New York, 1973), p 6.

30 O'Conner, p 99.

31 J Cypher, *Review of Radical Political Economy* (Fall 1974).

32 출처: Steindl, *Cambridge Journal of Economics* (March 1979).

33 *New Left Review* 92, p 64.

34 *New Left Review* 92, p 80.

35 이 편차는 19년간 추세에서 벗어난 편차들의 평균치이다. 콘드라티예프 이론의 한 버전은 *Lloyds Bank Review* (July 1978)에 번역돼 실린 그의 "Long waves in economic life"를 보라.

36 Mandel, *Late Capitalism*, pp 138~139.

37 예를 들어, Leon Trotsky, *The First Five Years of the Communist International* (New York 1945), p 174, 그리고 *New Left Review* 99에 실린 리처드 B 데이의 논

문을 보라. 트로츠키는 "자본주의 발전 곡선"이라는 글(나중에 *Fourth International*, May 1941에 번역돼 실렸다)에서 이렇게 주장했다. "콘드라티예프 교수의 시도, 즉 그가 '대(大)주기'라고 이름 붙인 시기들에 소주기에서 볼 수 있는 것과 똑같은 엄격한 법칙적 리듬을 부여하려는 시도를 논박하는 것은 얼마든지 가능한 일이다. (자본주의 발전 곡선의 큰 국면의) 특성과 지속 기간을 결정하는 것은 자본주의 내에서 작용하는 힘들의 주기적 상호작용이 아니라, 자본주의의 발전이 이뤄지는 외부 조건들이다."

트로츠키는 이 "외부 조건들"로 "자본주의가 새로운 나라와 대륙을 흡수하는 것, 새로운 천연자원을 발견하는 것, 여기에 덧붙여 전쟁이나 혁명 같은 '상부구조적' 질서라는 중요한 요인들 … "을 거론했다.

콘드라티예프와 트로츠키 사이의 쟁점은 자본주의 체제가 어떤 시기에 다른 때보다 더 급속히 성장하는지 아닌지가 아니었다. 그런 시기 구분을 파동으로 설명할 수 있는지, 즉 그런 일이 경험적으로 일어나 왔을 뿐 아니라 앞으로도 필연적으로 반복되면서 하강할 때마다 새로운 상승을 준비하게 되는 것인지였다.

38 George Garvey, *Review of Economic Statistics*, vol XXV, no 4 (November 1943)에는 이런 비판들에 대한 뛰어난 설명이 있다. 이 논문은 모든 장기파동론들에 대한 통렬한 비판이다.

39 Garvey에서 인용.

40 Garvey, p 210에서 인용.

41 W Rostow, "Trend periods revisited", *Journal of Economic History* (1975), p 749.

42 Freeman, Clark and Soete, *Unemployment and Technical Innovation* (London 1982), p 22.

43 Richard B Day, *New Left Review* 99, p 77에서 인용.

44 Day, p 77.

45 Garvey.

46 내가 만델의 장기파동론을 더 철저히 비판한 글은 *International Socialism*, 2nd series, 1에 실린 《후기 자본주의》 서평을 참고할 것.

47 Day, pp 78~79에서 인용.

48 Kindleberger, *The World in Depression 1929~39* (London 1973), p 292.

49 Kindleberger, p 293.

50 Kindleberger, pp 307~308.

51 Arthur MacEwan, *US Capitalism in Crisis*, URPE (1977), p 46,

52 MacEwan, p 46.

53 MacEwan, p 51.

54 그 한 예가 로손이다.

55 D Gordon, *US Capitalism in Crisis*, p 31.

56 Gordon, p 30.

57 Gordon, p 29.

58 Aglietta, *Theory of Capitalist Regulation* (London, 1979)[국역: 《자본주의 조절 이론》, 한길사, 1994].

59 Aglietta, p 154.

60 Aglietta, p 165.

61 Aglietta, p 162.

62 Aglietta, p 167.

63 Baran and Sweezy, *Monopoly Capital*.

64 J Steindl, *Maturity and Stagnation in American Capitalism* (London 1953).

65 Steindl, p 155 이하.

66 Steindl, p 255.

67 Steindl, p 135.

68 Steindl, p 166.

69 Steindl, *Cambridge Journal of Economics* (March 1973), p 8.

70 Baran and Sweezy, p 89.

71 Baran and Sweezy, p 70.

72 Baran and Sweezy, p 95.

73 Baran and Sweezy, p 155.

74 Baran and Sweezy, pp 155~156.

75 Baran and Sweezy, p 162.

76 Baran and Sweezy, p 216.

77 Baran and Sweezy, pp 218, 223.

78 Baran and Sweezy, p 240.

79 이것은 블리니가 자신의 책, *Underconsumptionist Theories* (London 1977), p 230에서 지적한 논점이다.

80 Baran and Sweezy, p 243을 보라.

81 Alejandro Dabat, *Debate* (May/June 1979), p 17(내가 번역했다).

82 Dabat.

83 버랜과 스위지가 그것을 '잉여'라고 부르는 이유는 기업이 노동을 착취해서 얻은 산물을 다룰 때 그런 외부 압력의 중요성이 줄어든다고 주장하기 때문이다. 그러나 우리는 마르크스를 따라 그것을 잉여가치라고 부른다. 왜냐하면 그것은 자립적 실체가 아니라 일국적·국제적 경쟁 압력에 의해 다른 기업들의 수중에 있는 잉여가치와 끊임없이 [비교되며] 관계 맺는 것이기 때문이다.

84 Luxemburg, *The Accumulation of Capital*[국역: 《자본의 축적 1, 2》, 지식을만드는지식, 2013]과 *Anti-Critique*.

85 P Sweezy, *Theory of Capitalist Development* (London 1946), p 82.

용어 해설

과소소비론: 자본주의 경제 위기의 원인을 이윤율 저하 법칙이 아니라 자본주의가 모든 생산물에 대한 시장을 제공하지 못하기 때문이라고 주장하는 이론. 첫 형태는 시스몽디 같은 19세기 초 경제학자들이 제창했으나, 그 후에 마르크스주의자들(로자 룩셈부르크에서 버랜·스위지에 이르는)과 케인스주의자들 모두 이 이론을 발전시켰다.

구체 노동: 노동 행위의 고유한 물질적 특질을 가리킨다. 이것은 예를 들어 목수의 노동과 버스 운전사의 노동을 구별하게 해 준다.

추상 노동: 시장을 위한 상품생산에서 모든 유형의 노동이 공통으로 가지고 있는 사회적 특질을 가리킨다.

노동가치론: 재화 가치의 객관적 척도가 있고, 그것이 재화의 가격을 결정하는 궁극적 요인이라고 하는 견해로서 마르크스가 (애덤 스미스와 데이비드 리카도 같은 이전 사상가들의 사상에 바탕을 두고) 발전시켰다. 그 척도란 재화를 생산하는 데 필요한 '사회적 필요' 노동, 다른 말로 하면 평균 수준의 기술·숙련도·노동강도를 사용하는 체제 전체의 평균 노동이다. 이 이론에 대한 마르크스 자신의 설명을 참조하려

면, 《자본론》 1권 1장과* 《임금노동과 자본》,** 《정치경제학 비판을 위하여》를*** 보라.

불변자본: 공장·기계·원료·부품(다른 말로 하면 생산수단과 생산 재료)에 대한 자본가의 투자를 일컫는 마르크스의 용어. C로 표시한다.

가변자본: 자본가가 임금노동을 고용하는 데 투자하는 자본. V로 표시한다.

비생산적 소비: 새로운 공장·기계·원료 등('생산수단')을 생산하는 데도 이바지하지 않고 노동자의 소비 필요를 채우는 데도 이바지하지 않는 방식으로 재화를 사용하는 것. 지배계급의 소비, 광고와 마케팅, 무기를 위한 재화의 사용이 모두 이 범주에 들어간다.

사회적 필요노동: 경제 전반에 걸쳐 지배적인 평균 기술 수준을 사용하고 평균 노동강도로 노동해, 일정 재화를 생산하는 데 필요한 노동의 양.

생산 경비: 자본들이 사업을 유지하기 위해 부담해야 하지만 상품 생산량을 물질적으로 늘리지는 않는 지출(이를테면, 마케팅 관련 재화, 광고, 공장과 기계의 보호 등에 대한 지출).

생산적 지출: 상품이 생산되고 잉여가치가 창출되기 위해 반드시 필요한 지출(한편으로 생산수단과 생산 재료에 대한 지출, 다른 한편으로 노동자의 임금에 대한 지출).

---

* 국역: 《자본론: 정치경제학 비판 제1권(상)》, 비봉출판사, 2015.

** 국역: 《임금 노동과 자본》, 다양한 판본이 있다.

*** 국역: 《정치경제학 비판을 위하여》, 중원문화, 2007.

비생산적 지출: 물질적 상품생산에 필요한 것 외에 자본가나 국가가 하는 지출(지배계급의 소비, 그들의 개인적 고용인, '생산 경비' 등에 대한 지출을 포함한다).

스라파: 정설 부르주아 경제학, 즉 '신고전학파' 한계효용학파의 기본적 주장을 논파한 케임브리지 경제학자. 그러나 노동가치론 또한 거부하고, 그 대신에 마르크스 이전 경제학자인 리카도의 사상에 기초해 자신의 가치론을 발전시키려고 했다. 그의 추종자들은 마르크스주의의 이윤율 저하 이론을 거부하고 보통 임금이 이윤을 까먹을 때 경제 위기가 발생하는 것으로 본다.

시카고학파: 밀턴 프리드먼과 통화주의의 추종자들.

신고전학파 경제학: 19세기 말 이래 부르주아 경제학의 지배적 학파. 가치가 사람들이 재화의 '한계' 단위[마지막 한 단위]에서 얻는 만족의 양이라고 믿으며, 이윤은 '자본의 한계 생산성'의 결과라고 정당화한다.

유로머니(유로달러): 1960년대 말과 1970년대에 국민국가 정부들의 통제를 넘어 성장한 거대한 금융 저수지로, 한 나라의 은행들이 다른 나라로부터 차입해 제3의 나라에 대출하는 능력에 기초를 둔다.

이윤량: 특정 자본가의 총이윤. 파운드와 달러 등 통화로 측정된다.

이윤 몫: 기업이나 나라의 총생산량 중 임금이 아닌 이윤으로 들어가는 몫.

이윤율: 투자에 대한 총이윤의 비율. 백분율로 측정된다. S/(C+V)로 표시한다.

잉여가치: 자본이 노동자를 착취해 거두는 총이윤(개별 자본가의 이

윤, 그가 지대나 이자의 형태로 다른 자본가에게 지불하는 것, 그가 '비생산적 활동'에 지출하는 것을 모두 더한 것)을 가리키는 마르크스의 용어. S로 표시한다.

'자립경제'(아우타르키): 한 나라 경제를 여타 세계와의 무역망에서 단절시키려는 시도.

자본들: 자본주의 체제의 경쟁 단위들(개별 소유자건 기업이건 국가이건 간에)을 가리킬 때 흔히 사용하는 용어.

자본의 감가상각: 공장, 기계 등이 작동하는 동안 그것에 발생하는 가치 감소. 마모에서 비롯하거나 아니면 자본의 '평가절하'에서 비롯할 수 있다.

자본의 평가절하: 공장, 설비 등의 생산가격이 기술 발전으로 저렴해짐에 따라 그것들의 가치가 감소하는 것.

자본의 기술적 구성: 고용된 총노동에 대한 공장·기계·원료 등('생산수단과 생산 재료')의 물리적 비율. 이 비율을 물리적 측면이 아닌 가치의 측면에서 측정하면 '자본의 유기적 구성'이 된다.

자본의 유기적 구성: 생산적 노동을 고용하는 데 지출한 가치에 대한 공장·기계·원료 등('생산수단')에 투하한 가치의 비율. 마르크스주의 용어를 사용하면, 가변자본에 대한 불변자본의 비율, 즉 C/V다.

자본의 집적: 자본주의 체제를 구성하는 개별 경쟁 자본들의 크기가 증대하는 것.

자본의 집중: 자본이 점점 더 소수의 수중으로 넘어가면서 전체 자본주의 체제가 소수 경쟁 자본들의 직접적 통제 아래 놓이게 되는 경향.

제1부문: 추가적 생산을 위한 생산수단과 생산 재료를 제조하는 것과 관련된 경제 부문.

제2부문: 노동자들이 소비할 재화(때로는 '임금재'라고 불린다)의 생산과 관계된 경제 부문.

제3부문: 생산수단과 생산 재료로 사용되지도 않고 노동자들이 소비하지도 않을 재화를 생산하는 경제 부문. 즉, 지배계급의 소비를 위한 '사치재'나 무기 등을 생산하는 부문.

적자재정: 정부가 세수를 넘는 초과 지출을 차입이나 화폐 발행으로 지불하는 방법.

전형 문제: 마르크스가 가치를 통해 자본주의를 설명하는 것에서 재화가 실제로 매매되는 가격으로 나아갈 때 생겨나는 문제. 많은 경제학자들이 그 문제를 해결하는 것은 불가능하며, 그러니 마르크스주의 경제학은 폐기돼야 한다고 주장했다.

착취율: 임금(엄격하게 말하면 실제로 상품을 생산하는 노동자들의 임금만이 포함돼야 한다)에 대한 잉여가치의 비율. 착취율은 노동자가 자신의 생활수준에 상당하는 재화를 생산하는 데 지출한 시간 대비 노동자가 자본가를 위해 잉여가치를 생산하는 데 지출한 시간의 비율로도 표현할 수 있다. S/V로 표시한다.

케인스주의: 양차 세계대전 사이의 영국 경제학자 존 메이너드 케인스의 사상에 기반을 둔 경제 이론. 정부가 조세수입보다 더 많은 지출(소위 '적자재정')을 해서 경기후퇴나 불황을 막을 수 있다고 본다.

테일러주의: 모든 노동 행위에 대한 시간 동작 연구에 기초한 소위

'과학적 경영' 기법. 20세기 초에 산업으로 퍼졌다.

통화주의: 정부가 세수보다 더 많은 지출을 해도 경제 위기를 해결할 수 없다고 보는 경제 이론. 이 이론에 따르면, 화폐 공급의 증대는 가격 인상으로 이어질 뿐이다. 화폐수량설이라는 명칭이 붙은 이 이론은 1930년대에 케인스주의가 부상하기 전까지 부르주아 경제학의 정설이었고, 1970년대 중반에 다시 유행하게 됐다.

찾아보기

ㅇ